21世纪普通高等院校应用型本科规划

U0519327

旅游心理学

Lüyou Xinlixue

（第二版）

主编　赵鹏程　李佳源

西南财经大学出版社
Southwestern University of Finance & Economics Press

图书在版编目(CIP)数据

旅游心理学/赵鹏程,李佳源主编. —2 版. —成都:西南财经大学出版社,2018.5

ISBN 978 - 7 - 5504 - 3527 - 8

Ⅰ.①旅…　Ⅱ.①赵…②李…　Ⅲ.①旅游心理学—教材

Ⅳ.①F590 - 05

中国版本图书馆 CIP 数据核字(2018)第 123620 号

旅游心理学(第二版)

主　编:赵鹏程　李佳源

责任编辑:李晓嵩

责任校对:田　园

封面设计:张姗姗

责任印制:朱曼丽

出版发行	西南财经大学出版社(四川省成都市光华村街 55 号)
网　址	http://www.bookcj.com
电子邮件	bookcj@ foxmail.com
邮政编码	610074
电　话	028 - 87353785　87352368
照　排	四川胜翔数码印务设计有限公司
印　刷	四川五洲彩印有限责任公司
成品尺寸	185mm ×260mm
印　张	15.25
字　数	287 千字
版　次	2018 年 6 月第 2 版
印　次	2018 年 6 月第 1 次印刷
印　数	1— 2000 册
书　号	ISBN 978 - 7 - 5504 - 3527 - 8
定　价	38.00 元

《旅游心理学》编写委员会

主　编：

赵鹏程　西华师范大学管理学院

李佳源　西华师范大学管理学院

副主编：

于丽娟　四川农业大学旅游学院

谢天慧　四川理工学院经济与管理学院

编　委：

何　振　四川旅游学院

张春阳　成都师范学院

韦油亮　西华师范大学管理学院

余利川　西华师范大学管理学院

韩笑飞　西华师范大学管理学院

General Foreword 总序

　　为推进中国高等教育事业可持续发展，经国务院批准，教育部、财政部启动实施了"高等学校本科教学质量与教学改革工程"。这是深入贯彻科学发展观，落实"把高等教育的工作重点放在提高质量上"的战略部署，在新时期实施的一项意义重大的本科教学改革举措。"高等学校本科教学质量与教学改革工程"以提高高等学校本科教学质量为目标，以推进改革和实现优质资源共享为手段，按照"分类指导、鼓励特色、重在改革"的原则，加强课程建设，着力提升我国高等教育的质量和整体实力。为满足本科层次经济类、管理类教学改革与发展的需求，培养高素质有特色应用型创新型人才，迫切需要普通本科院校经管类教学部门开展深度合作，加强信息交流。值得庆幸的是，西南财经大学出版社给我们搭建了一个平台，协调组织召开了二十余所普通本科院校经管学院院长联席会议，就教学、科研、管理、师资队伍建设、人才培养等方面的问题进行了广泛而深入的研讨。

　　通过充分的研讨和沟通，我们决心打造切合教育改革潮流、深刻理解和把握普通本科教育内涵特征、贴近教学需求的高质量的 21 世纪普通高等院校系列规划教材。

　　随着我国经济社会的发展，节假日改革、带薪休假的实行，旅游产业得到迅猛发展（2017 年我国旅游业总收入约 5.4 万亿元）。旅游业的持续升温、快速发展与旅游专业人才的短缺矛盾十分突出，旅游人才资源数量不足、层次不高。旅游产业发展必须培育和造就一支多功能、复合型、国际化的旅游专业人才队伍，教育部已将旅游管理专业从工商管理类中独立出来，成为与工商管理平行的一级学科；加之，旅游管理专业教材存在集中于管理专业领域，旅游经济和会展旅游等方面严重缺失，教材中"文化"含量偏低，且"大而全、小而全"以及操作性不强等问题。因此，2013 年院长联席会议确定单独建设 21 世纪普通高等院校应用型本科规划教材·旅游管理，以促进旅游管理专业课程体系和教学体系的合理构建，推动教学内容和教学方法的创新，形成具有鲜明特色的教学体系，从而为旅游业的快速发展提供强有力的人才保证和智力支持。

鉴于此，本编委会与西南财经大学出版社合作，组织了十余所院校的教师共同编写本系列规划教材。

编写本系列规划教材的指导思想：在适度的基础知识与理论体系覆盖下，针对普通本科院校学生的特点，夯实基础，强化实训。编写时，一是注重教材的科学性和前沿性，二是注重教材的基础性，三是注重教材的实践性，力争使本系列教材做到"教师易教，学生乐学，技能实用"。

本系列规划教材以立体化、系列化和精品化为特色，包括教材、辅导读物、讲课课件、案例及实训等；同时，力争做到"基础课横向广覆盖，专业课纵向成系统"；力争把每种教材都打造成精品，让多数教材能成为省级精品课教材、部分教材成为国家级精品课教材。

为了编好本系列规划教材，在西南财经大学出版社的支持下，经过多次磋商和讨论，成立了由经济学博士、西南财经大学教授、博士生导师、中国旅游协会区域旅游开发专业委员会理事张梦任主任，赵鹏程教授、邱云志教授任副主任，郑元同等教授任委员的编委会。

在编委会的组织、协调下，该系列规划教材由各院校具有丰富教学经验并有教授或副教授职称的教师担任主编，由各书主编拟订大纲，经编委会审核后再编写。同时，每一种教材均吸收多所院校的教师参加编写，以集众家之长。

根据各院校的教学需要，结合转变教学范式，按照理念先进（体现人才培养的宽口径、厚基础、重创新的现代教育理念）、特色鲜明（体现科学发展观要求的学科特色、人才质量水平和转变教学范式的最新成果）、理论前沿（体现学科行业新知识、新技术、新成果和新制度）、立体化建设（基于网络与信息技术支持，一本主教材加相对辅助的数字化资源，并辅助于教学网络平台的支撑形成的内容产品体系）、模块新颖（教材应充分利用现代教育技术创新内容结构体系，以利于进行更加生动活泼的教学，引导学生利用各种网络资源促进自主学习和个性化学习，兼具"客观化教材""开放性索引""研究性资料"和"实践性环节"的功能）的要求，我们还引进了先进的教材编写模块来编写新教材以及修订、完善已出版的教材。

希望经多方努力，力争将此系列规划教材打造成适应教学范式转变的高水平教材。在此，我们对各学院领导的大力支持、各位作者的辛勤劳动以及西南财经大学出版社的鼎力相助表示衷心的感谢！

21 世纪普通高等院校应用型本科规划教材·旅游管理编委会

2018 年 4 月

Foreword 前言

  现代旅游业起源于 20 世纪 50 年代的西方发达国家，半个多世纪以来，旅游业已然从一个无足轻重的产业发展成为世界上最大的产业之一。随着我国国际交往的扩大、国际影响力的迅速提升、世界现代服务经济的快速发展，国家对旅游业服务内容与服务质量也提出了新的要求。现代旅游业的快速发展要求旅游从业人员不但要具有较高的功能服务技能，而且需要具备较高的心理服务能力。旅游心理服务能力已成为旅游市场竞争的核心。面对激烈的国际旅游市场竞争，学习掌握好旅游心理学的知识与技能，对促进旅游事业的发展具有十分重要的现实意义。因此，作为一门研究旅游活动中人的心理与行为规律的学科，旅游心理学应运而生。旅游心理学是心理学的一个新兴应用分支，是旅游管理等专业的基础主干课程。其特点是运用心理学的原理与方法分析、解决旅游活动、旅游服务、旅游管理中的心理问题。本教材旨在使学生掌握心理学的基本理论，并培养学生将理论联系旅游实际分析解决问题的能力。

  依照旅游活动的基本过程和规律以及高校旅游管理等专业应用型人才的培养目标与特点，全书理论架构由旅游者心理、旅游企业管理心理、旅游服务心理三部分内容共同构成，共分十章。本书以案例教学为导向，每一章都设置了案例分析模块，并附有复习思考题，以方便教师教学和学生学习讨论。

  第一部分"旅游者心理"占了本教材的大量篇幅，是本教材的主体，也是国外学者对旅游心理学的研究的主导思路。本部分包括第一章到第八章，重点结合心理学的基础理论，以旅游消费者为对象，全面分析知觉、情感、动机、态度、人格、学习等心理过程与现象以及角色家庭、参照群体、社会阶层、文化和亚文化等社会因素对旅游消费行为的影响，并总结旅游者消费行为的一般规律。

  第二部分"旅游企业管理心理"内容因与旅游管理、酒店管理等专业开设的先行课程交叉重合较多，因此本书未对"旅游管理心理"进行逐一详述，而是针对旅游从业者的实际工作需要，对人际沟通、群体心理以及旅游企业员工的心理健康与调适进行了阐释。

在第三部分"旅游服务心理"中，本教材以"优质服务"的实现为中心，以旅游业的三大支柱产业即饭店业、旅行社以及旅游交通业为例，较为详尽地阐述了旅游服务的心理对策。

本书结构逻辑层次清楚、内容翔实、案例生动、贴近实际。书中融入了旅游心理学较新的教学理念，力求严谨，突出实用性，且采用统一的格式化体例设计。因此，本书既适用于普通高校大学本科旅游管理专业的教学，也可以作为专升本及高职高专院校旅游管理专业的教材，还可用于旅游企业从业者的职业教育与岗位培训。

Contents 目录

第一章　绪论   1

第一节　旅游心理学的研究对象、内容与方法   2
第二节　研究旅游心理学的意义   7
第三节　旅游心理学的理论基础   9

第二章　旅游知觉   14

第一节　感觉与知觉   15
第二节　影响旅游者知觉的因素   25
第三节　旅游距离的知觉   30
第四节　旅游交通知觉   32

第三章　旅游者的情绪与情感   35

第一节　情绪与情感概述   36
第二节　旅游者的情绪和情感   45

第四章　旅游动机   51

第一节　动机   52
第二节　旅游动机   58
第三节　旅游是多样性生活之源   65

第五章　态度与旅游行为　72

第一节　态　度　73

第二节　态度理论　79

第三节　态度与旅游决策　81

第四节　通过改变态度影响旅游行为　83

第六章　旅游者人格　91

第一节　人格概述　92

第二节　人格类型与旅游行为　105

第三节　人格结构与旅游行为　113

第七章　旅游者的学习　119

第一节　学习概述　120

第二节　学习基本理论　125

第三节　旅游态度的学习　134

第四节　减少风险知觉和购买后失调的学习　136

第五节　旅游者学习的过程　142

第八章　社会因素对旅游行为的影响　147

第一节　群体与参考群体　148

第二节　群体与旅游角色　152

第三节　家庭与旅游行为　153

第四节　社会阶层与旅游行为　158

第五节　文化与旅游行为　162

第九章　旅游企业管理心理 　　　　　　　　　　167

第一节　沟通 　　　　　　　　　　　　　　　　168
第二节　旅游从业人员的群体心理 　　　　　　　179
第三节　旅游从业人员的心理保护和调适 　　　　186

第十章　旅游服务心理 　　　　　　　　　　　208

第一节　酒店服务心理与服务策略 　　　　　　　209
第二节　旅行社服务心理及服务策略 　　　　　　218
第三节　旅游交通服务心理 　　　　　　　　　　225

参考文献 　　　　　　　　　　　　　　　　229

后记 　　　　　　　　　　　　　　　　　　232

第一章　绪论

学习目标

通过本章学习，了解旅游心理学的研究对象与学科性质、理论基础，掌握研究方法，明确本学科基本内容与学习意义。

重点难点

旅游心理学研究内容

旅游心理学的理论基础

科学的心理观

心理的实质

现代心理学三大流派及观点

本章内容

旅游心理学的研究对象与内容

旅游心理学的学科性质

旅游心理学的理论基础

旅游心理学的研究方法

旅游心理学的研究意义

心理学是研究人的心理现象与行为发生、发展及其规律的科学，是一门既古老又年轻的学科。旅游心理学的形成和发展，一方面是心理学的发展为旅游心理学的形成和发展提供了理论和方法；另一方面是商品经济的发展，尤其是旅游自身的发展，对旅游心理学的形成和发展提出了客观要求。

● 第一节　旅游心理学的研究对象、内容与方法

心理学是研究心理与行为历程的科学。旅游心理学是心理学的分支学科，属于应用心理学，是将心理学的研究成果及其一般原理运用到旅游工作而形成的一门新兴学科。旅游心理学所以为旅游心理学，是因为用心理学的视角透视旅游，捕捉并研究的必然是与旅游相关的人的心理与行为。旅游现象所涉及的人员如此众多，旅游心理学不可能也没有必要——去研究，这就涉及研究对象的选择问题，这也是一个有争议的问题。

一、旅游心理学的研究对象

旅游主体即旅游者的行为是旅游者在其一系列心理活动的支配下产生的异地探险、调换环境、改变生活体验和认识世界的行为，是旅游心理的外部表现，通过外显的旅游行为我们可以了解旅游者的内隐心理。而旅游行为是在旅游心理的支配下发生并随着旅游心理的发展变化而发展变化的，因而研究旅游心理有助于我们了解、预测、影响旅游行为。旅游心理与行为密不可分。那么，旅游心理学的研究对象究竟是什么呢？有学者认为旅游心理学只研究旅游者即旅游行为主体的心理；而有学者从更广义的视角构建旅游心理学的研究对象，认为旅游心理学主要研究旅游者的心理，但也离不开对为旅游者提供服务的旅游企业的管理心理与旅游从业人员服务心理的研究。

我们认为旅游心理学的研究对象是旅游活动中旅游者及与旅游相关人的心理与行为规律。本书明确以旅游者心理为首要研究对象，无论学者提出各种旅游心理学不同的研究对象，但从现有资料可以看出，旅游者的心理都是首要的、没有争议的研究对象。如果把旅游心理学的研究对象笼统归为对旅游活动中旅游者心理、旅游企业管理心理、旅游从业人员服务心理的研究，则必然涉及各自充分的、具体的研究。但三者的研究重要性在旅游心理学科领域中显然是不尽相同的。简而言之，对旅游者的心理研究是我们认识、了解旅游者的必由之路。而对旅游者的深入认识和了解，是进行旅游管理工作和开展旅游服务工作的基础，理应是旅

游心理学的首要研究对象。而对旅游管理者的心理研究，主要是通过管理心理学的原理来认识和指导管理者的心理活动，从而为搞好旅游管理工作打下基础。对旅游服务者的心理研究，涉及的是如何运用营销学和心理学以及营销服务心理的原理来认识和指导旅游服务者的心理活动，从而为搞好旅游服务工作打下基础。三者研究重点的不同，必然涉及内容体系安排的不同。以上三个研究任务不可能在一门课程里、一本教材中等量齐观，那样只会陷入学科研究对象不明，理论体系架构重叠，各个研究任务的学习都止步于蜻蜓点水的怪圈。因此，尽管旅游管理心理与旅游从业人员服务心理也在研究内容的范畴之中，但基于旅游者是旅游管理工作和旅游服务工作的出发点，我们沿用了一些学者的观点，把旅游者视为旅游工作最根本的部分来作为旅游心理学的研究对象。

二、旅游心理学的研究内容

旅游心理学研究的是与旅游现象有关的人的心理。现代旅游心理学研究的广度和深度都有了很大提高。

（一）旅游心理学的理论基础

旅游心理学是心理学的一个新的应用性较强的学科，是研究旅游活动中旅游者和旅游从业者的心理和行为规律的学科。旅游心理学的主要理论和研究方法都来自心理学与旅游学的研究结果，是将基础心理学、社会心理学、管理心理学等基本原理、规律应用到旅游业实践的结果，具有多学科综合交叉的特点。这一特点要求我们要掌握心理学的理论基础。认识研究旅游心理学的意义，掌握好旅游心理学的基础理论，是研究旅游心理学的基本前提。

（二）旅游者心理

旅游者是旅游行为的决策者，是旅游活动的主体，因此，他们是旅游服务质量和服务水平的评价主体。例如，旅游者的旅游动机是什么，旅游者的个性与旅游行为有什么关系，社会风气、文化习俗对旅游者有什么影响，旅游者在旅游活动中在生理上、心理上需要得到什么样的满足，怎样的服务和管理能使旅游者感到满意等，这些都需要从心理学的角度进行深入研究。

（三）旅游企业员工心理

如前所述，旅游心理学虽然不专门研究旅游企业员工心理，但它的研究内容必然涉及员工心理，因为旅游业服务质量的提高和经营成败的关键以及企业的效益从某种程度上讲都是由员工决定的。旅游企业员工的沟通、群体心理以及心理健康都将直接影响其服务理念、服务质量和服务水平，因此旅游企业员工心理是研究内容中不可或缺的一部分。

（四）旅游服务心理

旅游服务人员要充分了解和把握旅游者的心理变化规律，学会察言观色，有针对性地满足不同旅游者的现实需要和潜在需要，要通过旅行社、饭店、旅游交通等具体环节来实现。为旅游者提供优质服务是旅游业存在和发展的宗旨，因此旅游心理学必须研究旅游者在游览过程中或在酒店的前厅、客房、餐厅等场所的心理需求以及我们应采取的心理服务措施，帮助旅游服务人员迎合旅游者的心理、满足旅游者的需要，使旅游者在整个旅游活动过程中获得美好的经历、美好的体验和美好的感受。

三、旅游心理学研究方法

（一）观察法

观察法，是指在自然环境情况下，有计划、有目的、有系统地直接观察被研究者的外部表现，了解其心理活动，进而分析其心理活动规律的一种方法。观察法应在自然环境条件下进行，研究者不应去控制或改变有关条件，否则，被试者行为表现的客观性将受到影响。观察法的优点在于能保持被观察者心理及行为的自然性和客观性，所得材料客观可靠；缺点是由于研究者处于被动地位，只能消极地等待其所需要的现象发生，对所观察到的现象不易做定量分析。

（二）个案法

个案法，是指研究者深入旅游业，对旅游企业、旅游者以及旅游工作人员进行全面的、较长时间的、连续的观察了解和调查，研究其心理发展的全过程，在掌握各方面情况的基础上进行分析整理，得出结果。

例如，研究者对某一著名的旅游探险者进行跟踪记录，用较长的时间记录其活动的内容和方式，积累素材，进行深入分析研究，整理出能反映这一旅游探险者的详尽材料，个案产生的全过程就称为个案研究过程。个案研究的时间跨度往往较大，个体的状态成为时代的代表，完整而典型的个案研究所花费的成本十分巨大。个案研究的优点在于揭示行为产生的原因，它可以使人们通过典型案例了解旅游活动中人的心理、行为及其发展规律，支持某些心理学理论，探索补充行为规律。但个案法研究的特定性，使之具有极大的限制性和个体性。个案研究的缺点在于信度和效度较差，很难得到因果关系的结论，容易出现解释偏差，数据收集可能存在误差，个案研究的结果有特殊性，往往不能从一个个体推广到总体。

（三）实验法

实验法，是指有目的地严格控制或创设一定的条件，操纵某种心理现象产生，从而对它进行分析研究的方法。实验法有两种形式：实验室实验法和自然实验法。

实验室实验法，是在专门的实验室内借助于各种仪器来进行的，得到的结果一般较精确，但对于旅游心理学的研究而言，操作起来难度较大，使用较少；自然实验法，是在自然条件下（即在正常的旅游活动、社会生活中），严格控制影响心理活动的因素（即控制自变量），尽量排除无关因素使自变量尽量单一化，从而引起相应的心理与行为改变（即因变量）的研究方法，使用较多。自然实验法能把对情境条件的适当控制与实际旅游活动的正常进行有机地结合起来，因此具有较大的现实意义。例如，同一导游员对同一旅游景点在同样长的时间内，在为条件大致相同的不同的旅游团进行导游服务时，采用平铺直叙式、故事悬念式或说明评价式等不同的讲解方式进行讲解。旅游者听完讲解后用选择笑脸图案的多少表示满意度，根据获得的笑脸图案数的多少，来分析不同的讲解方法对旅游者满意度的影响。不同组被试者接受的讲解是实验设计中确定的，称为自变量；不同组被试者所显示的满意度，称为因变量。

许多问题经过反复的实验和结果的积累，可揭示所要探知的某些问题的规律。自然实验法的特点是简便易行，而且把科学研究跟人们经常进行的社会活动结合起来，所得结果符合实际情况，具有实践意义。但是，在自然实验的设计中必须注意使实验组和控制组的年龄、性别、受教育程度、家庭、社会诸方面的条件大致相同，人数相等，控制质量和实验顺序的影响，实验的结果要做统计处理，以揭示实验结果的意义。

总之，实验法也有其缺陷或不足。一方面，有些问题可能由于涉及伦理、道德或难以直接控制，无法使用实验法。例如，很难研究投诉对旅游工作者心理的影响。另一方面，由于实验法中严格控制了变量和条件，与现实生活总不免有一定的差距，在推广应用实验结论时受到一定的限制。例如，导游员讲解时的语言速度快慢，会间接地影响旅游者的满意度高低，没有明确地体现讲解水平和满意度的相关性。

（四）访谈法

谈话法是研究者通过与对象面对面谈话，在口头信息沟通的过程中了解对象心理状态的方法。按照访谈过程中结构模式的差异，访谈分为结构化访谈和非结构化访谈。

1. 结构化访谈

结构化访谈，是指主试者根据事先拟定的提纲提出问题，受访者针对所提出的问题进行回答。结构化谈话结构严密、层次分明，具有固定的谈话模式，可以事先设计成口头问卷。例如，在旅游咨询中的首次接待谈话，旅游工作者通过结构化谈话具体了解旅游咨询者的年龄、性别、职业、国籍、旅游动机等信息资料。

2. 非结构化访谈

非结构化访谈，是指没有一个固定模式，主试者只提出一个范围较大的问题，受访者可以根据自己的想法，主动性、创造性地进行回答。非结构化谈话结构较为松散，层次交错，气氛活跃。通过非结构化谈话方法，双方不仅交换了意见，也交流了感情，能获得较多的第一手资料。例如，在长城导游过程中问旅游者为什么要建长城，和旅游者一起探讨修筑万里长城的原因，互相交流信息，提高旅游者游览兴趣。

访谈法的运用既要有明确目标，又要讲究方式方法，对访谈内容进行有效的控制引导，同时保持轻松愉快的气氛。访谈法的优点是简单易行，便于迅速取得第一手资料，因而使用较为广泛。但关于受访者心理特点的结论，只能从受访者的回答中去分析寻找，所以访谈具有较大的局限性。

（五）问卷调查法

问卷法是指运用内容明确、表达简练的问卷，让被试者自己填写，然后进行统计分析的方法。问卷法采用的是问卷量表的形式。常用的问卷法有以下几种：

1. 是非法

是非法（二项选择法）指对每个试题做出"是"与"否"的回答的问卷方法。要求回答不能模棱两可或不作回答。

例如：你喜欢去南充旅游吗？

是　　否

2. 选择法

选择法（多项选择法）指列出一些有多种并列答案的问题，让被试者任选一个或几个答案的问卷方法。

例如：我参加旅游活动的原因是（请根据实际选择一个或多个答案）：

A. 丰富我的人生经历。

B. 有了多余可支配的钱。

C. 为了炫耀。

D. 旅游是时尚的标志。

E. 增加知识。

3. 等级排列法

等级排列法（顺位题法）指列出可供选择的多种方案，被试者按其对自己的重要性的次序予以排列的问卷法。

例如，按照个人的偏爱程度给下列的旅游方式排序：观光游、探险游、休闲游、度假游、生态游。

4. 开放式问卷法

开放式问卷法，也称自由回答法，即对所调查的项目，让被调查者自由回答，不受任何约束。

例如：请写出你对去西藏旅游的看法。

问卷法的优点是可以在较短的时间内取得广泛的材料，易于分类统计并使结果尽可能量化。问卷法的缺点是所取得的材料一般很难进行质量分析，因而无法把所得结论直接与被试的实际行为进行比较。

（六）心理测量法

心理测验法是运用具有一定的信度和效度的标准化量表对人的心理特征进行测量和评定的方法。第一个制定这种测验量表的是英国的高尔顿（F. Galton），他当时的目的是为了研究优生学和个别差异等问题。20 世纪初，法国心理学家比奈（A. Binet）为鉴别低能儿编制了智力量表，以后又有许多心理学家编制了测定人的情绪、人格的量表。这些科学量表的制定，使人的心理特征可以用客观的工具来衡量，并加以数量化。这一方法往往用在对旅游从业人员的心理测试上，用以研究员工的心理品质与服务行为的关系，对选拔、配置旅游人才有积极作用。

总之，旅游心理学的研究方法是多种多样的。在进行研究时，不应孤立地采用一种方法，而应根据研究的需要综合采取各种方法，或者以某种方法为主，辅之以其他方法，这样才能获得全面、准确而客观的数据资料，以利对旅游心理做出一个完整的评定。

● 第二节　研究旅游心理学的意义

旅游业在我国是朝阳产业，它已成为国民经济中一个重要的支柱产业，受到各级政府部门和企业的高度重视。据联合国世界旅游组织预测，到 2020 年，中国将成为世界第一大入境旅游接待国和世界第四大出境旅游客源国。随着旅游业的飞速发展，不言自明，旅游心理学的研究意义深远。

研究旅游心理学的意义，具体表现在以下几个方面：

一、有助于促进文明旅游环境与平安社会的构建

旅游心理学所揭示的旅游者心理规律对服务态度的产生和调节有着重要影响。要想提高服务质量，首先就要了解服务对象的心理，掌握旅游者的心理活动及其规律，从而减少服务的盲目性，增强针对性。现代旅游业要求从业人员具有现代

化的素质，提高员工的素质，最根本的就是要提高员工的心理素质。具有良好心理素质的旅游从业人员不仅能提供给旅游者"以心为本"的服务，科学引导其文明旅游，也能认识、理解和把握自己的心理活动，学会调节自己的心理，培养良好的心态，促进文明旅游环境，进而言之，有利于和谐平安社会构建，这乃是旅游心理学研究的最大意义所在。

二、有助于提高旅游企业经营管理水平

近年来随着我国旅游事业的飞速发展，我国旅游业尤其在硬件方面进步明显，已经接近甚至赶上了世界发达国家水平，但在软件方面我们依旧与旅游业先进国家存在一定差距，究其原因就是我们的旅游服务落后，经营管理水平低。这已成为制约我国旅游事业发展的瓶颈。旅游业是在竞争中发展的，现代旅游业面临着更加激烈的市场竞争。这种竞争是全方位的，不仅有技术、环境上的竞争，更重要的是在经营方针和策略上的竞争。现代旅游业的发展依赖于科学的预测和决策，旅游心理学的研究可以帮助我们运用心理学等行为科学原理，去分析旅游者的心理趋势，了解其需要和变化，有针对性地开展旅游宣传，吸引游客。旅游业的竞争其实就是客源的竞争，旅游心理学的学习可以在了解旅游者心理趋势的基础上，不断调整旅游企业经营方针和策略，进行科学的预测和决策，为旅游企业经营管理水平提升提供心理学的理论依据。

三、为科学合理地开发旅游资源与安排旅游设施提供心理学依据

合理地开发旅游资源与安排旅游设施是开展旅游活动与发展现代旅游业的先决条件之一。旅游资源作为旅游客体，与旅游主体（旅游者）和旅游媒介（旅行社）共同组成旅游业。一定地理空间上的旅游资源及其相关的旅游服务设施结合起来才能成为旅游目的地。凡是能够造就对旅游者具有吸引力环境的自然因素、社会因素或其他任何因素，都可构成旅游资源。通过旅游心理学的学习与研究，可以了解人们产生旅游活动的需要、动机和兴趣等心理倾向，掌握不同类型的人的个性心理，进而学习如何诱发游客动机并预测与影响旅游者在旅游活动中的心理变化状况，从而有利于旅游资源和旅游景点有针对性地进行科学规划和合理开发。

● 第三节 旅游心理学的理论基础

　　旅游心理学从众多学科如旅游学、心理学等汲取了理论来源与方法技术指导。本书在绪论的最后一节将对心理学的基础知识做首要的介绍，在各个主要章节都将逐一开宗明义地对旅游心理学的心理学理论基础、依据做系统概述，为后续具体的旅游心理学习做知识准备。这主要是基于以下两个方面的考虑：一方面，从理论角度而言，作为一门心理学的应用新兴分支学科，旅游心理学是把心理学的原理延伸引用于旅游活动中人们的心理与行为的研究，对任何旅游心理学观点进行追踪求源，都可以找到其心理学上的理论依据。据此，心理学为旅游心理学的研究提供了最基本的理论脉络依据与方法支撑，掌握好心理学的基础知识，是研究旅游心理学的重要前提。另一方面，从旅游心理学课程开设现状来说，开设旅游心理学课程的院系多为旅游系、酒店管理系、工商管理系等，因此学生在先行课程的学习中，大多已接受了旅游学、管理学等相关课程的知识训练，但心理学科学基础知识的准备却是缺失的。

一、心理学的发展与应用

　　作为一门独立学科，心理学的产生只有短短一百多年的历史，但它独特的研究对象和广阔的应用领域，赋予它强大的生命力和无限的发展前景，使其成为一门充满魅力的核心科学。这不仅体现在世界上有许许多多的心理学派别和专门的研究机构，更体现在心理学在越来越多的领域得以广泛应用。由于心理学研究人的心理活动规律，而任何领域的实践活动都是人的活动，人的活动又都是通过心理的调节支配来完成的，因此可以说，任何领域都离不开对心理学的应用。因为只有掌握了心理活动规律，才能根据实践活动的需要，促进、控制或改造某些心理活动的形成和发展，以提高人的实践活动效率。目前，心理学已被广泛地应用于国防、教育、体育、旅游、医疗卫生、司法机构、工商企业、社会服务等各部门，形成了以基础心理学为主干的、具有多个分支的学科体系。心理学在市场上更是一个很"火"的概念，冠之以"心理学"之名的出版物层出不穷。面对如此多的心理学信息，我们该如何科学、理性地看待心理学，向"通俗心理学""伪心理学"说不呢？首先我们应该回答的重要问题是：作为一门科学的心理学，研究对象与内容是什么？心理的实质又究竟是什么？

二、心理学的研究对象与内容

心理学脱胎于哲学。1879年德国哲学家、心理学家威廉·冯特在莱比锡大学创建了世界上第一个心理学实验室，用自然科学的实验方法研究心理学，才使心理学从哲学中分化出来，成为一门独立的科学。心理学是研究人心理现象与行为规律的科学。

心理学研究内容如图1-1所示：

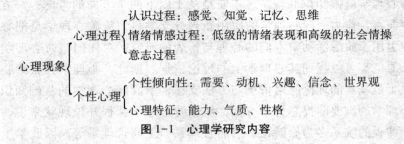

图1-1　心理学研究内容

三、科学的心理观

科学的心理观认为，大脑是心理活动最重要的器官，心理的实质是大脑的机能，是对客观现实的主观的能动的反映。这种观点从心理学之父——哲学中的以下几个方面得到了论证：

第一，客观现实是心理反映的源泉，即物质是第一性的，意识是第二性的。

第二，人的心理是一种主观反映。人的主观世界不同，同样的客观现实在不同的人心里就有不同的反映。

第三，人的心理是一种能动的反映。人能积极主动地认识客观和主观世界的本质和规律，并据此去改造客观和主观世界。

四、心理学史上三大学派

在本门学科的理论史上，影响最大的三个学派是弗洛伊德创立的精神分析心理学派、华生创立的行为主义心理学派和以马斯洛为首的人本主义心理学派。下面，我们将对现代西方心理学中最著名的三大学派的基本观点做一基本概述。

（一）精神分析心理学

精神分析论曾对20世纪的人类文化产生了巨大影响。奥地利心理学家弗洛伊德是以从事心理治疗"起家"的，是经典精神分析心理学派的创始人，其代表作有《释梦》《日常生活的心理分析》等。其主要观点是：心理上的病态是人的本能冲动被压抑的结果。他主张应通过分析破译梦的含义去寻求治疗的方法，强调行为的原动力是人潜在的本能欲望冲动的结果。精神分析心理学派是从研究人的潜意识、本能出发，主要内容表现为人格结构和人格发展两大主题。精神分析心理学派具有以下局限性：以心理失常者的行为为基础，其研究对象存在较大的局限性。其研究方法的科学性长期被质疑，因为其过分强调了人类的本能冲动，忽视了社会文化等对行为的影响。

行为主义产生于 20 世纪初的美国，代表人物是华生和斯金纳。它一反传统心理学，而主张对人的行为进行研究的观点；主张心理学不应只是研究人脑中的那种无形的像"鬼火"一样不可捉摸的东西——意识，而应去研究那种从人的意识中折射出来的看得见、摸得着的客观东西，即人的行为。他们认为，行为就是有机体用以适应环境变化的各种身体反应的组合。这些反应不外乎是肌肉的收缩和腺体的分泌，它们有的表现在身体外部，有的隐藏在身体内部，其强度有大有小。他们认为，具体的行为反应取决于具体的刺激强度，因此，他们把"S-R"（刺激—反应）作为解释人的一切行为的公式。行为主义理论认为，心理学的任务就在于发现刺激与反应之间的规律性联系，这样就能根据刺激而推知反应，反过来又可通过反应推知刺激，从而达到预测和控制行为的目的。行为主义心理学派对行为的突出强调，虽促进了心理学的应用，但过于强调人对环境中的刺激做出的机械的反应，忽视任何主观意识的控制，显然走向了极端。

（三）人本心理学

人本主义心理学在 20 世纪 50 年代至 60 年代兴起于美国，是美国当代心理学主要流派之一。以马斯洛、罗杰斯等人为代表的人本主义心理学派，与精神分析学派和行为主义学派分道扬镳，形成心理学的第三思潮。人本学派强调人的尊严、价值、创造力和自我实现，把人的本性的自我实现归结为潜能的发挥，主张人性的积极向善。该学派的主要代表人物是马斯洛（1908—1970 年）和罗杰斯（1902—1987 年）。马斯洛的主要观点包括著名的被广泛运用的需要层次理论。他提出人的需要是分层次发展的，他按照追求目标和满足对象的不同把人的各种需要从低到高安排在一个层次序列的系统中，最低级的需要是生理的需要，这是人所感到要优先满足的需要。罗杰斯的主要观点是，在心理治疗实践和心理学理论研究中发展出人格的"自我理论"，并倡导了"患者中心疗法"的心理治疗方法。人类有一种天生的"自我实现"的动机，即一个人发展、扩充和成熟的驱动力，它是一个人最大限度地实现自身各种潜能的趋向。

第一章 绪论

案例分析

阅读下面的案例并分析研究旅游心理的意义。

美国人为了开拓英国的旅游市场，曾经对英国人进行了调查，问他们在决定访问美国时，他们考虑的最重要因素是什么？英国人毫不犹豫地回答："费用。"根据这些调查，美国人在英国展开了一场昂贵的广告宣传。广告说："去美国旅游的费用，要比你们想象的便宜15美元。"按照这个推广计划，理应有成千的游客去美国旅游，可是事与愿违，只去了数百名游客。其中症结何在？美国旅游部决定对英国人的心理状态进行深层次的调查。最后发现，从表面上看，英国人认为费用是一个障碍，而他们真正害怕的是在美国可能看到的那些东西——耸入云霄的摩天大楼、复杂的公路系统、令人毛骨悚然和没有个人感情的消费经济；更令人担忧的是，英国正步美国的后尘，休闲宁静的生活正遭到破坏，几年或几十年后，英国将变成美国。在深知英国人的旅游心理后，美国改变了宣传的内容，大力宣传科罗拉多大峡谷、尼亚加拉大瀑布、黄石公园等自然风光。这种着眼于旅游心理的宣传吸引了众多的英国游客。

拓展阅读

旅游心理学的产生与发展

旅游心理学产生于20世纪70年代末，最早散见于一些学者在报刊上发表的关于旅游中的心理学问题研究的文章。1981年，美国CBI公司出版了由佛罗里达中心大学老迪克·波普旅游研究所所长小爱德华·J.梅奥和商业管理学院副院长兰斯贾维斯编著的《旅游心理学》。该书第一次从行为科学角度考察旅游和旅游业，从心理学角度分析研究旅游者的旅游行为，由此揭开了旅游心理学研究的序幕。日本等一些国家的学者也相继开展了旅游心理学的研究。目前，旅游心理学的研究在我国正处于开创时期，20世纪80年代以来，我国旅游心理学的专家、学者在这一领域勤奋工作、不断探索，先后有一些教材问世。这些教材在吸收、借鉴国外理论的同时，注意结合我国国情和旅游发展的实际，为我国旅游心理学的发展奠定了一定的基础。

（资料来源：麻益军，等. 旅游心理原理与实务［M］. 北京：旅游教育出版社，2005.）

复习与思考

1. 旅游心理学研究的对象是什么？
2. 研究旅游者心理的主要内容与方法有哪些？
3. 心理的实质是什么？
4. 研究旅游心理学的意义是什么？

第二章　旅游知觉

学习目标

　　感知觉是心理活动的开端，旅游者的感知觉水平将影响旅游活动的效果。通过本章学习，使学生了解感知觉概念、知觉的特性，理解旅游中的社会知觉效应。掌握影响旅游者知觉的各种因素，学会将感知觉的一般原理运用于具体的旅游实践之中。

重点难点

　　知觉的基本特性
　　影响旅游者知觉的各种因素

本章内容

　　旅游过程中感知觉的基本原理
　　旅游过程中感知觉的基本原理的运用

第一节 感觉与知觉

旅游者对外界的认识和对自身心理变化的了解，通过人的感知觉通道实现。知觉是认知过程的一个重要阶段，它与感觉、注意、记忆等形成了人类其他心理活动的基础。旅游心理学的研究成果表明，旅游者的旅游需求和旅游动机的形成，都与旅游者感知觉过程中接收的信息及感知觉者自身的心理特点密切相关。旅游过程中的消费行为以及旅游效果评价等的完成，都是在感知觉过程作用下发生的。总之，感知觉原理的学习可以帮助我们准确地理解旅游者在旅游活动中的心理和行为。要了解知觉，首先要学习感觉的基本知识。

一、感觉

（一）感觉的含义

感觉是人脑对直接作用于感觉器官的客观事物个别属性的反映。感觉是知觉的基础，人生活在一个现实的世界中，其环境和自身几乎每时每刻都有许多刺激作用于人的感官，从而会产生许多感觉，感觉的实现是人认识世界的第一步，所以感觉是人类心理现象产生的基础。人对客观世界的认识过程，是从感觉开始的。人借助于感觉对直接作用于感觉器官的事物做出反应，感知事物所具有的各种不同属性，通过视觉反映不同的颜色，通过嗅觉获得刺激物的气味特点，通过皮肤感觉客观事物的光滑和粗糙程度等感觉也使人知道自己身体所发生的变化，通过平衡觉和运动觉反映躯体的运动状况、空间位置，通过机体觉反映机体内部器官的工作状况等。人的一切较高级和较复杂的心理现象，都是在通过感觉而获得的材料的基础上加工产生的，感觉是个体关于世界的一切信息的源泉。

（二）感觉的适应性、对比性

1. 感觉的适应性

刺激物对感受器官的持续作用，使感觉器官的敏感性发生变化的现象，叫作感觉的适应。感觉的适应普遍存在于感觉现象。俗话说，"入芝兰之室，久而不闻其香；入鲍鱼之肆，久而不闻其臭"，表明的就是嗅觉的适应现象。视觉的适应可分为暗适应和明适应两种。从明亮处进入已熄灯的电影院，开始什么也看不清，过一段时间，逐渐就能分辨物体的轮廓，这是暗适应。相反，离开电影院，到光亮处，开始感觉耀眼发眩，什么都看不清楚，稍过几秒钟就能看清周围的物体，这是明适应。当人穿上大衣时会觉得比较沉重，过几天沉重的感觉就消失了，表明肤觉适应的存在。听觉和痛觉的适应不太明显，往往人对刺激性的声音和疼痛很难适应。

2. 感觉的对比性

同一感受器官在不同刺激物的作用下发生起伏波动的现象，叫做感觉的对比。感觉对比分为同时对比和继时对比两种。同时对比现象发生于几种刺激同时作用于同一感觉器官时。白色对象在黑色或灰色背景下，人的感觉不同，前者明亮，后者暗淡。白昼看不到繁星、闹市听不清其他人话语等，都属于同时对比现象。不同刺激先后作用于同一感觉器官，产生继时对比现象。先吃糖紧接着吃醋感觉醋更酸、先吃杨梅再吃苹果感觉苹果更甜等，都属于继时对比现象。

二、知觉

（一）知觉的含义

知觉是人脑对直接作用于感觉器官的客观事物的整体属性的反映。人分别对苹果的颜色、气味、形状等个别属性进行的反映，就是感觉；而通过对这些感觉的整合认知所反映的对象是一个苹果，确认该事物是一种能吃的水果，就是知觉。知觉是在感觉的基础上形成的，是人脑对直接作用于感觉器官的客观事物的各个部分和属性的整体反映，是对感觉信息的整合和解释。

（二）感觉与知觉的联系与区别

（1）感觉和知觉的联系非常紧密，只有感觉器官对事物的反映，才会产生感觉和知觉，事物在人的感觉器官所及的范围内消失时，感觉和知觉也就停止了。

（2）感觉是对物体个别属性的反映，而知觉则是对物体整体的反映。因此，感觉是知觉的基础，而知觉则是感觉的深入和发展，很少有孤立的感觉存在。在心理学中，为了科学研究的需要，才把感觉从知觉中区分出来加以探讨。

（3）感觉和知觉都是认知的初级阶段，同时也是其他心理活动的基础，若没有感觉和知觉，就不能形成表象、思维，情感、意志、个性等复杂的心理活动。

然而，感觉和知觉又存在着一定的区别，具体如下：

（1）感觉和知觉是两种不同的心理过程。感觉是介于心理和生理之间的活动，它的产生主要通过感觉器官的生理活动过程以及客观刺激的物理特性，相同的刺激会引起相同的感觉；而知觉则是纯粹的心理活动，它是在感觉的基础上对物体的各种属性加以综合和解释的心理活动过程，处处表现出主观因素的参与，相同的刺激常常引起不同的知觉。

（2）由感觉到知觉，其间要经历一个主观选择的过程，即从感觉到的各种属性中选取一部分属性加以综合和解释，这在很大程度上依赖于一个人过去的经验，并受个人当时的兴趣、需要、动机和情绪的影响。人的态度和需要也会使知觉具有一定的倾向性。

（3）从感觉和知觉的生理机制来看，感觉是单一分析器活动的结果，而知觉则是多种分析器协同活动的结果。

（三）知觉的种类

根据不同的标准，可以对知觉进行不同的分类。根据知觉过程中起主导作用的感官的特性，可将知觉分为视知觉、听知觉、嗅知觉、味知觉和触摸知觉等。根据知觉是否正确，可将其分为正确的知觉和错误的知觉。根据知觉对象的不同，可将其分为物体知觉和社会知觉。而与旅游活动联系紧密的有空间知觉、时间知觉、错觉等。

1. 空间知觉

空间知觉是个体对客观世界三维特性的知觉，具体指物体大小、距离、形状和方位等在头脑中的反映。空间知觉是一种较复杂的知觉，需要人的视觉、听觉、运动觉等多种分析器的联合活动来实现。在旅游活动中，空间知觉具有重要的作用。下台阶时，没有形成准确的空间知觉，不知道有几个台阶、每个台阶有多高，就容易摔倒。没有良好的方位知觉，旅游者在游览时就很容易迷路。空间知觉包括形状知觉、大小知觉、深度与距离知觉、方位知觉等。形状知觉指对物体的轮廓和边界的整体知觉，形状知觉是人类和动物共同具有的知觉能力，但人类的形状知觉能力比动物的更高级，因为人类能识别文字和符号，形状知觉是靠视觉、触觉、运动觉来实现的。旅游者通过物体在视网膜上的投影、视线沿物体轮廓移动时的眼球运动、手指触摸物体边沿等，产生形状知觉。大小知觉指对物体长短、面积和体积大小的知觉。依靠视觉获得的大小知觉，决定于物体在视网膜上投影的大小和观察者与物体之间的距离。在距离相等的条件下，投影越大，则物体越大；投影越小，则物体越小。在投影不变的情况下，距离越远，则物体越大；距离越近，则物体越小。大小知觉还受个体对物体的熟悉程度、周围物体的参照的影响。由于存在知觉的恒常性，对熟悉物体的大小知觉不随观察距离、视网膜投影的改变而改变。对某个物体的大小知觉也会因周围参照物的不同而改变。

深度与距离知觉是对物体离知觉者远近的知觉。对物体距离和深度的判断可以依据的线索很多，通过视知觉观察看起来小的物体似乎远些，大的物体似乎近些；被遮挡的物体远些，没有被遮挡的物体近些；远处的物体看起来模糊，近处的物体看起来清晰；远的物体显得灰暗，近的物体色彩鲜明；看近物时，双眼视线向正中聚合，看远物时，双眼视线近似平行等。同时可以通过双眼的共同运动形成深度知觉。

方位知觉是对物体在空间所处的方向和位置的知觉。方位知觉能力是后天形成的，个体依靠视觉、听觉、运动觉等来判断方位，形成对东西南北、前后左右、上下等的知觉。依靠视觉进行方位判断必须借助参照物。参照物可以是自己的身体、太阳的位置、地理事物、地平线等。不同方位辨别由易到难的次序分别是上与下、后与前、左与右。由于人的两只耳朵分别在头部的左右两侧，因此同一声源到达两耳的距离不同，两耳所感知的声音在时间上、强度上存在差别，据此个体也能依靠听觉进行方向定位。

2. 时间知觉

时间知觉是对事物发展的延续性和顺序性的知觉，具体表现为对时间的分辨、对时间的确认、对持续时间的估量、对时间的预测。时间，既没有开始也没有结束，生活中对时间的知觉，既可以借助于太阳的东升西落、月的圆缺、四季变化等自然界的变化，也可以借助于生活中的数数、打拍子、节假日、上下班、睡眠和觉醒等具体事件或自身的生理变化，还可以借助于时钟、日历等计时工具。

时间知觉是人对客观世界的主观印象，也必然受到主客观因素的影响。受主观因素影响，在不同的心理状态下，人对时间的估计有很大差别。研究表明，在悲伤的情绪下，人们在时间估计方面会出现高估现象，如"度日如年"；在欢快的情绪下，在时间估计方面会出现低估现象，如"山中方一日，世上已千年"。受客观因素影响，旅游活动内容不同会影响旅游者对时间的知觉，在一段时间里，旅游活动内容充实有趣，旅游者会觉得时间过得快，倾向于把这段时间估计得短些；而旅游活动内容单一无趣，旅游者就会觉得时间过得慢，对这段时间的估计就要长些。

旅游从业人员了解旅游者在旅游过程中的时间知觉规律是非常重要的，在安排旅游活动时应注意旅行时间要短，游览时间要长，即遵循"游长行短"原则。贯彻"游长行短"原则，也就是安排旅游者游览过程中要尽可能放慢速度，而花费在旅途的时间要尽可能短。通过旅游从业人员巧妙安排，旅游者得到良好的旅游效果。"游长"即是要求旅游工作者在安排游览内容时，参观过程时间要尽可能长些。旅游者外出旅游的真正目的就是为了游览风景名胜、历史古迹等，实现"饱眼福"的期望。安排足够的游览时间，才能保证旅游者的游览质量。游览内容越丰富，旅游活动对于游览者来讲就越具魅力，就越能使人们忘却时间的流逝，达到"流连忘返"的境地，这也正是旅游的价值所在。"行短"即是旅游工作者在安排游览路线时应尽可能缩短时空距离，并在旅途中安排一些有趣的活动，因为旅途这段时间对于旅游者来讲是最没意义的。在途时间越长旅游者的疲劳感也越强，直接影响到旅游活动的质量。同时由于在途时间长必然减少游览时间长度，导致"拉练式""走马观花"的旅游效果，大大降低旅游的乐趣和享受水平。

　　3. 错觉

　　顾名思义，错觉就是对客观事物不正确的知觉。错觉是一种特殊的知觉，其产生的原因是由于外界的客观刺激，因而不是通过主观努力就可以纠正的。错觉不存在个体差异，发生在同一感觉通道的错觉有视错觉、听错觉、嗅错觉等，发生在不同感觉通道间的错觉有形重错觉、视听错觉、运动错觉等。

　　最常见的错觉是视错觉，图 2-1 显示，中间部分根据人的经验通过完形作用倾向于看成是一个三角形，其实并没有出现三角图形；图 2-2 显示，看起来周围由多个小圆围绕的中间的圆比周围由多个大圆围绕的中间的圆大一些，但实际上这两个圆的大小相同；图 2-3 显示，中间两条线是平行的，但看起来是弯的。

图 2-1　主观轮廓

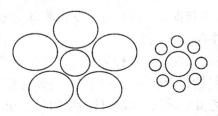

图 2-2　艾宾浩斯错觉

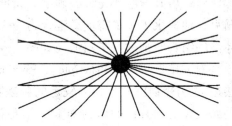

图 2-3　冯特错觉

　　中国的园林景观常常利用人的错觉增加审美效果，起到渲染风光和突出景物的作用。园林布局中的假山和流水都是通过缩短视觉距离的办法，将游览者的视线限制在很近的距离之内，视野只有假山和流水景观，没有其他参照物存在，于是，山就显得高了，水就显得长了。现在的许多现代化游乐设施也常常利用人的错觉提供丰富多样的娱乐项目，给旅游者带来或神奇或惊心动魄的娱乐效果。

（四）知觉的特性

　　1. 知觉的整体性

　　知觉的整体性是指在刺激不完备时知觉者仍保持完整的知觉。客观事物是由许多属性、部分组成的整体。它作为刺激物作用于我们的感官时却往往是不完备的，只有部分或个别属性起作用，但是人对它的知觉却是完整的。知觉之所以具有整体性，是因为客观事物对人而言是一个复合的刺激物。由于人在知觉时有过去经验的参与，大脑在对来自各感官的信息进行加工时，就会利用已有经验对缺失部分加以整合补充，将事物知觉为一个整体。组成事物整体的各部分和属性对整体知觉的作用并不都是一样的，关键性的成分对知觉的整体性起决定作用。如漫画家作画，只要抓住了事物的特点和关键部分，不管画的比例正确与否，线条粗细如何，人们一眼就能看出画的是什么、反映的是什么。在对苹果知觉过程中，尽管知觉对象是具有产生视、听、嗅、味、触压觉等的复合刺激物，具有多方面的不同特征，但是人通常不会把一个苹果分割成各个孤立的部分来认识，而总是把多方面的感知信息联系在一起并视为一个整体来知觉。知觉的整体性是知觉的积极性和主动性的一个重要方面。它不仅依赖于刺激物的结构，即刺激物的空间分布和时间分布，而且依赖于个体的知识经验。一个不熟悉外文单词的人，他对单词的知觉只能是一个字母一个字母地进行。相反，一个熟悉外文单词的人，他把每个单词都知觉成为一个整体。知觉整体性的组织原则是基于完形心理学的基本假定，即人们遵循一定的整合规律组织信息，这样的组织简化了信息处理并为刺激提供了一个整合意义。这些原理建立在格式塔（Gestalt）心理学的基础上。Gestalt 是德语词汇，大意为全面的形态或完整的形式；通常 Gestalt Psychology 被译作格式塔心理学或完形心理学。完形心理学派的创立人是德国的韦德海默尔·马克，他提供了一个将信息整合为一个整体的解释框架。完形心理学派将知觉整体性的组合原则进行了归纳（如图2-4），主要有以下几点：

（1）接近法则（Principle of Proximity）是指人在感知各种刺激时，彼此相互接近的刺激物比彼此相隔较远的刺激物更容易被组合在一起，构成知觉的对象。例如，在对旅游目的地的知觉中，人们往往把相近的几个旅游目的地归为一组。比如东南亚之旅就是把新加坡、马来西亚、泰国、菲律宾、印度尼西亚等东南亚国家知觉为一个整体；九寨沟之旅就是把四川的九寨沟、黄龙知觉为一个整体。这种接近组合景点构成的旅游产品对旅游者具有较强的吸引力。其花费的时间、金钱、精力不多，却可以多游几个景点。旅游产品推销应考虑这一点，把空间相近的几个景点联合起来推销，例如四川省南充市制定了《嘉陵江流域（南充段）旅游开发总体规划》，描绘了嘉陵江（南充段三城：风水阆中古城、诗画相如故城、人文南充绸城）的发展轮廓和美好前景。

（2）相似法则（Principle of Similarity）是指人们在感知各种刺激物时，容易将具有相似自然属性的事物组合在一起。在旅游活动中，旅游者对一些特征相似的旅游景点容易知觉为一组。例如青岛、大连、厦门、珠江等虽各有特色，但都是著名的海滨城市，许多旅游者往往把它们知觉为一组。这在某种程度上对各地推销旅游产品有不利的一面，既然这几个景点都差不多，那么只去一个就可以了，从而使有限的客源分流了。了解这一知觉特性后，我们就应注意宣传各景点的特色，同时要注意在开发、生产旅游产品时注意自身的特色，不要雷同，不然客源要相对减少。

（3）闭合法则（Principle of Closure）是指当一个刺激不完整时，感知者填补缺失元素的倾向，即人们倾向于根据以往的经验填补空白。例如，"上有天堂，下有苏杭"这句话已为人们所熟悉，只要说出上半句，人们自然会想到下半句话。闭合原理在旅游营销策略中的运用是鼓励旅游者参与，增加人们处理信息的机会。

（4）连续法则（Principle of Continuity）是指人们容易将具有连续性或共同运动方向的刺激看成一个整体。

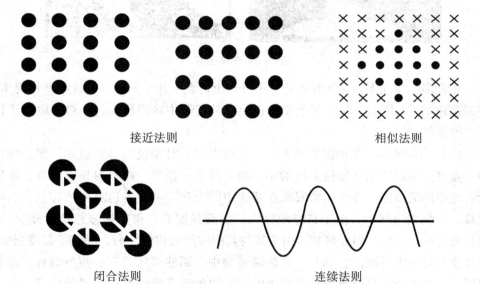

接近法则　　　　　　　　　　　　　相似法则

闭合法则　　　　　　　　　　　连续法则

图 2-4　知觉组织法则

2. 知觉的选择性

知觉的选择性是指当人们按照某种需要、目的，主动地、有意识地选择少数事物作为知觉对象，或无意地被某种事物所吸引，以它作为知觉对象，对这些事物产生鲜明清晰的知觉印象，而周围的事物则成为知觉的背景，其知觉印象比较模糊。知觉刺激的心理基础是注意。注意表现为心理活动对某对象的指向和集中性。知觉的对象从背景中分离，与注意的选择性有关。当注意指向某种事物的时候，这种事物便成为知觉的对象，而其他事物便成为知觉的背景。当注意从一个对象转向另一个对象时，原来的知觉对象就成为背景，而原来的背景转化为知觉的对象。因此，注意选择性的规律同时也就是知觉对象从背景中分离的规律。有时人可以依据自身目的进行调整，使对象和背景互换，这就是图形—场地原理（Figure-ground Principle），又称对象—背景原理，是指刺激的一部分居于主位（图形），而其余部分退为背景。例如双关图（如图2-5）中的花瓶与人脸、少女与老妪。选择一部分作为知觉对象时，图片的内容是花瓶、少女；选择另一部分作为知觉对象时，图片的内容是人脸、老妪。

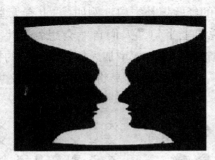

图 2-5　双关图形

在大多数情况下，从知觉的背景中分离出对象来并不困难，但在某些情况下，要迅速地知觉却不是一件容易的事。把对象从背影中区别出来，一般要取决于以下三种条件：

（1）当对象与背景的差别越大、对比越大时，对象越容易被感知，如万绿丛中一点红、用白粉笔在黑板上写的字、鹤立鸡群；反之，则不容易被感知，如冰天雪地中的北极熊、穿着迷彩服藏在草地中的士兵。一块古色斑斓的碑刻，放在陵墓、寺院或园林中，由于其异质性大、刺激强度高，很容易被旅游者知觉到，但是把它放在著名的西安碑林，由于其与其他碑刻的相似性高，降低了刺激强度，导致旅游者不太可能注意到它。在旅游活动中，那些奇峰异石、寂静森林、幽静田园、山光水色、异域风情等，都能以较大的刺激强度引起旅游者的注意，而被纳入知觉世界，从而在旅游者头脑中留下清晰深刻美好的印象。

（2）当对象是相对活动的而背景是相对不动的，或对象是相对不动的而背景是相对活动的，对象容易被感知，如夜空中的流星、大合唱时不张嘴的人。旅游过程中，山石间倾泻的瀑布、河流上漂动的船只、酒店外闪烁的霓虹灯广告，由于其运动性的特征，都容易成为旅游者知觉的对象。

（3）当对象是自己熟悉的、感兴趣的内容时，或与人的需要、愿望、任务相联系时，也容易被感知，如在嘈杂的环境中听见有人喊自己的名字、在书店迅速发现所需要的书籍等。

知觉的选择性揭示了人对客观事物反映的主动性。在旅游活动中，人们总是按照某种需要，主动有意识地选择部分旅游地或旅游景点作为知觉对象，或无意识地被某一旅游景点所吸引。古人云："仁者乐山，智者乐水。"山水并存，乐山或乐水，取决于人的知觉选择。不同类型的旅游者，由于其旅游需要的不同，在旅游活动中所选择的知觉对象也就有所不同，有人关注奇山异水，有人聚焦人文古迹，有人喜欢闲暇舒适，有人偏爱冒险性强的旅游项目，这充分体现知觉的选择性作用。

3. 知觉的恒常性

当知觉的客观条件在一定条件下发生改变时，知觉形象在相当程度上仍保持着它的稳定性，这就是知觉的恒常性。它是人们知觉客观事物的重要特征。知觉的恒常性主要受知识和经验的影响。知觉恒常性包括大小恒常性、形状恒常性与颜色恒常性。

（1）大小恒常性（Size Constancy）

对物体大小的知觉不因网像大小的变化而变化，称为大小恒常性。大小知觉是由网像大小与知觉距离两者共同决定的，对于网像大距离近与网像小距离远这两种组合，人们可以根据经验做出物体大小相等的知觉解释。

（2）形状恒常性（Shape Constancy）

对物体形状的知觉不因它在网膜上投影的变化而变化，称为形状恒常性，如图2-6。

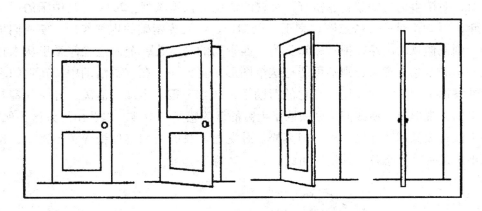

图2-6 形状恒常性

（3）颜色恒常性（Color Constancy）

在不同照明条件下，同一件物品反射到你眼中的光有很大变化，但它们的颜色看起来好像没有变，这是颜色的恒常性。它与经验有很大关系。例如在绿光照射下，问你桌子上的香蕉是什么颜色，你肯定会把香蕉看成黄色。但是倘若在这种条件下，让你说出各种纸片的颜色时，知觉结果就可能受到光照的影响了。此外颜色恒常性产生的另一个原因与背景有关。在日光照射下，煤与周围背景相比仍然最暗，白纸与阴影中的背景相比仍然最亮。

知觉的恒常性对旅游活动有很大作用，如果知觉不具有恒常性，那么个体适应环境的活动就会更加复杂。旅游者在旅游活动中要尽量满足精神和物质生活享受上的非日常性特点。由于不断地接收新的感知对象的刺激，旅游者在旅游活动中可以增长见闻，满足好奇心。

旅游目的地的食、住、行等物质生活条件，通常按照当地社会居民的生活原样提供给旅游者，让他们去感知、去适应，除极少数的民族风情旅游者以外，多数旅游者由于离开惯常环境会很不适应新环境，致使整个旅程始终处于紧张的心理状态中，势必会影响旅游效果。为解决这一问题，东京迪斯尼乐园和海洋乐园的酒店、餐馆等旅游接待设施都是"外旧而内新"，即酒店的外观是仿近代的欧洲城堡建造，保持了旅游者对建筑的恒常性和增加了亲切感，成为主题公园的一道景观，而其内部装修成豪华而舒适的具有非日常性特点的酒店。

4. 知觉的理解性

知觉的理解性是指人们借助已有的经验知识，在思维的参与下，对知觉对象加以理解和解释的过程。理解性使人的知觉过程更加迅速，节约感知的时间和工作量，同时也使知觉对象更加准确完整。知觉者与这个事物有关的知识和经验越丰富，对该事物的知觉就越富有，对它的认识也就越深刻。2014 年是中国的甲午马年，图 2-7 是一个斑点图，它正是以知识、经验为基础的理解作用，使我们填补了画面信息的不足，把对象知觉为一匹奔腾的马。若一个人经验体系里从未存在过马的概念与意象，则不可能把这个图形知觉为马。在旅游活动中，知觉的理解性发挥了相当大的作用。在它的帮助下，产生了很多生动、活泼、鲜明并富有意义的景观形象，使我们从中获取了无穷的审美感受与情趣。以黄山风景区为例，如果没有知觉理解性的作用，迎客松、卧龙松、黑虎松和连理松等黄山奇松，也只不过是一些形态各异的松树而已。

图 2-7 马的斑点图

第二节　影响旅游者知觉的因素

　　知觉必然会受到知觉对象本身的特点和知觉者本人特点的双重影响。影响知觉的因素同时来自客观和主观两个方面。

一、影响旅游者知觉的客观因素

　　影响旅游者知觉的客观因素是多种多样的，既有知觉对象本身的因素，也有对象和背景之间的关系因素，能够影响旅游者知觉的客观刺激物具有如下的一些特征：

（一）知觉对象的刺激强度

　　客观刺激物的刺激强度达到一定程度，才会引起旅游者的知觉。旅游者在旅游过程中总是处在一个错综复杂的感知环境，各种感知对象作为刺激因素交织在一起，并不是所有对象都能引起旅游者的注意，而被纳入知觉世界。

　　如果客观事物的刺激没有达到一定的强度，不具有独特的形象或突出的属性，就不能有效地引起旅游者的感觉器官的反应，也就不会引起旅游者的注意，因而也就不能被知觉到。旅游刺激物的刺激强度越大，就越容易引起旅游者的知觉注意，而被纳入知觉世界，从而在旅游者头脑中留下清晰深刻美好的印象。比如万里长城巍峨雄伟，自然让人知觉印象深刻。

（二）知觉对象的反复出现

　　刺激物重复出现的次数越多就越容易被知觉。于刺激物反复出现，同一信息多次作用，使人们产生较为深刻的知觉印象。

　　另外，运用了完形心理学原理中的图形—场地原理来提高知觉对象在地理上的鲜明性，也是影响旅游者选择的因素之一。

二、影响旅游者知觉的主观因素

（一）兴趣和爱好

　　旅游者的兴趣和爱好是各不相同的，兴趣和爱好的个性差异往往决定着知觉的选择性。兴趣和爱好能帮助旅游者在知觉事物时排除毫不相干或无足轻重的部分，旅游者的兴趣与旅游知觉的选择密切相关，旅游者所感兴趣的往往能成为知觉的对象。此外，由于个人需要和兴趣在不断变化，以前被忽视的因素也可能重新被引起注意。一个对民居建筑感兴趣的旅游者，往往会选择北京的"胡同游"

丰富其个人的经历，满足好奇心。

（二）需要和动机

凡是能满足人的需要、符合人的动机的事物，往往会成为知觉的对象和注意的中心；反之，与人的需要和动机无关的事物往往不被人注意和知觉。满足旅游者个人需要的事物、符合旅游者动机的事物容易被纳入知觉世界，成为旅游者知觉的焦点。那些不能满足旅游者需要和动机的对象很容易被忽略。

旅游者的体现社会地位的心理需要，影响了旅游者对旅游环境的知觉。同一个旅游区中观光型、度假型、健身型、疗养型、商务型等不同种类的旅游者，由于具有不同的旅游需要和旅游动机，各种类型的旅游者知觉的对象范围和最终的整体知觉印象是各不相同的。

（三）知识和经验

经验是从实践活动中得来的知识和技能。旅游者过去的知识和经验也会对知觉有很大影响，旅游者总是在感知他所期望的东西。旅游者依据已有的知识和经验，可以迅速地对知觉对象做出理解与判断，从而节约感知时间，扩大知觉范围，获得更多更深刻的知觉体验。旅游者在旅游过程中对行程的合理性、景点的独特性、项目的吸引力、设施的安全性、服务的全面性的知觉无不有其过去的知识和经验参与其中。

（四）情绪状态

情绪是人对客观事物的态度的一种反映。情绪与人的需要紧密地联系在一起，包括复杂的生理及心理机制，往往伴随着身心状态的波动。情绪对人的心理活动有较大的影响，知觉也不例外。在旅游活动中旅游者心情愉快时，对游览对象的知觉在广度上范围广泛，在深度上深刻鲜明；旅游者情绪低落时，知觉水平就会降低，生动鲜明的对象也引不起他的兴趣。

（五）人格

人格作为一个心理学术语，主要是指人所具有的与他人相区别的独特而稳定的思维方式和行为风格，包括气质和性格等。气质影响一个人对周围事物的组织和感知方式。不同气质类型的旅游者在旅游活动过程中表现出明显的不同特点。对于不同气质类型的旅游者，其知觉的广度和深度不一样。多血质的旅游者知觉速度快、范围广，但不细致；黏液质的旅游者知觉速度慢、范围窄，但比较深入细致。通常胆大自信的旅游者偏爱搭乘飞机外出旅游，而胆小谨慎的旅游者偏爱乘坐火车外出旅游。

（六）社会地位

不同社会地位的人的价值观念和待人处世的态度以及消费观等是不同的。现代社会中旅游活动日益大众化，但是各个阶层的旅游者在旅游方式选择、时间利用、地域分布、目的实现、消费方式等方面差别巨大。旅游者的社会地位使其知觉对象的选择和知觉印象的形成等行为过程表现出不同的倾向性，在旅游活动过程中社会经济地位较高、文化层次较高、品味较高的旅游者，大多严谨、稳重、合作，更关注能体现其社会地位、文化修养和生活品位的旅游活动项目，往往期待得到高水平的导游讲解服务。

三、常见的知觉规律

在知觉过程中，一些人们固有的知觉规律能使人提高加工信息的速度，有助于人对知觉对象特征的快速掌握。在实践中，应学会运用知觉规律，同时了解知觉规律也具有明显的局限性，容易对人的知觉产生偏差。

（一）首因效应

首因效应是指最初接触到的信息所形成的印象对人们以后的行为活动和评价的影响。首因效应也叫首次效应、优先效应或第一印象效应。旅游从业者给旅游者留下的第一印象如何，对旅游者的旅游活动能否顺利进行有重要的影响。

（二）晕轮效应

晕轮效应是指当人对知觉对象的某种特征形成好或坏的印象后，会把这种印象扩展到对象的其他特征的知觉上去。"晕轮"意指像月晕一样，月光通过云层中的冰晶时，经折射产生的光现象，在月亮的周围形成大圆环。借用晕轮指人获得的会使人对事物产生一种知觉认识的假象。若某人的某一方面被认为是好的，由于"晕轮"造成的泛化就会认为他一切都好；相反，就认为他一切都坏。"一白遮百丑"是典型的晕轮效应的体现。例如，一个旅游者在一家饭店里碰到一个板着脸的、心不在焉的服务员，他就会认为这家饭店的服务都是冷冰冰的、不友好的、外行的。这个例子说明，由于以环境中有限的信息为基础，旅游者就得出了一个明显错误的分类结论。

首因效应与晕轮效应都是客观存在的，是常见的心理学现象。首因效应是按时间序列发生的，第一印象之后的印象往往成为第一印象的补充；晕轮效应则是按知觉对象的特征引发的，由于对知觉对象的部分特征印象深刻而将该印象泛化为全部印象，表现为以偏概全的特点。首因效应的基础也是产生晕轮效应的前提。

首因效应与晕轮效应在旅游活动中紧密相连，通常首因效应发生在前，继而产生晕轮效应。旅游活动参与者在人际交往初期，具有整洁仪表者往往更易引起他人更多的关注和喜欢。首因效应与晕轮效应在很大程度上受仪表因素的影响，旅游工作者一定要注意发挥两种效应对旅游服务工作的影响，工作中保持仪表端庄和举止文雅，处理问题时冷静、稳重和全面得当，使旅游者产生良好的印象，通过首因效应与晕轮效应加以保持和扩大。

（三）近因效应

近因效应是指新出现的刺激物对最终印象的形成起决定作用。最近的刺激物的作用最大，在旅游服务工作中，旅游从业人员把优质服务贯穿始终，通过热情周到的服务避免"虎头蛇尾"现象的发生。如若开始阶段服务热情，后续阶段态度冷淡，最终给旅游者留下最深印象的将是后者，并以此作为最终印象导致旅游者的不满。

（四）刻板印象

刻板印象是指人对某一类人所具有的一种概括而固定的印象。人常常根据一些人在种族、民族、国籍、年龄、职业和宗教信仰等方面的相同或相似性，把他们划分为某一类人，并形成各种固定印象。刻板印象不是对一种个体的印象，而是对一种群体的印象。一般认为青年人热情向上而倾向于冒进，老年人深沉稳重而倾向于保守，日本人遵守纪律和注重礼仪，美国人喜欢新奇刺激和注重自由，英国人讲究绅士风度和社会地位，法国人追求浪漫生活和艺术品位，德国人认真严谨和纪律严明等。按惯例，客机头等舱的乘客很快就被列为首席执行官、社团负责人和富裕的社会名流或者独自旅游的富翁。这样，通过刻板印象，人们就可以以有限的信息或暗示为基础，把分类的外界刺激装进头脑。

在旅游活动过程中，刻板印象有助于旅游者在旅游活动中的决策，有助于旅游工作者了解某一类旅游者的基本情况，以便确定提供相应的旅游产品和服务。旅游工作者在知觉来自不同国家和地区的旅游者时，通过刻板印象快速了解他们的共同特征之外，还应当注意克服刻板印象的片面性，形成对旅游者的全面和准确的认识与评价。

（五）心理定势

心理定势是指人在认识特定对象时心理的准备状态。也就是说，当人在知觉某事物之前，就已经将对方的某些特征先入为主地存于自己的意识中，使知觉者在认识知觉对象时不由自主地处于一种有准备的心理状态。中国古代"智子疑邻"的典故，就是典型的心理定势现象之一。当旅游者看到某景区是"国家级重点保护单位，国家4A级景区，世界文化遗产"，由于心理定势的作用就会认为该景区值得一去。旅游企业可以利用旅游者的心理定势来吸引旅游者，"江南园林甲天下，苏州园林甲江南"，使苏州园林在旅游者头脑中形成心理定势，引发旅游者的旅游动机。旅游企业要注意提供名实相符的旅游产品和服务，美好的名声与优质的旅游产品和服务相结合，使旅游者得到符合心理预期的旅游产品和服务。否则旅游者会感到受了欺骗，导致投诉造成不良影响，对后续的旅游者产生不良的心理定势作用，损害旅游市场的持续发展，会给旅游企业带来不良后果。

📖 拓展阅读

我们看世界　世界也在看我们（春节出境游，文明伴左右）

在家时，可能会对身边的某些现象不满，也会发牢骚和抱怨，但离家在外国时，还是希望自己的祖国得到别人的认可。如果那些反面的评论出自外国人，哪怕只是某些不屑、鄙夷的表情，都会让人心情不爽，暗生惭愧。近些年中国公民出境旅游的人数每年都在增加，我们在认识世界的同时，世界也在认知我们。虽说我们代表不了谁，但在外国人眼里，每一位中国游客就代表着中国人，遇见某种不文明的行为时，他们就会形成"中国人又如何如何了"的印象。多年的国外旅行中，我经常会遇到国人的不文明行为。不去探究深层次的原因，单从表面上看，这种行为大多是日常生活中就养成的。比如，大声喧哗。我在东京旅行了一周，地铁里共碰到3次有人大声讲话，不幸的是他们的谈话我都听懂了，都是中国话。在亚特兰大的酒店里，早餐时专门有一间屋子是留给中国团队客人的。虽说我是散客，无需进入那个房间，一刹那，我还是感到被深深地刺痛。在国外旅行时，尤其要记住，自己也可以代表别人，任何一次不文明的举止，都可能会使外国人对与你同一个族群的下一批旅行者带来不必要的刻板印象。

📖 拓展阅读

外国人对中国游客的知觉印象

马来西亚人："在你们中国，是不是大家都随地吐痰呢？""中国人是不是喜欢到处留言？""中国人是不是说话都很大声？"

泰国人：中国是泰国最固定的旅游收入来源国，泰国人普遍将中国人视为好朋友，对游客更是"一见如故"，但仍会问："为什么中国人关车门时声音那么大？"

埃及人：到埃及来的中国游客"玩"的心态很明显，倾向于旅游的娱乐功能，而不像很多西方游客更侧重于通过旅游来增加科学文化知识。中国游客没有西方游客那样高人一等的优越感，中国游客很少购物，可能因为埃及大多数的旅游纪念品都是"中国制造"的缘故吧。中国游客在关于公共卫生、公共秩序等方面的表现确实不如西方游客，但可能因为埃及人本身也有很多不好的习惯、没有公共观念，所以对中国游客的表现有点见怪不怪、习以为常了。

美国人：除了钦佩中国人手头阔绰，动不动就买三四块劳力士手表以外，最惊讶中国人的嘴上功夫。这嘴上功夫第一是乱吐痰，第二就是大嗓门。

法国人：中国人动静真大！

（资料来源：舒伯阳. 旅游心理学［M］. 北京：清华大学出版社，2008.）

● 第三节　旅游距离的知觉

从居住地到旅游目的地之间的时空距离一直是影响人们是否前往旅游的重要因素。虽然现代交通运输业迅速发展，甚至能将人送往神秘的宇宙，但由于距离知觉所产生的经济、安全、时间等方面的问题是不可避免的。旅游距离知觉对旅游者做出是否旅游的决定具有以下两个作用：

（一）阻止作用

人外出旅游时，必然要付出时间、金钱、体力、精力等方面的代价。旅游距离越远，旅游者所花的时间、金钱越多，付出的体力、精力越多，使旅游者对旅游活动产生畏惧心理，引起旅游者心理上的不安全感，当旅游者觉得进行旅游弊大于利，就不会发生旅游。远途旅游需要支付的巨大代价，会减少旅游活动发生的可能性。当旅游者认为不能从旅游活动中得到足以补偿所付出的代价的回报，就不会做出进行远途旅游的决策。

旅游距离知觉的阻止作用主要体现以下几个方面：①经济方面。距离越远的旅行无疑花费越多，所以一个国家出境旅游状况是一国财富的象征。②时间方面。对于抱着时间就是金钱观念的现代人来说，远距离的，特别是偏僻的、交通时间长的地方就容易产生阻止作用。③身体是否能适应。旅游需要耗费体力，旅游时的身体消耗比平时上班要多得多，而且要适应时差、饮食、水土、气候等多方面因素的变化。④生活方便程度上。远距离旅行需要携带的物品可能很多，如更换的衣服等。另外，语言和风俗的不同也可能成为不便因素。⑤安全方面。去长城游玩或是去内蒙古或是去西藏旅游的安全感是不同的。古诗"劝君更尽一杯酒，西出阳关无故人"更给人以长途旅行的苍凉感。总体上来讲，距离客源地越近的旅游景区，旅游者相对地会多一些。

（二）激励作用

从另一个角度来看，距离越远的旅游对人越有吸引力。"距离产生美"，对旅游者来说，遥远的异国他乡的风土人情、生活习俗、社会制度、宗教状况等都充满了神奇的吸引力，旅游者为满足自己猎奇求新的心理需求，在具有相应的经济支付能力的情况下，通常会选择远距离的旅游目的地。"山那边""在那遥远的地方""天之涯海之角"等，自古以来都是人们好奇的地方，遥远的异国他乡能激发人们的好奇心。当人们知觉到距离遥远时，既可能阻止旅游行为的产生，也可能激励旅游行为的产生。距离遥远激励人们旅游行为的产生，尤其在以观光为目的的旅游中作用最大。心理学的研究表明，遥远的旅游区正因为远，对旅游者特别具有吸引力。距离遥远的本身意味着神秘和陌生，而人类具有探索未知世界的意识和强烈的愿望，从而使神秘和陌生反而构成了远距离旅游区的独特吸引力。此外，心理学和美学都讲距离产生美。从心理学的角度来看，距离之所以产生了美，是因为人在感知对象时，拉开的距离增加了信息的不确定性，给人更广阔的想象空间，把自己的愿望投射到相对模糊的对象上，从而产生美的印象。因此，远距离的旅游区的吸引力，除了神秘与陌生之外，也包括了人们对美的需要。这种由神秘、陌生、美的需要等主客观因素相互作用所构成的吸引力，远远超过距离摩擦力的阻止作用时，就会把人们吸引到遥远的地方去旅游。使用这一原理解释人们的某些旅游行为，如在经济条件许可的情况下，美国旅游者选择去希腊克里特岛比选择去夏威夷度假的可能性更大。虽然旅游者在两个海岛上都可以参加基本相同的活动，获得同样的乐趣，但是，克里特岛远得多，它就是因为距离远而有了更大的吸引力。

总之，距离知觉对人的旅游行为既有阻止作用，又有激励作用。但是，哪种作用更大以及影响的程度怎样，则因人而异，因环境而异。作为旅游从业者，为了吸引旅游者，占有不断扩大的市场，首先应该把旅游区开发、建设、管理好，为市场提供高质量的旅游商品，创造良好的整体形象。其次应该破除"皇帝女儿愁嫁"的落后观念，充分利用各种方法，积极开展旅游宣传活动，给那些潜在的旅游者留下深刻的印象，引导他们的旅游决策。两方面同时入手，一定可以使旅游景区远近适宜，产生强大的吸引力，从而吸引更多的旅游者。

旅游者到达旅游目的地之后的知觉信息，主要来自自己的亲身经历和感受，旅游者参与旅游活动，参观旅游景点，享受旅游设施和服务等，在旅游活动结束时最终做出对旅游目的地的整体评价。旅游工作者必须对旅游产品与服务的宣传及对旅游产品与服务的质量给予高度重视，使旅游者对目的地的知觉更为清晰，以提高旅游者对旅游目的地的满意度。

● 第四节　旅游交通知觉

　　旅游交通指旅游者利用某种手段和途径，实现从一个地点到达另外一个地点的空间转移过程，主要涉及航空、铁路、公路、水路客运等四大方面。随着现代旅游的发展，飞机、火车、游船、汽车已成为主要的旅游交通工具，它们既是抵达目的地的手段，同时也是在目的地内活动往来的手段。

一、对飞机的知觉

　　飞机是用于航空旅行的交通工具。目前，航空公司很多，飞机的机型种类也很多，但是人们对机型的知觉对其消费行为并不产生重大影响。研究表明，旅游者对客运班机的选择与以下四个因素密切相关：①起飞时间；②是否按时抵达目的地；③中途着陆次数；④空中服务质量。

　　航空旅行的主要优点是快速和舒适，尤其适用于远程旅游。对于国际游客而言，飞机是主要的交通工具；对于讲究时效的商务游客而言，飞机依然是最理想的选择。航空飞行的主要缺点是昂贵。由于成本方面的原因，飞机是目前最昂贵的交通方式，所以消费者对机票价格比较敏感。对于绝大多数尚未决定是否出游的人来说，航班出发前的大幅度折扣将使他们极为动心。因此虽然有的航空公司在服务质量上有待提高，却以低廉的价格吸引了大批选择飞机出游的旅游者。

二、对火车的知觉

　　火车是用于陆地旅行的重要交通工具。虽然20世纪50年代以后，在世界范围内铁路营业量已经大大减少，但在我国，火车至今仍是国内旅游的主要交通工具。研究表明，影响旅游者对火车的知觉因素主要有五点：①运行速度；②发车和抵达目的地的时间；③是否准时正点运行；④中间停留次数；⑤车上服务质量。

　　铁路旅行的主要优点是票价低廉，在乘客心目中安全性最强，可沿途观赏风景，尤其适宜于短、中程旅游。对于大多数中国游客而言，火车毫无疑问是国内游最经济实惠的选择。但火车出行的缺点之一就是耗时。近年来，随着中国经济的发展，人民生活水平不断提高，人们的出行不再单独地只要求方便或者代步就行，更讲究出行的快捷度、平稳度和舒适度。因此中国高速列车发展水平驶入全面创新时代，铁路网已遍布全国的各个角落，高铁也在全国形成了四纵四横的模式，火车的速度不断刷新，达到了中国铁路有史以来的最高，甚至赶超发达国家，轰动世界。

📱 拓展阅读

　　过去的"绿皮火车"，在今日中国大地上已经很少见。你们可能都还记得过去的火车，俗称"绿皮车"，车速慢、车内环境差，取暖、烧水都是用锅炉，夏天没有空调，人多了空气污浊。但是，火车能带着人们天南海北跑，所以，乘坐火车的人还是相当的多。但是，那时的火车车速低，短短一百千米的路途，需要大半天时间，因为多为单行线，路上要不停地停车、让车，无形中让原本速度就慢的火车变得更慢了。如今，说起铁路，给人们的印象早已是司空见惯的高铁，动车组，红色、蓝色的快速列车，绿皮车仿佛已经成为遥远的过去。

三、对其他旅游交通工具的知觉

　　对于乘汽车的旅游者来说，影响知觉的因素主要有五点：①运行速度；②发车和抵达目的地的时间；③汽车的功能和舒适程度；④车上服务质量；⑤路面状况。

　　随着社会经济的发展，我国拥有私人汽车的家庭比例不断上升，很多旅游者选择自己驱车度假。自驾游的兴起，符合年轻一代的心理，他们不愿意受拘束，追求人格的独立和心性的自由，而自驾游恰恰填补了这种需求。

　　轮船主要包括渡轮和游轮。随着航空客运的兴起、铁路客运的复苏，远洋客运业务逐渐衰落。但是，随着现代旅游的发展，短程海上渡轮业务却日渐兴旺。因此，今天的轮船作为旅游交通工具主要是用于海上巡游和内河观光，往往被人们称为游船。对于选择游船的旅游者来说，影响知觉的因素主要有四点：①游船所到达港口城市的多少；②距离的远近；③港口城市景观的多少；④船上服务的特色与质量。

📱 案例分析

高铁直达峨眉山　"快行慢游"成新宠

　　早上八点，北京游客李晓兰登上了前往成都双流国际机场的飞机，三个小时后，刚下飞机不久的她又登上了成都直达峨眉山景区的高铁，中午十二时许，李小姐十分快捷地在景区大门口拿到了网上预订的景区门票。仅仅四个小时，就从车水马龙的繁华都市进入到清净自然的普贤圣地，在峨眉的"慢世界"，伴灵猴嬉戏，听飞鸟花语，观群峰簇拥，赏日照仙山。借助于四通八达的航空、高铁，各地游客轻松换乘游峨眉，一种集自然风光、人文探秘、康疗养生、运动休闲、度假人居等为一体的新型旅行时尚和生活潮流正在秀丽峨眉磅礴形成。

[评析]

旅游交通的快速发展，促使游客逐渐从走马观花式的快进式旅游向注重深度体验的慢游转变。自助游、深度游、主题游、高端游等，随着旅游经验的丰富，游客的需求在不断提升。因此，顺应游客对旅游条件的认知，设计符合需要的旅游产品是旅游企业必须遵循的原则。

 复习与思考

1. 知觉的含义是什么？感觉与知觉的关系是什么？

2. 知觉的基本特性是什么？影响知觉的因素是什么？

3. 如何在旅游实践中运用知觉的主要规律？

4. 影响旅游距离知觉的因素有哪些？

5. 影响飞机知觉的因素有哪些？

第三章　旅游者的情绪与情感

学习目标

了解情绪与情感的功能与分类；理解情绪与情感的概念以及联系和区别，情绪与情感的基本理论；掌握情绪与情感的外部表现，影响旅游者情绪与情感的因素，旅游者情绪特征及其对旅游者行为的影响；运用本章理论掌握对旅游者情绪与情感激发与控制的技巧。

重点难点

影响旅游者情绪与情感的因素
情绪与情感的基本理论

本章内容

情绪与情感概述
什么是情绪和情感
情绪和情感的理论
情绪和情感的功能
情绪和情感的分类

情绪与情感的外部表现

旅游者的情绪和情感

影响旅游者情绪情感的因素

旅游者情绪的特征

情绪情感对旅游者行为的影响

旅游者情感的激发与调控

● 第一节　情绪与情感概述

　　旅游者在旅游过程中有时会欣喜若狂，有时又会焦躁不安，有时会感到孤独恐惧，有时又会顿时满腔怒火，这些都是旅游者在旅行过程中会经常出现的情绪。可见，情绪始终是伴随着旅游者整个旅游过程的。

一、情绪和情感

　　从 19 世纪末冯特在德国莱比锡大学建立第一个心理实验室，心理学正式作为一门科学诞生的时候起，情绪和情感就一直是心理学家们最感兴趣的研究对象之一。心理学家们对情绪和情感有着各种各样的定义，但是由于情绪和情感的复杂性，至今还没有被学界一致公认的定义。目前比较流行的观点是，情绪和情感是个体对客观事物的态度体验及相应行为的反应，其构成包括主观体验、外部表现与生理唤醒。这说明情绪是以个体的愿望和需要为中介的一种心理活动。

　　当客观事物或情境符合个体的需要和愿望时，就能引起个体积极的、肯定的情绪和情感，如高兴、幸福、欣慰、敬慕等。反之，当客观事物不符合个体的需要和愿望时，个体就会产生消极、否定的情绪和情感，如悲痛、愤怒、内疚、痛苦等。因此有学者又认为情绪和情感是个体与环境间某种关系的维持或改变。情绪和情感有以下两个方面的特点：

　　1. 情绪和情感是个体对客观现实的一种反应形式

　　客观事物与人个体之间的相互作用是情绪和情感产生的源泉，每个人与客观事物之间的作用情境不会完全一致，因而对事物的态度就会有差别，导致人们的情绪和情感体验也不尽相同。这也导致人们在面对相同事物时的情感体验也有很大的相似性。如遇到航班延误，虽然每个乘客的情感体验不可能完全相同，但都会或多或少的有消极、否定的情绪体验，如不悦、愤怒等。

2. 决定情绪和情感性质的是客观事物与人的需要之间的关系

凡是能满足人的需要，符合愿望的客观事物就能让人产生满意、愉快、喜爱等积极的体验；凡是不能满足人的需要或违背人的愿望的事物，就会让人产生忧伤、不满、厌恶等消极的体验。如清新的空气、可口的饭菜、悦耳的歌声等一般都符合人的需要，都能让人产生满意、愉快、喜爱等积极的情绪和情感体验，而脏乱的环境、攻击性的语言等大多数情况下都不符合人的需要，所以会让人产生厌恶、不满、愤怒等消极的情绪体验。

在心理学上，一般把与生理需要相联系的称为情绪（Emotion），情绪是脑的神经机制活动的过程，具有较大的背景性、激动性和暂时性，往往随着情境的改变和需要的满足而减弱或消失，代表了情感的种系发展的原始方面，人与动物都有。而与社会需求相联系的称为情感（Feeling），情感经常用来描述具有稳定的、深刻的社会意义的主观体验，如对家人的热爱、对美的欣赏等。情感具有较大的稳定性、深刻性和持久性，为人所独有。可见，情感是在情绪的基础上形成的，而且情感也是通过情绪来表现的；情绪的变化又反映着情感的深度，情绪中又蕴含着情感。由于心理学主要研究情感的发生、发展的过程和规律，因此较多地使用情绪这一概念。有些学者将情绪和情感不加区分，统称为感情（Affection）。

二、情绪与情感的外部表现

达尔文在《人类和动物的表情》一文中用进化论的观点说明了表情的作用。他认为，无论植物或动物的形态结构或是机能，都是有利于个体或者是种族生存和延续的，如植物的形状、颜色，动物的动作等都是对其生存和发展有利的，凡是对其生存不利的方面都逐步被淘汰掉了。人的情绪和情感是人类为适应环境在漫长的进化过程中形成的。识别他人情绪的能力对人类的生存来说具有非常重要的意义。情绪虽然是内心的主观体验，但在情绪和情感发生时总是会伴随着某种外部表现，这些外部表现通过各种形式成为可以观察到的行为，可以让他人识别。与情绪情感有关的外部行为表现称为表情。

（一）面部表情

面部表情是指通过眼部肌肉、颜面肌肉和口部肌肉的变化来表现各种情绪状态。达尔文在《人类和动物的表情》一文中认为，不同的面部表情是天生的、固有的，能为不同种族和民族的人类所理解。艾克曼等人对来自纽约、新几内亚、阿根廷、婆罗洲、巴西和日本的被试呈现 30 张不同情绪的面部照片，包括愉快、恐惧、愤怒、悲伤、惊奇和厌恶等，并要求被试辨认图片所表现的情绪，结果发现不同国家和地区的人在辨识这些面部情绪时存在着高度的一致性。①

（二）姿态表情

姿态表情又可以分为身体表情和手势表情，人在不同的情绪状态下身体姿势会发生不同的变化，如高兴时捧腹大笑，恐惧时浑身战栗，痛苦时号啕大哭等。手势也是表达情绪的一种重要方式，通常和语言一起使用，也可以单独表达情感和思想，如手舞足蹈表示高兴、两手一摊表示无奈。与表情和身体姿势不同，手势表情是通过后天学习得来的，不仅有个体差异，还存在着文化差异。同一种手势在不同的文化中可以表达不同的情绪。

（三）语言表情

语言是人类传递信息的主要工具。除语言本身能交流思想、表达情绪之外，人们在说话时语音的高低、强弱、抑扬等也是表达情绪的重要手段。如音量增大，语速变快表明了说话者的情绪开始激动。低沉的音调、缓慢的语速可能表明了说话者情绪低落。

三、情绪和情感的功能

任何心理现象的存在都有它的理由，情绪和情感也不例外。情绪和情感是人类在长期的进化过程中形成的，有助于人类更好适应环境的心理现象，主要有以下几种功能：

（一）调节身体机能

人通过自身的情绪情感反应，能达到适应社会环境的要求。如情绪激动会引起呼吸加速、心跳加快、血压升高、部分动作受到抑制等生理反应。呼吸加速是要增进体内的氧化作用；心跳加快、血压升高，是增加血液循环，加强输送作用；部分动作受到抑制，是要节约能量等。在这种情况下人就会产生较大的力量，去抵抗或逃避危险。

（二）信号功能

人们之间的相互交流，除语言之外，还可以通过各种表情等身体信息，而情绪则能使人产各种表情和肢体行为，传递信息。情绪情感是人的思想意识的自然流露，会促使呼吸系统、循环系统、肌肉和骨骼系统、消化系统、发音系统和各种腺体机能发生显著变化，这种变化往往会出现相应的外部表现，即可被直接观察到的行为特征。在言语彼此不通的情况下，凭着表情，彼此也可以相互了解，达到交往的目的。

---

① EKMAN P, FRIESON WV, O SULLIVAN M, et al. Universals and cultural differences in the judgments of facial expression of emotion [J]. Journal of Personality and Social Psychology, 1987（53）：712–171.

（三）感染功能

人的情绪情感具有感染性。人们之间正是由于情感、情绪的易感性功能才能以移情作用，体会到别人的内心感受。文学、艺术、电影、电视、戏剧、歌曲等艺术形式都是实现移情作用的手段。

（四）调节功能

情绪情感能在很大程度上调节一个人的行为活动。一个人要实现自己的目标，需要持续的推动力量，而情绪情感具有激励作用，能有效地控制行为，使行为能持续地、有方向性地指向预定目标。当然，情绪情感对行为的干扰作用也是十分明显的。

（五）健康功能

情绪情感对人的身心有重要影响。这种影响具有两重性。积极的情绪情感会使自我感觉良好、精神振奋、身体机能协调、心态平静、舒畅，整个身心处于良好状态。消极的情绪情感则可能引起种种身心疾病。事实证明，长期紧张、焦虑会导致心脏病、胃溃疡、结肠炎、偏头痛等严重的生理疾病以及诸如焦虑和情感症之类的心理疾病。

四、情绪和情感的分类

中医将人的情绪分为喜、怒、忧、思、悲、恐、惊七种。《礼记·礼运》中又有喜、怒、哀、惧、爱、恶、欲"七情"的说法。《白虎通》中则提出了喜、怒、哀、乐、爱、恶"六情"。同样的，古代西方对于情绪的分类也是各种各样的。那么从心理学的角度来看，人到底都有多少种情绪，这些情绪又是如何分类的呢？

（一）情绪的分类

从生物进化适应生存环境的角度来看，人类的情绪可以分基本情绪和复合情绪。基本情绪为人与动物所共有，是先天具备而非后天学习的，每一种基本情绪都具有独立的神经或体液生理机制、内部体验和外部表现，这些情绪都是生物为适应环境、更好地生存而进化出来的。复合情绪是指由基本情绪的不同组合所派生出来的情绪。

有学者将人的基本情绪分为 11 种，分别是兴趣、惊奇、痛苦、厌恶、愉快、愤怒、恐惧、悲伤、害羞、轻蔑和负疚感等。将这些基本情绪分别与内驱力、认知以及其他基本情绪混合将派生出上百种混合情绪，如愤怒、厌恶、轻蔑的复合情绪可以命名为敌意；恐惧、内疚、痛苦、愤怒的复合情绪可以命名为焦虑。但这些混合情绪大多数都是很难命名的，如性驱力、兴趣、享乐，多疑、恐惧、内疚，兴趣、愉快，恐惧、害羞等。

（二）情绪状态的分类

所谓情绪状态，是指在某种事件或情境的影响下，在一定时间内所产生的某种情绪。下面介绍其中较为典型的三种。

1. 心境（Mood）

心境是指人比较平静而持久的情绪状态。心境不是关于某一事物的特定体验，而是以相同的态度对待周围的一切事物。

心境产生的原因是多方面的。生活中的顺境和逆境、工作中的成功与失败、人们之间的关系是否融洽、个人的健康状况、自然环境的变化等，都可能成为引起某种心境产生的原因。心境的持续时间可能是几个小时，也可能是几周甚至几个月，持续时间的长短与人的气质、性格有一定的关系，人的世界观、理想和信念决定着心境的基本倾向，对心境有着重要的调节作用。

心境对人的生活、工作、学习、健康有很大的影响。积极向上、乐观的心境，可以提高人的工作效率、增强信心，使人充满希望，有益于身心健康；消极悲观的心境，会降低认知活动效率，使人丧失信心和希望，有损于健康。

2. 激情（Intense Emotion）

激情是指一种强烈的、爆发性的、为时短促的情绪状态。通常是由对人有着重大意义的事件引起的。重大成功后的狂喜、惨痛失败后的绝望、突如其来的危险带来的极端恐惧等，都是一种激情状态。

激情状态常常伴随有明显的外部行为表现和生理变化。例如，愤怒时全身肌肉紧张，双目怒视，怒发冲冠，咬牙切齿，紧握双拳等；狂喜时眉开眼笑，手舞足蹈；极度恐惧、悲痛和愤怒之后，可能导致精神衰竭、晕倒、发呆等现象。同时激情状态下人往往会出现认知活动范围缩小，理智分析能力受到抑制，自我控制能力减弱的现象，出现一些失去理智的行为。

3. 应激（Stress）

应激是人对某种意外的环境刺激所做出的适应性反应。当旅游者遇到某种意外危险时，动员自己的全部力量迅速做出选择，采取有效的行动，此时身心均处于高度紧张的状态，这就是应激状态。在应激状态下人会产生一种紧张的情绪体验。

人在应激状态下会产生肌肉紧张，血压、心率、呼吸以及腺体活动都会出现明显的变化。这种变化有助于人在危机时刻更好地做出反应，激发潜能，摆脱当前处境。

（三）情感的分类

前面讲过，情感是在情绪基础上产生的具有社会意义的稳定、深刻和持久的主观体验，情感主要分为以下三类：

1. 道德感（Moral Feeling）

道德感是根据一定的道德标准在评价人的思想、意图和行为时所产生的主观体验。如果某人的言行举止符合社会道德要求，就会产生幸福、自豪等感觉，同时其他人也会对他产生爱慕、尊重、钦佩等情感；如果违反了社会道德规范，就会感到不安、内疚，其他人也会对他产生厌恶、鄙视、憎恨等情感。

2. 理智感（Rational Feeling）

理智感是在智力活动过程中，在认识和评价事物时所产生的情感体验。如在解决问题时出现的迟疑、惊讶、焦躁等，问题解决后的喜悦、欣慰等情感。它是人们学习知识，认识和掌握事物发展规律，解决问题的一种重要动力。

3. 美感（Aesthetic Feeling）

美感是根据一定的审美标准评价事物的自然特征和社会行为特征时所产生的情感体验。引起美感的客观情景主要有两个方面，一类是自然景象和人类创造物的特征，如名山大川和精美的艺术品；另一类是人类社会的道德品质和行为特征，如善良、真诚、坚强等品质能引起美的体验，而虚伪、狡猾、懦弱等特征则会引起人们厌恶的体验。

五、情绪和情感的理论

一直以来，心理学家们都在对情绪和情感的生理机制进行不断的研究，建立了许多情绪和情感的理论，下面对其中的几种进行介绍。

（一）詹姆士—兰格理论

美国心理学家威廉·詹姆士和丹麦生物学家卡尔·兰格分别在 1884 年和 1885 年提出了内容基本相同的理论，因此人们将这种理论称为詹姆士—兰格理论。

詹姆士认为，情绪实质上是个体对身体变化的知觉，因此他认为生理变化先于情绪的产生。当引起某一情绪的刺激物作用于个体的感觉器官时，会引起身体上的某种变化，引起神经冲动，传到中枢神经系统而产生情绪。哭泣引起悲伤，恐惧来源于战栗。

兰格认为情绪是内脏活动的结果，血管受神经支配的状态、血管容积的改变以及对这些状态的意识决定了情绪。酒精和某些药物能引起情绪的变化，是因为酒精和药物都能引起血管活动，从而引起情绪的变化。

虽然他们对情绪产生的具体过程有不同的描述，但是他们的基本观点是相同的，那就是某种刺激引起身体的生理反应，生理反应进一步导致了情绪体验的产生。

有两位英国心理学家设计了一个实验，在一定程度上支持了兰格的观点。他们设计了三个温度不等的房间：第一个房间为"热室"，室温为33℃，使人感到很热，浑身不舒服；第二个房间为"正常气温室"，室温在20℃；第三个房间为"冷室"，室温为7℃。他们将自愿受试者分别安置在三个房间中，然后对他们提出一系列问题，并要求他们以书面形式回答。当受试者回答完问题后，由一个十分"挑剔"的主考人，通过一扇大窗对他们的答案做出带有侮辱性的、讽刺性的评价。每个房间还装有一个电钮。受试者被告知：按电钮，"主考人"就会尝到电击的痛苦，以此可对"主考人"进行惩罚。实际上电钮只连接了一部录有人的惨叫声的录音机。结果，第一个房间"热室"的人不停地按电钮，甚至不管"主考人"的话是好话还是坏话，一律不听，只是按电钮；第三个房间"冷室"的人，只在"主考人"评语中说到他认为"不公正"或"使人恼怒"的话时才按电钮；第二个房间"正常气温室"的人，却没有发生任何报复行为。由此，两位心理学家认为，人的情绪与所处环境的气温有关。

（二）评定兴奋论

评定兴奋论由美国心理学家阿诺德（M. B. Arnold）于1950年提出。该理论认为，刺激情境并不直接决定情绪的性质，刺激出现后个体会对刺激进行评价，然后再根据评价结果产生情绪。情绪产生的基本过程是"刺激情境→评估→情绪"。不同的人对于相同的情境之所以会产生不同的情绪反应，就是因为个体对这种刺激的评估结果不同。

（三）情绪归因理论

阿诺德提出评定兴奋论后，美国心理学家沙赫特（S. Schachter）和辛格（J. Singer）提出了认知激活论。该理论认为情绪受环境、生理唤醒和认知过程3种因素的制约，认知因素对情绪的产生起关键作用。他们设计了实验以验证他们的观点。他们以自愿参加的大学生为实验对象，把被试者分成三组，各组同样接受一种药物注射（肾上腺素，但大学生不知道），在注射时，实验主持者向三组做出了不同的药效说明。第一组得到的是正确说明，由实验主持人告知注射后将会产生心悸、手颤、面部发热等现象（这类现象是注射肾上腺素的正常反应）。第二组得到的是错误说明，实验主持人告诉被试者说，注射后会感到身上有点发痒，手脚有点发麻，此外没有其他兴奋作用。第三组只注射药物，不做任何说明。注射后三组被试者分别进入预先设计的实验情境休息，一种情境是惹人发笑的愉快情境（有人做滑稽表演），另一种情境是惹人发怒的情境（强行要求被试者回答一些烦琐的问题，并吹毛求疵，强词夺理，横加指责）。这样设计，即产生6种不同的结果，目的是要了解当个人了解自己身体将因注射药物而产生反应而又处在不同情境时，个人的情绪经验是由生理反应决定的，还是由情境因素决定的。根据主试观察与被试者自述报告的结果是，在愉快的情境中，第三组与第二组的被试者大多显示愉快的情绪，第一组因为自认为受生理激动的影响而表示愉快。同样，愤怒的情境下，也是第二组与第三组受环境因素的影响而感到愤怒，而第一组则不是这样。该实验证明，生理唤醒是情绪激活的必要条件，但真正的情绪体验是由对唤醒状态赋予的"标记"决定的。这种"标记"的赋予是一种认识过程，个体利用过去经验中和当前环境的信息对自身唤醒状态做出合理的解释，正是这种解释决定着产生怎样的情绪。所以，无论生理唤醒还是环境因素都不能单独地决定情绪，情绪发生的关键取决于认知因素。

拓展阅读

有趣的身体语言

　　人的手势、身体姿势和面部表情所传递的信息十分丰富，被称为"身体语言"即体态语。心理学家艾伯特·梅拉宾曾得出这样一个公式：感情表达＝7%的词语＋38%的声音＋55%的面部表情。可见言语在交际中仅占很少的分量，更多的是人的"体态语"。这些千姿百态的体态语，是十分微妙、非常有趣的。

　　1. 双手暴露性格

　　你在与人交往时，可曾注意到，人的心情和性格，可通过手势暴露出来。如果你一边与人谈话，一边用手捏弄拇指或者玩弄其他小东西，这些动作表明你此时内心紧张，缺乏自信。如果你把双手随便地放在自己大腿上，这样会显示出你的镇定自如。如果对方在说话做手势时，手掌伸开，手心朝上，那么他可能是个直率、诚实的人。如果他一边说话，一边用手指着你的鼻尖，那么他可能相当自负，总想显示自己高人一等。如果他不时地单手握拳，举臂向上，好像"宣誓"的样子，表面上十分诚实，但往往相当虚伪。如果他边说话边不自觉地用手摸脸、掩口、摸鼻子、擦眼睛，这些小动作表明他可能在说谎。而抚摸或抓下巴，这种人很老练，处理问题比较理智。

　　握手也是大有学问的。轻轻一握，就把人的性格、情绪、态度暴露无遗。对方与你握手时，如果手并不全伸出来，拇指弯向下方，这表明他不让你完全握住他的手，在无声无息中显示自己的权威。如果他手指微微向内屈，而掌心凹陷，是诚恳亲切的表示；握手的力度均匀，说明他的情绪稳定。握手时，用拇指紧压着你的手背，并轻轻地摇晃，表示他是理智与情感并重的。如果彼此之间交往不深，而他却把你的手握得紧紧的，久久不愿放开，他可能是有求于你。如果他只是伸出一个手指尖，或者只是伸出一只冷冷的手而毫无相握之诚，这是对人的一种轻视，瞧不起你。握手时，随便一捏，旋即放开，除非他有急事，否则，这是一种冷淡的表示，你还是赶快道声"再见"为好。

2. 眉眼流露情感

眉眼是面部传递信息的最有效器官。俗话说，眼为心灵的窗户。古人就有"胸中正，则眸子燎焉；胸不正，则眸子眊焉"的说法。当人心情愉快时，眉开眼笑，眼睛闪烁生辉，炯炯有神；郁郁寡欢时，则愁眉紧锁，目光无神；气愤发怒时，双目圆睁，横眉立目；伤心失意时，目光呆滞，黯淡无光；不理解时，眨眨眼睛；不满意时，皱皱眉头；入神时，目不转睛；而眼珠一转，则意味着又有什么新点子。

眼光注视的频度，可推断一方在另一方心目中的地位。如果你对某人有好感，则往往会多看几眼；如果对某人反感，则不屑一顾；在谈语中，如果对方不敢正视你，说明他有害羞或惧怕心理；如果对方眼睛总是环顾别处，说明他正在用心寻找话题；如果对方不停地眨眼皱眉，表明他对你的话不耐烦或不感兴趣。

眉眼的动作神态，在不同的国家有不同的表示。两个美国人在正常谈话中，双方目光接触只持续一秒钟。如凝眸对视，表示关系密切，情深意浓。在英国，有礼貌的人听别人讲话，总是目不转睛地看着对方，并时而眨眼以示高兴。而阿拉伯人则喜欢靠得很近说话，眼睛直盯对方，对中国人来说，这种姿势会使人感到讨厌。而瑞典人交谈时，互相打量的次数还要多于英国人。日本人对话时，目光要落在对方的颈部，这样对方的脸和双眼就映入自己眼帘的外缘；大眼瞪小眼则是失礼的行为。

3. 坐姿显示心境

心理学家在一个图书馆的阅览室里做过一个实验：周围到处都是空位，刚进入的一个人却偏要紧靠另一个人坐下，那么原先的那个人不是局促不安地移动身体，就是悄悄走开。这说明两个人的关系生疏，在心理上要保持一定距离。在有座位选择的情况下，喜欢并排而坐，说明两个人有共同感；喜欢对着坐的人，比喜欢并排坐的人更希望自己能被对方理解。

当一个人坐下时，如果是"轻轻的"，则表示他是一个悠闲的人，当时的心情平静、舒畅。如果是坐得"软软的"，除非他当时是因为疲倦，想休息，否则，一个经常坐得疲软无力的人，会是一个缺乏冲动、心安理得者。而一个人坐下时，猛地一坐，则表示他此刻情绪不佳，心烦意乱，或遭受了什么不幸、挫折。如果坐下去，斜躺在椅子上，表明他具有心理上的优越感，或想处于高人一等的地位。挺着腰直端端坐着的人，或表示对对方的恭敬、顺从，或被对方的言谈吸引，兴味浓厚；双腿习惯性地不时碰撞，表明他心神不安。如果他不时地晃腿，或用足尖击地，他可能是用这些动作来减轻内心的紧张。总之，只要你仔细观察，就不难发现不同的坐姿反映着不同的心理状态。

研究身体语言当然不是为了猎奇，因为人类的生活需要交际的技能，甚至培养演员、教师、记者、外交人员和侦察人员等，也离不开传授交际的科学。而人的表情、举止、目光都与交际这门学问密切相关，掌握身体语言对人的正常交际是有很大帮助的。

第二节　旅游者的情绪和情感

旅游者在旅行过程中会有各种各样的情绪体验，这些体验也相应地会引起旅行者的行为变化。因此有必要对旅游者这一特定群体的情绪进行研究。

一、影响旅游者情绪情感的因素

情绪是受外部环境刺激而产生的，从理论上来说，旅游者在旅游活动中所接触到的一切，都会引起情绪和情感的变化。具体说来，影响旅游者情绪情感的因素主要有以下几个方面：

（一）需要的满足情况

人们外出旅游就是为了满足某种需要，比如，为了身体健康的需要、为了获得知识的需要、为了得到别人的尊重等。需要是情绪产生的主观前提。人的需要能否得到满足，决定着情绪的性质。如果旅游能够满足人们的需要，旅游者就会产生积极肯定的情绪，如高兴、喜欢、满意等。如果旅游者的需要得不到满足，就会产生否定的、消极的情绪，如不满、失望等。

（二）活动顺畅情况

需要是动机的基础，为了满足需要，人们在动机的支配下产生行动，不仅行动的结果产生情绪，而且在行动过程中是否顺利也会引起不同的心理体验。在整个旅游过程中如果一切活动顺利，旅游者就会产生愉快、满意、轻松等情绪体验；如果活动不顺利，旅途或游览过程中出现这样或那样的差错，旅游者就会产生不愉快、紧张、焦虑等情绪。旅游者在旅游过程中的情绪表现，我们应当特别加以注意。因为旅游活动进程本身就是一个很好的激励因素，其中就有情绪的产生，并反过来对旅游活动的继续产生积极或消极作用。

（三）客观条件

客观条件是一种外在刺激，它引起人的知觉从而产生情绪、情感体验。旅游活动中的客观条件包括游览地的旅游资源、活动项目、接待设施、社会环境、交通、通信等状况。此外，地理位置、气候条件等也是影响旅游者情绪的客观条件。比如，优美的自然景色使人产生美的情感体验，整洁的环境使人赏心悦目；脏乱的环境、刺耳的噪声，使人反感、不愉快。

（四）团体状况和人际关系

旅游者所在的旅游团队的团体状况和团体内部的人际关系也能对旅游者的情绪产生影响。一个团体中成员之间心理相容、互相信任、团结和谐，就会使人心情舒畅，产生情绪积极；如果互不信任，互相戒备，则会随时都处在不安全的情绪之中。在人际交往中，尊重别人，欢迎别人，同时也受到别人的尊重和欢迎，就会产生亲密感、友谊感。

（五）身体状况

旅游活动需要一定的体力和精力作保证。身体健康、精力旺盛，是产生愉快情绪的原因之一。身体欠佳或过度疲劳，容易使人产生不良情绪。因此，旅游工作者应随时注意游客的身心状态，使其保持积极愉悦的情绪，以保证旅游活动的正常进行。

二、旅游者情绪的特征

旅游者在旅游活动过程中的情绪具有以下几个方面的特征：

（一）兴奋性

从某种意义上说，旅游是人们离开自己所居住的地方，到别处去过一段不同于日常生活的生活。因此，外出旅游就给旅游者带来了一系列的改变：改变环境、改变人际关系、改变生活习惯、改变社会角色等。这种改变在给旅游者带来新奇体验的同时，还给他们带来情绪上的兴奋。这种兴奋性常常表现为"放松感和紧张感两种完全相反的心理状态的同时高涨"。

外出旅游使人们暂时摆脱了单调紧张的日常生活，现实生活中的对人的监督控制，在某种程度上也有所减轻，这给人们带来了强烈的解放感。另外，到异地旅游可能接触到新的人和事物，对未知事物和经历的心理预期使人感到缺乏把握感和控制感，人们难免会感到紧张。"解放感"或"紧张感"的共同特征是兴奋性增强，外在表现为兴高采烈或忐忑不安。

（二）感染性

旅游活动是一种高密度、高频率的人际交往活动。在这种交往活动中，既有信息的交流和对象的相互作用，也有情绪状态的交换。旅游服务的情绪情感含量极高，以至于被称为"情绪行业"。在旅游活动中，旅游者和旅游工作者的情绪都能够影响到别人，使别人也产生相同的情绪。一个人的情绪或心境，在与别人的交往过程中，通过语言、动作、表情影响到别人，引起情绪上的共鸣。比如，旅游中导游员讲解时的情绪如果表现出激动、兴奋、惊奇等，游客就会对导游员的讲解对象表现出极大的兴趣；如果导游员表现得厌烦、无精打采，游客肯定会觉得索然无味。反过来也是一样，游客的情绪也会影响导游员的情绪。

（三）易变性

在旅游活动中，旅游者随时会接触到各种各样的刺激源，而人的需要又具有复杂多变的特点，因而旅游者的情绪容易处于一种不稳定的易变状态。比如，旅游者对某个景物在开始的时候，可能感到新奇，情绪处于积极状态，兴致很高。当到达顶点之后，接着便可能由激动趋向平静，兴致会逐渐减退。再后来如果感到疲劳的话，他甚至会感到厌倦。因此，导游工作为了尽可能地满足每个人的需要，使个人的情绪能保持积极的状态，就必须随时观察旅游者的情绪反应。

（四）移情性

旅游者的身份已经确定，他们就开始自动化地进入角色。旅游者的角色主要体现在几个方面：一是旅游者大都具有看戏心态，是超脱的、居高临下的、非功利的旁观者。二是新奇美妙事物的寻找者。三是轻松快乐的心理准备状态和快乐的寻求者。旅游者具有的这种心理定式和角色知觉使得他们在旅游活动过程中戴上了"有色眼镜"，有比较强烈的知觉偏差，会不自觉地将自己的情绪投注到所接触到的事物上，非常容易形成移情现象。在本地居民眼里稀松平常的事物，在旅游者眼中则变得有趣和美好。另外，选择性知觉和愿望式思维更加剧了这种偏差，只看到想看到的东西，并根据自己的心理定式建构眼中的世界。这样就形成了"旅游世界"了。

三、情绪情感对旅游者行为的影响

人的任何活动都需要一定程度的情绪和情感的激发，才能顺利进行。情绪情感对旅游者行为的影响，主要表现在以下几个方面：

（一）对旅游者动机的影响

动机是激励人们从事某种活动的内在动力。人的任何行为都是在动机的支配下产生的。因此，要促使人们产生旅游行为，首先要激发人们的旅游动机。而喜欢、愉快等情绪可以增加人们活动的动机，增加做出选择决定的可能性；消极的情绪会削弱人们从事活动的动机。

（二）对活动效率的影响

人的一切活动，都需要积极、适宜的情绪状态，才能取得最大的活动效率。

从情绪的性质来讲，积极的情绪，可以激发人的能力，助长动机性行为，提高活动效率；而消极的情绪，则会降低人的活动能力，导致较低的活动效率。从情绪的强度讲，过高或过低的情绪水平都不会产生最佳的活动效率。因为过低的情绪不能激发人的能力，而过高的情绪会对活动产生干扰作用。

当旅游者处于良好的心情之下时，他的行为表现是积极的、主动的，他对一切旅游活动都表现出积极参与的行为，主动表现自我，服从安排，乐于助人，对活动表现出饱满的兴趣和热情；情绪不好时，则表现出与之相反的消极行为。人的一切活动，都需要积极、适宜的情绪状态，才能取得最大的活动效率。

（三）对人际关系和心理气氛的影响

情绪是人类社会生活和人际交往中不可缺少的一个重要环节。情绪通过表情的渠道使人们互相了解，彼此共鸣。表情帮助人去辨认当时所处的环境和对方的态度，从而产生与这种交际场合相适应的行动。感情交流使人产生同情，互相受到感染，甚至使人互相接近和依恋。人与社会之间和人与人之间的关系都可以通过情绪反映出来，诸如爱和恨、快乐和悲伤、期望和失望、羡慕和嫉妒等，它们和语言一起或其单独调节着人际行为。

人在良好的情绪状态下，会增加对人际关系的需要，对人际交往表现出更大的主动性，并且容易被别人接纳，愿意与之交往。因此，在旅游活动中，旅游工作者应该细心观察旅游者的情绪变化，主动引导他们的情绪向积极方向发展，并利用情绪对旅游者行为的影响作用，协调旅游者与各方面的人际关系，创造良好的心理气氛，达到旅游服务的最佳境界。

四、旅游者情感的激发与调控

根据影响旅游者情感的因素，旅游工作者可采取相应的措施激发旅游者形成有利的、积极的情感，调控不利情感。

（一）激发有利的情感

1. 设计开发符合旅游需要的产品

旅游产品的设计必须以旅游需要为基本出发点，并具有复杂性、层次性、个性化的特点。从构成上看，旅游需要既包括物质产品需要，也包括精神产品需要；从旅游需要层次上看，既包括低层次的生理性需要，也包含高层次的社会性需要；从不同的旅游个体看，旅游需要呈现出个性化的倾向。这些特点要求旅游产品、旅游服务必须具备构成上的两重性、内容上的丰富性、形式上的多样性。另外，旅游消费的随意性，又要求旅游服务在操作上具有一定的灵活性和弹性。

2. 注意旅游服务的重要作用

在旅游业竞争日益激烈的今天，旅游企业制胜的法宝就是服务，企业的物质条件甚至旅游线路都可以被模仿，但具有企业自身特点的服务却是无法模仿的。很多旅游企业都力图在服务方面创出自己的特色，其中大多较为注重在如何打动客人方面下功夫。具体体现在从细节入手、从客人的利益出发开展工作。

3. 提供准确有效的旅游信息

旅游者对旅游信息的了解是形成旅游期望的基础，但并非旅游期望越高越好，因为旅游者的满意度取决于期望与实际所得之间契合的程度。当实际所得与期望所得符合时，旅游者会感到满意；当实际所得比期望所得大时，可以激发旅游者更大程度的满意感；而实际所得与期望所得不符合时，旅游者会不满意，而且不满意的程度随两者不契合的程度的增加而增加。

（二）调控不利情感

因为情感具有感染性及传递信号的功能，一旦某旅游者出现不利的情绪，会很快影响到其他旅游者。所以在实践中，应尽量避免旅游者产生不利、消极的情感，一旦出现的话，应尽快设法将其控制。

1. 理智控制

用合乎原则和逻辑性的思维来调控消极的情感。当消极的情绪爆发时，人们大多会失去理智，这时，理智如同灯塔一样能将失去方向的情绪拉回正确的归途。旅游过程中经常会出现一些意外事件，常见的意外事件包括两种：一是突发事件，比如天气突变；二是技术性事故，比如汽车抛锚、电路中断等。这些意外事件会影响旅游行程的正常进行，从而导致旅游者的不满。要避免旅游者出现这些不满情绪，接团之前相关的旅游部门应做好各项准备工作，比如天气预报信息的搜集、汽车的维修、电线电路的维修维护等，最大限度地降低意外事件发生的可能性。一旦出现上述意外事件，旅行社尤其是导游的责任重大，因为导游是旅游者最直接接触的服务人员，意外事故处理得好坏，直接关系到以后的行程和旅行社的声誉。作为导游人员，面对意外事件，应该沉着冷静，迅速果断地采取措施来补救给旅游者带来的不便。比如，盛夏季节出现汽车抛锚情况，可以预见旅游者将十分恼火。首先，导游应诚恳地向旅游者道歉，并向旅游者解释发生的事情；其次，导游应给旅游者一个合理的安排，比如把车修好，或者别处调车来，并说明需要大家等待多长时间等；最后，导游应关心旅游者，可购买西瓜等让旅游者消暑解渴，适当安排一些适宜的小节目，顺便介绍一下当地的风土人情、历史典故等。总之，导游应通过各种手段，使旅游者从不满的情绪中解脱出来，逐渐恢复好的心情。

2. 转移调控

情绪大多具有情境性，当不利情境出现时，如果能够果断转移情境，可以及时控制旅游者的情绪。如旅游旺季，旅游团队的接待工作普遍会面临住宿、交通紧张的问题，这也是旅游者投诉比较集中的地方。要处理好这类问题，一方面导游要正确处理退赔事项，另一方面要用加倍的服务争取旅游者的谅解，将旅游者的注意力从对硬件的不满意转移到对服务条款的认可上。

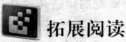 **拓展阅读**

一碗斋饭暖了黄金周

国庆佳节，河南老君山景区，秋风萧瑟，数千游客焦灼地等候在索道口，登山的劳累和秋雨的凉意，让人感到饥寒乏力。连日来，因游客爆棚而导致老君山索道不堪重负，使得游客在天黑之前难以全部下山，排队等候往往需要两到三个小时，当地县、乡政府以及旅游委员会也都抽调人员投入到紧张有序的疏导工作之中。工作人员在索道口支起大锅，山顶上老君庙的道士们也从山顶下山和工作人员一起做玉米糁汤面条，将热腾腾的面条斋饭优先送至老年人和孩子以及需要帮助的游客手中，现场免费送出近 2 000 碗，游客为他们竖大拇指，感谢和称赞声响成一片。有游客感叹道："在这秋风细雨中，端起热腾腾的面条饭，让人心里暖暖的，真是一碗饭温暖了一个黄金周。"

 复习与思考

1. 什么是情绪和情感，有什么区别和联系？
2. 情绪和情感有哪些特征？对旅游工作者有什么启示？
3. 旅游者的情绪和情感对旅游行为有什么影响？

第四章　旅游动机

学习目标

通过本章的学习，明确动机的概念以及动机过程；熟悉掌握与应用马斯洛的需要层次论；了解旅游动机的多样性。

重点难点

需要层次论
旅游动机的激发
旅游动机多样性

本章内容

动机与动机理论
动机冲突
旅游动机

● 第一节　动机

一、动机概述

（一）动机的概念

动机（Motivation）是指使人们进行活动的念头或原因。动机的实质是推动人们从事某种活动，并引导活动朝向某一目标的内部心理过程或内在动力。引起动机的内在条件是需要。动机是在需要基础上产生的。需要只是一种潜在的驱动力量，表现为某种愿望、意向。而一旦有某种与需要相适宜的目标物（诱因）出现时，作为潜在驱力的需要才可能被激活而转化为动机。

动机和需要是紧密相连的，但两者之间也有差异。需要在主观上常以意向和愿望被体验着。人模糊意识到的、未分化的需要叫意向（Intention）。有某种意向时，人虽然意识到一定的活动方向，却不明确活动所依据的具体需要和以什么途径和方式来满足需要。明确意识到并想实现的需要叫愿望（Wish）。如果愿望仅停留在头脑里，不把它付诸实际行动，那么这种需要还不能成为活动的动因。只有当愿望或需要激起人进行活动并维持这种活动时，需要才成为活动的动机。动机就是激发和维持个体进行活动，并引导该活动朝向同一目标的心理倾向或动力。

（二）动机产生的条件

动机的产生必须具有内在条件和外在条件的共同作用。引发动机的内在条件需要，个体某种需要得不到满足，就会被动地寻找满足需要的对象，从而产生个体行为的动机。需要是个体行为积极性的源泉，动机则是这种源泉的具体表现。需要是动机形成的基础，动机是由需要引起的。

引发动机的外在条件是能够满足需要的事物，这些事物可以诱发动机，也称为诱因。诱因可以驱使个体产生某种行为，诱因的刺激强度越大，越有可能产生强烈的动机。

（三）动机的分类

人类的动机非常复杂，可以从不同的角度、根据不同的标准对动机进行分类。这些分类可以使我们对动机的本质与特性有更加全面的认识。

（1）生理动机和社会动机

根据与动机相关联的需要的起源，可以把动机分为生理动机和社会动机。生理动机又叫生物动机或原发性动机。它起源于生理需要，是有机体为满足食物、水分、空气、性欲、回避危害等生理需要的活动推动力，是一种较低级的动机。

（2）社会动机

社会动机又称心理动机或习得动机，是维持和推动个体活动以达到一定目标的内在动力。社会动机起源于社会需要，与人的社会需要相联系。它是一种高级动机，推动着人的行为活动。社会动机主要有五种社会动机：成就动机、交往动机、权利动机、利他动机和侵犯动机。社会动机是通过后的学习获得的，因此，社会动机在人与人之间存在很大差异。

（3）长远的概括动机和暂时的具体动机

根据动机影响的范围和持续作用时间的长短，将动机分为长远的概括动机和暂时的具体动机。长远的概括动机来自个体对行为意义的深刻认识，持续作用时间长，比较稳定，影响范围广泛。暂时的具体动机由个体活动本身的兴趣引起，持续作用时间短，经常受到个人情绪的影响，不太稳定。

（4）高尚动机和低级动机

根据动机的性质和社会价值，可以把动机分为高尚动机和低级动机。从社会道德规范的内容上看，高尚动机是符合社会道德规范的动机；低级动机是违背社会道德规范的动机。高尚动机能持久地调动人的行为的积极性，使其为社会的发展做出重大贡献。低级动机违背了社会发展规律和人民的利益，不利于社会的发展，最终会被社会所排斥。

（5）主导动机和辅助动机

根据动机在活动中的地位和所起作用的大小，可以把动机分为主导动机和辅助动机。主导动机是指在一段时期或一种活动中，个体总有一种或一些动机处于主导地位并起决定作用。辅助动机处于从属地位，起加强主导动机以及坚持主导动机所指引方向的作用。个体的行为活动为这两种动机所激励，由动机的总和所支配。当辅助动机与主导动机的方向比较一致时，活动动力就会得到加强；如果两者彼此冲突，活动动力就会减弱。

（四）动机的功能

1. 激发功能

动机能激发机体产生某种活动。有动机的机体对某些刺激，特别是当这些刺激和当前的动机有关时，其反应更易受激发。例如，饥饿者对食物有关的刺激、干渴者对水有关的刺激特别敏感，易激起觅食活动。

2. 指向功能

动机使机体的活动针对一定的目标或对象。例如，在成就动机的支配下，人们可以放弃舒适的生活条件而到艰苦的地方去工作。动机不同，人们活动的方向和追求的目标也不同。

3. 维持和调节功能

当活动产生以后，动机维持着这种活动，并调节着活动的强度和持续时间。如果活动达到了目标，动机促使有机体终止这种活动；如果活动尚未达到目标，动机将驱使有机体维持（或加强）这种活动，或转换活动方向以达到某种目标。

在具体的活动中，动机的上述功能的表现是很复杂的。不同的动机可以通过相同的活动表现出来；不同的活动也可能由相同或相似的动机支配，并且人的一种活动还可以由多种动机支配。例如，学生按时复习功课、完成作业的活动，其学习动机可能是不同的。有的可能是理解到自己肩负的责任，有的可能是想考取好学校，有的可能是出于个人的物质要求，有的可能是怕老师的检查和父母的责骂等。又如，成就动机可以促使学生在不同的学习领域（学习、文娱、体育等）进行积极的活动。因此，在考察人的行为活动时，必须揭示其动机，才能对其行为做出准确的判断。

二、动机理论

一个人在多大程度上愿意尽力达到一个目标而非另一个，反映了他达到目标的基本动机。早期的动机研究把行动归于一种普通的、本能的、天生的行为模式。这个观点现在大体上已被推翻，因为本能的存在是很难被证明或驳斥的。这种本能是从意欲解释的行为中推知的。这就好比说一个消费者购买象征身份的产品，而理由是他想要得到这种身份，这是一个很难令人满意的解释。

（一）驱力理论

驱力理论集中于那种会产生令人不愉快的状态的生理需要。这迫使人们去努力减轻那种被激发的紧张感，紧张感被认为是控制人体行为的一条基本途径。在营销过程中，紧张是指当一个人的消费没有被履行时那种令人不愉快的状态。如果一个人没有吃饭，他可能会脾气很坏；或是当他买不起一辆他很想要的新车时，会很沮丧或是生气。这种状态激发了一种目标导向的行为，它试图去减轻或消除这种不愉快的状态，并恢复到一种自动平衡状态。

然而，当驱力理论试图解释人的一些方面的行为与其预想发生冲突时，该理论却会陷入困境，人们经常会做一些增加动机强度而非减少它的事情。如果你知道你将要赴一个丰盛的宴会，那么那天你可能会放弃早一些去吃快餐的想法，即使你在那时已经很饿。

（二）需要层次论

1. 需要分类的研究

在对需要进行分类方面，人们做了大量的研究。一些心理学家试图去定义一个需要的普遍性目录，以便系统地追溯并从实质上解释人们的所有行为。赫里·默里（Henry Murray）描述出导致特殊行为的 20 种需要，这些需要包括自主（独立）、自卫（保护自己免受批评）、娱乐（从事一项令人愉快的活动）这样一些项目。

其他人则强调具体的需要（它通常可以包括在默里那样的一般模型中）和行为的结果。例如，对成就有着很高需要的人会对个人的成功评价很高，他们会欣赏那些表明成功的产品和服务，因为这些消费品为其目标的实现提供了反馈。这些消费者非常渴望那些能够证实其成就的产品。一项对职业女性的调查表明，那些希望取得高成就的人更愿意选择那些她们认为职业化的衣服，而对那些强调女性气质的服饰不感兴趣。

2. 马斯洛的需要层次说

美国人本主义心理学家马斯洛（Abraham Harold Maslow）于 1943 年在《调动人的积极性的理论》中提出了一种对研究动机很有影响的方法——需要层次理论。马斯洛系统地提出了人类需要的层次模式，在每一层次中，动机得以具体化，见图 4-1。

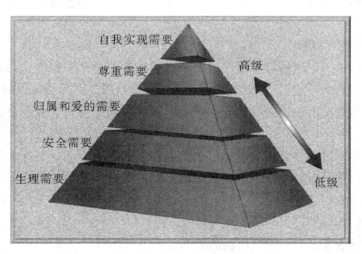

图 4-1 马斯洛的人类需要层次理论

（1）生理需要

这是人类最基本、最强烈、最明显的一种需要，为人类维持生存和种族延续所必需，包括对食物、水、睡眠、阳光、空气、运动、性等的需要，是人和动物共有的。

（2）安全需要

安全需要包括熟悉、秩序、稳定、安全、一致、公平、保障、受保护及避免灾难、威胁、混乱的需要。安全不仅能满足有机体基本生理需要，而且减少心理上的恐惧感。马斯洛认为，安全的需要虽然在一生中无时不有，但其需要的程度以童年期最为强烈。

（3）社交需要

社交需要，英语的直译为"爱与归属的需要"，指人们希望得到他人或群体组织的承认、接纳、支持，成为群体组织中的一员，相互交往、联系，保持亲切、融洽的人际关系，能够得到亲情、友情、爱情的需要。马斯洛认为："爱的需要涉及给予爱和接受爱……我们必须懂得爱，我们必须能教会爱、创造爱、预测爱。否则，整个世界将会陷入敌意和猜测之中。"

（4）尊重需要

尊重需要指个体对尊严和价值的需要，包括自尊和他尊。自尊包括获得信心、实力、胜任、本领、成就、独立和自由等的要求，是个人对自己的尊重，这种需要得到满足会提高人的信心和创造力。他重视得到他人的尊重，是希望获得威望、承认、接受、关心、地位、名誉、重视和赏识等，这种需要得到满足会提高人的信心、价值感、成就感。当一个人缺乏尊重满足时，容易感受到自卑、挫败、软弱、无望等。

（5）自我实现需要

马斯洛把这一层次的需要描述成"一种想要变得越来越像人的本来样子，实现人的全部潜力的欲望"，也就是"一个人能成就什么，他就必须成就什么"。它指的是人类最高层次的需要，是人类成长、发展、利用潜力、成为自己期望的人的需要。

这个需要的确切含义因人而异，这是因为人的潜力不同。某些人的自我实现可能意味着在文学或科学领域取得成就；而对另一些人来说，可能意味着在政治或社会团体中取得领导地位；对其余的人来说，它可能仅仅意味着完全我行我素，不向社会习俗屈服而已。

在马斯洛看来，只有当低层次的需要得到满足之后，高层次的需要才能到来。但任何一种需要并不因为下一个高层次需要的出现而消失，只是高层次需要产生后，低层次需要对行为的影响相对变小而已，各层次的需要呈相互依赖与重叠的关系。马斯洛描述的五种主要需要相对突出的渐进变化，只有较低层次的基本需要高峰过去后，后一较高级的需要才能开始发挥作用。

马斯洛还指出，各种需要层次的产生和个体发育密切相关。例如，婴儿时期主要是生理需要，而后才产生安全需要、社交（归属和爱）的需要，到青少年时期就产生了尊重的需要等，如此波浪式演进。

据马斯洛估计，当时美国有 85% 的人的生理需要能够得到满足，20% 的人的安全需要和经济保障的需要能得到满足，但自我实现的需要能得到满足的人却是极少数。他对 3 000 名大学生进行测试后认为，其中真正的自我实现者只有一人。

后来马斯洛又在"尊重的需要"之后，增加了"知识的需要"和"美的需要"两类，构成了"需要层次七级论"。

三、动机的冲突

动机冲突（又称心理冲突），是指一个人在某种活动中，同时存在着一个或数个所欲求的目标，或存在两个或两个以上互相排斥的动机，当处于相互矛盾的状态时，个体难以决定取舍，表现为行动上的犹豫不决，这种相互冲击的心理状态，称为动机冲突，它是造成挫折和心理应激的一个重要原因。旅游者一般有很多动机，这些动机经常会出现矛盾和冲突。同一个动机的目标是双面的，它既可以是正面的，也可以是负面的。

由于一个购买决策可能会涉及多种动机，消费者经常会发现自己处于这样一种境地：许多不同的动机，有正面和负面的，彼此相互冲突。如图 4-2 所示，有三种普通的冲突类型会发生，它们是接近 — 接近型冲突、接近 — 回避型冲突、回避 — 回避型冲突。

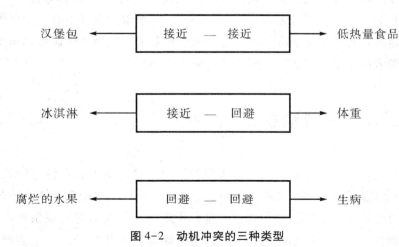

图 4-2 动机冲突的三种类型

（一）接近 — 接近型冲突

这一般是在旅游者同时遇到两个或两个以上都想达到的目标而又不能都达到

时所产生的动机斗争。"鱼和熊掌"不可兼得的动机冲突，在旅游活动中时有发生。例如，当旅游者选择旅游纪念品的时候，面对两种自己所喜爱的旅游纪念品不能同时都买，于是便发生动机冲突，一时无法做出抉择，而且，这两种商品越是接近，越是相似，动机的冲突就越是厉害。这时，来自外界的因素，如广告、宣传、服务人员的态度和指点以及旅游者的推荐等，可以起到关键性的作用。

（二）接近—回避型冲突

人们所期望的很多产品和服务也都有与之相联系的负面结果。当人们期盼着一个目标而同时又想回避它时，便产生了接近—回避型冲突，或称趋避冲突。出现该心理动机的冲突，一般是在旅游者同时面临两种截然相反的对象和结果时所产生的动机冲突。例如，某个旅游者非常想攀登北京万里长城的顶峰，但是由于身体方面的原因，他又害怕这种猛烈运动。这时，架设在长城上的上山索道可以帮助他回避这种旅游动机的冲突。

（三）回避—回避型冲突

回避—回避型冲突又称双避冲突，是一种左右两难的心理困难。当个体发现两个目标同时具有威胁性，便产生两者都要逃避的动机。只是迫于形势，两难之中必须接近其一时，即形成回避—回避型冲突。

对于游客而言，是在旅游者同时面临两种或两种以上的不愉快或不称心的目标时所发生的动机斗争。例如，从上海到南京，旅游者既担心飞机不安全，又担心火车速度太慢，为了回避这种动机冲突，于是旅游者最终选择乘坐沪宁高速公路直达汽车。旅游动机的冲突不可避免，而旅游动机冲突的解决将直接影响旅游者的旅游行为。因此，必须做大量的调查研究，了解旅游市场上有关的各种动机，并且认真审视各种产品和服务是否迎合这些动机要求，是否产生旅游动机的冲突，力求使旅游者的旅游动机相互之间能够达成满意的平衡。

● 第二节　旅游动机

旅游动机是人类社会发展到一定阶段的产物，它是指人们在特定的社会环境和特定的经济条件下为满足某种目的而进行游历、旅行的愿望和要求。也就是说，旅游需要是个体主观上的愿望和要求，这种主观状态是人们对客观条件需求的反映，要受到社会条件的限制。例如，某人想去湖北神农架旅游，这个需要是他个人的一种主观愿望，但这个愿望并不是凭空产生的，究其原因可能是夏季的持续高温促使他想找一个凉爽的避暑地，加上假期的闲暇时间和宽松的经济条件进一步促使他产生这一需要。这种内在的生理条件和外在的社会条件对人共同刺激，最终产生了旅游动机。

旅游动机是推动人们进行旅游活动，并使人处于积极状态以达到一定旅游目标的动力或驱力。旅游是复杂而具有高度象征性的社会行为，旅游者要通过旅游来满足自己的各种需要，同时又受到客观环境的影响，动机往往随客观环境的变化而变化。因此，旅游行为不可能只涉及某一动机。

一、旅游动机产生的条件

旅游动机是产生旅游行为的主观条件和内在驱动力，但旅游行为离不开客观条件的推动。旅游者有了外出的意向和需要，个人的身体条件也符合外出旅游，选择旅游目的地也符合个人的情趣爱好和个人特点，通常也需要具备以下客观条件才能推动旅游动机的产生：

（一）旅游者本身因素

旅游者产生旅游动机首先受其本身主、客观两方面因素的影响。客观因素是指旅游者支付旅游费用的能力和有余暇的时间，这是产生旅游动机的前提条件。

旅游活动是一种消费行为，是以一定经济基础来支撑的。经济发达地区和国家的人们越有可能产生旅游动机，经济条件不仅影响着人们能否去旅游，而且也影响着人们对旅游目的地、交通工具、旅游线路和旅游方式的选择。

旅游是闲暇行为，需要一定的闲暇时间，旅游行为活动需要旅游者有自己能自由支配的时间，能从繁忙的工作、学习和家庭事务中解脱出来实现旅游的计划。

主观因素是指旅游者本身的需要、兴趣、爱好、性格和健康等。这是旅游动机的诱发性因素。没有旅游的愿望，也就不可能产生外出旅游的动机。

（二）社会性因素

一个国家或地区的经济状况和当局对旅游的重视程度，团体或社会的鼓励、社会上旅游是否成为时尚等这些社会因素，对旅游者产生旅游动机的影响也非常大。

一般来说，一个国家或地区旅游的发达程度与它的经济发达水平成正比，由于经济发展到一定程度，可提供现代化的交通工具和完善的旅游设施来提高旅游吸引力和接待能力。当人们把旅游当作社会生活的时尚，人们鼓励和赞赏旅游，旅游成为衡量生活质量的一个标准，将会激发人们旅游的兴趣和热情。此外，一个国家或地区如果有积极优惠的旅游开放政策和方便出行的手续程序，以及安定的社会生活环境和独特的社会文化生活、民族风情、风俗习惯、宗教文化等，也能推动旅游者的旅游行为。

二、旅游动机的分类

不同学者对旅游动机的分类提出了不同的观点。

(一)旅游者的旅游动机

随着人们生活需要的多样化和复杂化,旅游动机变得多种多样,特别是旅游购买动机,更是相当复杂。很多学者都对具体的旅游动机做了很多研究,但由于他们选取的方法不同,研究的角度不同,所以研究结果也不一致。

美国学者罗伯特·麦金托什和沙西肯特·格普特在他们合编的《旅游的原理、体制和哲学》一书中将所有人的旅游动机分为四类:

第一类,身体健康的动机。这个动机的特点是以身体的活动来消除紧张和不安。它包括休息、运动、游戏、治疗等动机。

第二类,文化动机。这类动机表达了一种求知的欲望。它包括了解和欣赏异地文化、艺术、风格、语言和宗教等动机。

第三类,交际动机。这类动机表现为对熟悉的东西的一种反感和厌倦,出于一种逃避现实和免除压力的欲望。它包括在异地结识新的朋友,探亲访友,摆脱日常工作、家庭事务等动机。

第四类,地位与声望的动机。这类动机表现为在旅游活动交往中搞好人际关系,满足旅游者的自尊。它包括考察、交流、会议以及满足个人兴趣所进行的研究等。

日本学者田中喜一1950年在由日本旅游事业研究会出版的《旅游事业论》中将人的旅游动机也归为四类:

第一类,心情的动机。这类动机的需要或心理主要包括思乡心、交友心和信仰心等。

第二类,身体的动机。这类动机的需要或心理主要包括治疗需要、保养需要和运动需要等。

第三类,精神的动机。这类动机的需要或心理主要包括知识需要、见闻需要和欢乐需要等。

第四类,经济的动机。这类动机的需要或心理主要包括购物目的和商业目的等。

以上这些分类就其内容来说,实际上大同小异。分析和研究旅游动机对于预测人们的旅游行为,开发旅游资源,提供合适的基础设施等都具有指导意义。归纳起来,旅游动机大体有如下几个方面:

第一,文化动机。每个人都有好奇心,都有强烈的求知欲和猎奇尝新的心理。

文化的差异以及文化的异地传播，使人们产生了接触异域文化的动机，他们希望通过旅游去了解异域的名山大川、风土人情和文化艺术。也正是因为如此，每个旅游地具有代表性的特色都会成为游客聚焦的地方，比如扬州的早茶、西安的羊肉泡馍以及苗族的服饰等。这类动机在普通的旅游活动中占有的比例最大，持这类动机外出旅游的游客一般不会重复选择同一个旅游目的地。

第二，健康动机。这类旅游者的动机是为了休息、治疗、运动、消遣。他们平时工作压力大，生活节奏快，身体处于亚健康状况。通过旅游换个环境，摆脱现代社会紧张、机械、单调的生活和充满噪声、空气混浊的大都市，到风景优美的森林、海滩等地方旅游，以调节身心，消除疲劳，恢复健康。

第三，购物动机。近年来，随着经济的发展和人民生活水平的提高，单纯出行购物的旅游活动越来越多。生活在中小城市和大城市周边的人，通常会在周末带上家人或朋友到大都市去购物，如今香港、上海等都市旅游日益受到广大年轻人及白领阶层的欢迎，这都说明了购物旅游动机的存在。调查结果显示，尽管中国游客的消费方式正在向理性转变，但购物依然是出境旅游中花费最高的项目。

第四，交往动机。寻亲访友、寻根问祖的旅游动机自古就有。很多旅游者喜欢在旅游活动中结交新的朋友。特别是近年来，通过自助结伴旅游、网友的自驾游组合等，人们可以在旅游中体验结识新朋友的快乐。

第五，业务动机。由业务动机而进行的旅游活动，包括各种学术交流、政府考察和各种商务活动。据有关部门的统计，在国际旅游活动中，各种专业交流考察团占到了较高的比例。而我国也有很多城市发展会展旅游经济，形成了很多会议型的旅游城市，比如冬天的广州、海口，夏天的青岛、哈尔滨和厦门等，各种专业会议爆满。这些会议选择在这些地方开办，优美的环境是其受欢迎的重要原因。

（二）旅游动机的特性

通过研究发现，旅游动机的特性有两个方面，即强度特性和指向性特性。

1. 旅游动机的强度特性

强度特性是指旅游者的动机强度的大小。旅游动机作为旅游者旅游行为的内驱力，具有强度特性。当旅游动机达到一定的强度时，旅游者主观动机才会转化为旅游的行为。旅游动机的强度有绝对强度和相对强度之分。旅游动机的绝对强度是指自身强度的绝对量。当旅游动机达到一定强度时，又具备了进行旅游的其他条件，动机就促成旅游者直接产生旅游行为。如果不具备这些条件时，动机就会促使旅游者克服困难，创造条件以实现旅游的愿望。如果动机达不到必要的强度，旅游动机只能以愿望的形式潜藏在个人的意识之中，在主客观条件成熟后，动机达到必要强度时，就会转化为旅游行为。因此，动机强度高的人是现实的旅游者，动机强度弱的人是潜在的旅游者。为此，旅游部门不仅要做好现实旅游者的服务工作，还要创造条件，做好旅游宣传工作，激发潜在旅游者的动机，促成潜在旅游者向现实旅游者的转化工作，以扩大旅游客源。

2. 旅游动机的指向性特性

旅游动机是旅游者需要的反映形式。旅游者的需要总是要求有一定的旅游对象、内容来满足，以实现旅游者的主观动机。因此，旅游动机有着明显的指向性，即指向一定的旅游对象、旅游内容和旅游方式。旅游动机体系中，强度最大的主导动机决定着旅游行为的指向性。如以身心健康为主导动机的旅游者，其动机明显指向环境优雅、风景秀丽的休息疗养胜地，而不会选择拥挤、喧闹的大城市；以购物为主导动机的旅游者其动机则指向经济发达、繁荣的大都市，而不会选择偏远的小城镇；以历史文化为主导动机的旅游者，其动机指向是具有悠久历史文化的古城，而不会指向经济发达的新兴工业城市。所以，旅游动机的指向性决定着人们旅游行为的趋向和所需求的具体内容及其多样性。了解旅游动机的特性有助于我们分析旅游市场的发展趋势。

（三）旅游动机的基本特征

1. 旅游动机的多样性

由于各个旅游者的收入水平、文化水平、职业、性格、年龄、国籍、民族和生活习惯的不同，自然会有多种多样的兴趣、爱好，对于旅游商品和服务的需要是千差万别和丰富多彩的。旅游者旅游需要的差异，就使旅游动机具有多样性。各个旅游者之间，其外出旅游动机有所不同，有的是去观赏名胜古迹，有的是为了探亲访友，有的是选择名山大川休息疗养……无不显示旅游动机的多样性。同一个旅游者在不同的假期或时间，其旅游动机也具有多样性，春时可能出外探亲，夏季去北方避暑，明年又可能为考察异国风土人情而出境游。

2. 旅游动机的层次性

旅游者的旅游需要是有层次的，通常总是由低层次向高层次逐渐延伸和发展的。当低层次的、最基本的生活达到温饱甚至小康时，即生存需要被满足后，就会产生高层次的社会需要和精神需要。外出旅游的旅游者多数经济宽裕，更多的是为了多交友，满足自尊和他尊的精神领域的需求。

3. 旅游动机的发展性

随着我国社会主义经济的持续发展和人民生活水平的不断提高，旅游者对旅游对象和服务的需要都在不断地发展。从 1949 年至 1999 年的 50 年间我国的旅游业发展轨迹看，50 年前一般人们仅能维持生存，旅游只是做梦而已。近年来不但可以走出家门游山玩水，更能跨出国门看看外面的世界。而且如今出门旅游不光讲游玩，还要有品位，吃好住好，身心都有所收获才算完美。不少旅行社为了满足旅游者的需要，已从单纯的几十条国内旅游热线，拓展了数十条出国旅游线路、几百条国内游线，城市观光游、生态游、健身游、探险等专项旅游也纷纷出台，让游客各取所需，使旅游动机具有发展性。

4. 旅游动机的交叉性

旅游者出门旅游的动机往往并非单一，而是旅游动机和其他动机交叉起来，同时存在。例如，游山玩水的同时，又想要探望老朋友、结交新朋友或寻根问祖；外出经商考察，又想观光当地人文景观；需要去名胜风景区休息疗养，又要观赏自然风光。

5. 旅游动机的周期性

人们的旅游行为消费是一个无止境的活动过程，因而旅游动机具有周期性。旅游者的旅游动机获得满足后，于一定时间内暂时不再产生，但随着时间的推移或另一个长节假日时还会重新出现旅游动机，呈现周期性。旅游动机的周期性主要是由旅游者的生理机制需要引起，并受到旅游环境发展的周期和社会时尚变化周期的影响。

三、研究旅游动机对旅游经营者的启示

(一) 旅游动机的激发

1. 增强旅游产品的吸引力，开发有特色的旅游产品

人们外出旅游的目的之一就是要通过游览名胜古迹、了解风土人情等有特色的旅游资源来满足身心需要，有特色的旅游资源才有吸引力。因此，在旅游资源的开发与规划上，就要显示出与众不同的独特风格以吸引顾客。

在旅游资源开发方面要做到以自然为本，满足旅游者求真求实的心理，要尽可能地保持旅游资源的原始风格，让游客感受自然资源和人文资源的魅力。

要突出旅游资源的个性。独到的特色、鲜明的个性特征，是旅游资源的吸引力、生命力所在。因此，在旅游资源开发和规划中，要尽力突出它的个性，并强化它、渲染它，以增加它的魅力。

要突出民族特点，民族的才是世界的。因此，保持某些旅游景观的传统格调，突出民族性，挖掘地方特色，如地方风味小吃、民间手工艺术、少数民族歌舞、民居建筑、宗教信仰等，有助于提高旅游资源的吸引力。

2. 加强旅游企业管理，提高旅游服务质量

加强旅游企业管理，提高旅游企业管理人员的管理水平和服务人员的服务水

平，为客人提供尽善尽美的服务，这是激发旅游动机的前提条件。因此，旅游产品设计、旅游线路安排要合理、新颖；导游服务人员的语言水平要高，外语流利，导游技巧高；酒店服务人员要做到热情、周到、标准、娴熟，以增强旅游业的整体接待能力。

3. 满足旅游者的需要，提高供应能力

旅游产品要满足旅游者的需要，使旅游设施和机构具有较强的供应能力。旅游设施的数量、规模、档次要充分满足旅游者的需要，保证旅游者"进得来、住得下、玩得开、走得动、出得去"。而且还要注意旅游设施要满足不同客人的需要，因为游客是多种多样的，有不同阶层的人，有不同收入水平的人，有不同心理类型的人等。

4. 加强旅游宣传，诱发旅游行为

旅游企业应加强旅游宣传，为旅游者提供信息，诱发旅游行为，直接提高并直接作用于旅游需要或旅游动机的旅游心理倾向，把旅游者潜在的旅游动机激发出来。旅游企业可以通过宣传媒介和促销活动来树立旅游产品的良好形象。比如，旅游广告是向旅游者传播旅游产品信息的宣传手段，它是突出旅游企业形象、树立旅游企业声誉，争取客源，介绍新的旅游线路和服务项目的手段。旅游企业也可以通过广播、电视、网络、报刊、新闻发布会、展览会等对新开发的旅游景点、新开辟的旅游线路、新建立的旅游设施、新的旅游节目和内容及旅游常识等进行长期连续的宣传、推广，以激发众多旅游者的旅游兴趣，使其对旅游产品产生积极的心理倾向，形成旅游行为活动的驱动力。

（二）预测旅游行为

旅游动机可预测旅游行为的发生，并为旅游行为确定明确的方向，而且更为重要的是旅游动机还为旅游行为赋予了一定的个性化内涵。因此，通过认真分析旅游者的旅游动机，可以准确地预测旅游者可能选择的旅游目的地、旅行方式、游览内容以及期望的服务质量等。这有利于旅游经营者有目的地进行旅游宣传，为旅游者提供更符合其旅游动机的旅游服务。

（三）正确解决旅游动机的冲突

旅游者的旅游动机复杂多样，一次旅游活动可能会有不同的旅游动机，这些动机有时并不一致，有时甚至出现矛盾和冲突。这个时候旅游经营者所要做的就是分清哪些是旅游者的主导性动机，哪些是辅助性动机。在旅游者为不同的旅游动机犹豫不决时，从旅游者的角度出发，为旅游者分析哪一种动机更为重要，从而满足对旅游者本人更为有意义和价值的需要。

第三节　旅游是多样性生活之源

在旅游过程中，探究满足旅游者心理的单一性需要还是复杂性需要这个问题，有助于我们深刻理解人们旅游的基本原因。

一、单一性需要

在"ERG 理论"中，存在"核心需要"或"优势需要"的问题。所谓"优势需要"是指一个人当前最迫切的需要。在同一旅游过程中，不同的旅游者可能有着不同的优势需要；同一位旅游者，在不同的时期、不同的旅游过程中也可能有着不同的优势需要。对于旅游者来说，最想在此次旅游活动中满足什么，就是旅游者的优势需要，或者成为单一性需要。可供游览的景点数不胜数，名山大川也很多，为什么游客就选择这个景点，而不选择那个景点？究其原因，是因为该景点中有特殊的魅力吸引了游客，从而满足了游客心中某种特殊的需要，即优势需要。

单一性需要也称为一致性需要，是指人们在生活中总是寻求平衡、和谐、相同、可预见性和没有冲突。任何非单一性都会产生心理紧张。因此，人们为减轻心理紧张，便会寻求可预见性和单一性。按照一致性理论，在旅游的情境中，游客表现出尽量寻找标准化的旅游设施和服务。他们认为那些众所周知的名胜古迹、高速公路、餐馆、饭店、商店为旅游者提供了一致性，会给旅游带来安全舒适感，从而满足马斯洛的需要层次理论中"安全的需要"。一致性需要可以解释许多在旅游环境中出现的情况，特别是从众行为。

二、复杂性需要

西方的人性理论认为应该把个体看作"复杂人"，个体不仅有生理的需要，还有关系的需要，还有成长的需要。这些需要具有同时性，旅游者也是如此，在旅游过程中，旅游经营者必须对游客的各种需要予以通盘考虑。

复杂性理论的实质是人对未知事物的向往和追求，从而来满足马斯洛的需要层次理论中"求知的需要"。与其他形式的消遣和娱乐活动相比较，旅游能给人们不变的生活带来新奇和刺激，使人们解除由于单调而引起的心理紧张。如果认为游客的日常生活比较平淡，那么他们就希望在旅游环境里追求较剧烈的、多变的活动。

根据复杂性理论，旅游者愿意去从未到过的地方，可能选择自己沿着偏僻的道路光顾一家小吃店用餐，而不去提供周到服务的大餐馆，可能选择设备不完善却方便的住处，而放弃去豪华的饭店等。让这些旅游者感兴趣的是力求避免和他人一致，极力突出自我，因为他们早已厌烦了一些老套和司空见惯的事情。

三、多样性的需要

研究证明，人的中枢神经系统具有应付刺激的功能。但是，当刺激过度或时间太长时，它的这个功能就不能得到最好的发挥。同时，长期置身于极为单调的环境，也有害于各种心理功能。因而过度刺激或刺激不足都会使人感到痛苦。长时间过度刺激造成过分的紧张与压力，还会导致溃疡、心脏病，甚至早夭。刺激不足则造成厌烦，时间一长，就会导致抑郁症、妄想症、幻觉症和其他疾病。

为了能够有效地规避生活中出现的刺激不足或者刺激过度的现象，相对而言，旅游是人们逃避厌烦、寻求刺激的最普遍的方式。旅游使人们改变了生活环境，改变了惯常的生活节奏，使人们可以做不同的事情。旅游也可以说是对现实的一种逃避。法国社会学家乔弗里·杜马泽迪尔认为，旅游是一种使人们暂时逃避到"第二现实"中的游戏。在旅游中，人们可以偶尔扮演阔人、原始人或鲁莽的勇敢者，这些事情与人们的日常生活可能大相径庭。从这个角度来看，也可以说旅游使人们能按幻想生活。在这个意义上，旅游是一种逃避，但它比自愿探索人们所生活的世界更为需要，可以说，多样性需要是基本的旅游动机之一。

以下是一份心理学家们用来估计个人多样性需要强度的调查问卷。它要求个人对问卷上所列示的每项内容加以选择，指出其最赞同的内容，即 A 项或 B 项。选择 A 项越多，这个人的多样性需要就越强。仅适用于男性的条目以字母"M"标示，仅适用于女性的条目以字母"F"标示，两性皆适用的则以"MF"标示。

多样性需要调查问卷

1.（MF）　A. 我想做需要大量旅行的工作。

　　　　　B. 我喜欢固定于一地的工作。

2.（MF）　A. 清新、寒冷的日子使我生气勃发。

　　　　　B. 冷天我急于进入室内。

3.（M）　　A. 我通常不喜欢机械式的工作，尽管这种工作有时是必要的。

　　　　　B. 我在机械式的工作中发现一定的乐趣。

4.（MF）　A. 我时常希望自己能成为登山运动员。

　　　　　B. 我无法理解那些冒着生命危险去登山的人。

5.（MF）　A. 我喜欢身上带有点泥土味。

B. 我不喜欢身上有任何气味。

6.（MF） A. 老是看到熟悉的面孔，我会感到厌倦。

B. 我喜欢日常朋友们那令人安慰的亲近。

7.（MF） A. 我喜欢独自一个人在一个陌生城市或城市中心到处跑跑，即使迷路也无妨。

B. 在不大熟悉的地方，我喜欢有导游。

8.（F） A. 我有时取不同的道到一个我常去的地方，只是为了求得变化。

B. 我找到一条到一个地方去的捷径，并坚持走这条捷径。

9.（MF） A. 我宁愿生活在动荡不安的历史年代。

B. 我爱生活在每个人都能得到安全保障与幸福的理想社会。

10.（MF） A. 我有时候喜欢做点叫别人害怕的事。

B. 明智者常避免危险之事。

11.（F） A. 我喜欢尝尝从未尝过的食物。

B. 我爱点熟悉的菜，以免失望和不快。

12.（F） A. 我有时喜欢高速行车，我觉得高速行车扣人心弦。

B. 和爱开快车的人同车，我受不了。

13.（M） A. 如果我是个推销员，并有机会挣比固定工资更多的钱，我宁愿拿佣金而不要固定工资。

B. 如果我是个推销员，我宁可拿可靠的固定工资，而不愿拿佣金，去冒少拿钱或拿不到钱的风险。

14.（MF） A. 我觉得与我信仰不一致的人，比与我信仰一致的人更有刺激力。

B. 我不喜欢和与我的信仰截然不同的人争论，因为这种争论永远不会有结果。

15.（MF） A. 我爱做未经事先安排、没有确定路线或没有时间表的旅行。

B. 我旅行时，喜欢周密安排旅行路线与时间。

16.（F） A. 大部分人花在人寿保险上的钱实在太多了。

B. 人寿保险是人人非做不可的事。

17.（MF） A. 我想学驾驶飞机。

B. 我不想学驾驶飞机。

18.（MF） A. 我想体验一下被人催眠的感觉。

B. 我不想被人催眠。

19.（MF）　A. 最重要的生活目标是要最充分地激发生命力与获得尽可能多的经历。

　　　　　　B. 最重要的生活目标是寻求安宁与幸福。

20.（MF）　A. 我想试试跳伞。

　　　　　　B. 我永远不想从飞机上跳出去。

21.（MF）　A. 我喜欢一头扎进或一下子跳入冷水池。

　　　　　　B. 我慢慢浸入冷水，以使自己有适应它的时间。

22.（F）　　A. 我爱听新的、不同寻常的音乐。

　　　　　　B. 我不喜欢大部分现代音乐的不规则与不调和。

23.（MF）　A. 我比较喜欢使人激动、无法预见的朋友。

　　　　　　B. 我比较喜欢可靠、可预见的朋友。

24.（MF）　A. 我度假时爱宿帐篷，以求变化。

　　　　　　B. 我度假时喜欢有舒适的房间与床铺。

25.（MF）　A. 我常在现代绘画不协调的色彩和不规则的形式中发现美。

　　　　　　B. 优秀艺术的本质在于明晰、形式对称以及色彩协调。

26.（F）　　A. 厌烦是最大的社会罪恶。

　　　　　　B. 粗野是最大的社会罪恶。

27.（F）　　A. 但愿我无须把一天中那么多的时间浪费于睡眠。

　　　　　　B. 在漫长的白天之后，我期待有一个好生休息的良宵。

28.（MF）　A. 我比较喜欢爱表露感情的人，即便他们有点不稳定。

　　　　　　B. 我比较喜欢镇定、脾气和顺的人。

29.（MF）　A. 一幅优秀的绘画应冲击或震撼人的感官。

　　　　　　B. 一幅优秀的绘画应给人安宁与可靠之感。

30.（M）　　A. 我感到沮丧时，就出去做些新的激动人心的事，以求恢复。

　　　　　　B. 我感到沮丧时，就松弛下来，做些有镇静作用的消遣活动，以求恢复。

31.（MF）　A. 我想拥有摩托车并驾驶它。

　　　　　　B. 骑摩托车的人必定有着某种不自觉的伤害自身的需要。

（资料来源：E. A. Kolin, L. PriceandI, 1964）

四、单一性与复杂性的平衡

　　现实的旅游过程中，适应性良好的人们在自己的生活中的需要是单一性和复杂性的结合。单一性需要通常由人们在家里以及在工作中所具有的有条不紊的常规来提供，因为在固定而熟悉的场合中，大多数人才可能感受到相当程度的单一性、不变性和可预见性。然而，旅游过程中的单一性、可预见性以及不变性，必须用一定程度的复杂性、不可预见性、新奇性和变化性加以平衡。因为，有心理学的实验研究证明，中等强度的不确定性是诱发兴趣和维持最合适动机状态的最优条件。没有任何人能够始终在一个百分之百可以预见的世界中正常地生活；相反，如果一个人长期生活在复杂性环境中，就需要一定程度的单一性来平衡。

综上，心理学研究认为，人们在生活中总是力求使单一性需要和复杂性需要保持最佳的平衡状态，使心理维持在一个可以承受的紧张程度；否则，单一性过多，会使人产生厌倦，复杂性太多，又会使人产生过分紧张以至于恐惧的感觉。旅游过程中，为满足游客的需要，亦应注意单一性需要和复杂性需要的适当结合与平衡。

现代旅游者多种多样，他们的职业、年龄、性别、受教育程度、经济收入、个性、知觉、学习等方面都不尽相同，这些因素又是影响其旅游动机不同的原因。现代旅游者的动机千差万别，他们都在单一性和复杂性需要中寻找平衡点。然而，平衡点是不同的，有的需要更多一些新奇、变化，有的则需要更多一些稳定和不可预测性。换言之，就是旅游者对新奇和变化的需要程度有高有低，据此，我们可以把现代旅游者大体分为以下五类，同时依据不同的旅游者动机类别，制定和采取不同的旅游服务策略。

第一类：这是对生活中的多样性要求最强烈、喜欢冒险的人，他们喜欢尝试新的、与众不同的东西。为此，他们甚至愿意付出一定的代价，冒一定的风险。他们喜欢到人所未至的地方去过一个探险式的假期，或者从事一项令人惊叹的活动，如高崖悬跳。他们容易接受新的旅游产品，这与其个性、年龄及职业的因素有关。这类人是新时尚的倡导者，可望成为标新立异新景点的第一批游客，这类游客数量不多。

第二类：这类人对多样性的要求并不那么强烈，却非常重视受人尊重，他们在行动之前要权衡一下是否值得冒险。冒险本身不是他们的目的，他们的目的是想做一些与众不同的事以得到人们的羡慕和尊重，是那种尊重动机比较强烈的旅游者。这类游客的数量略高于第一类。

第三类：这类人数量比较多，他们的特征是审慎。他们喜欢比社会上其他人领先一步去尝试新的与众不同的东西，但又不是"第一个吃螃蟹的人"，他们要在适当的观望之后，评估风险与收益，然后再行动。

第四类：这类人对新事物持怀疑态度，新的旅游产品已经被大众公认时他们才去购买，否则会感到没有把握、放心不下。事实上，他们充当"随大流者"，这类游客的数量也比较多。

第五类：传统的旅游者，他们对任何新事物都持怀疑态度。经常更换旅游产品对他们来说是最不能容忍的，他们会反复光顾他们已经熟悉的旅游地，因为这不会有风险，又离开了家。这类游客的数量也不多。

比较而言，第三、四两类是旅游市场的主要客源。对于旅游业来说，要针对不同类型的旅游者的特点开发经营和宣传旅游产品。首先，要不断开发出新产品以吸引那些不断寻求新异刺激的、喜欢冒险的旅游者，由他们带动第二、三类旅游者。其次，要经营、宣传好已有的旅游产品，以丰富的内容、可信的形象、周到的服务消除第二、三类旅游音的疑虑，保持相对稳定的客源。最后，对经常反复购买同一产品的旅游者要给予特别的优待，满足其对安全、可预测的需要。

拓展阅读

丽江宣传资料中的旅游动机

丽江市位于云南省西北部云贵高原与青藏高原的连接部位，北连迪庆藏族自治州，东与四川凉山彝族自治州和攀枝花市接壤。丽江市辖古城区、玉龙纳西族自治县、永胜县、华坪县、宁蒗彝族自治县，总人口将近 130 万人。丽江自古就是一个多民族聚居的地方，共有 12 个世居少数民族，其中纳西族 23.37 万人、彝族 20.14 万人、傈僳族 10.62 万人。丽江具有悠久的历史，是滇西北政治经济文化中心，是汉唐时代通往西藏和印度等地的"南方丝绸之路"和茶马古道上的重要集散地。

丽江市地势起伏较大，山区、平坝、河谷并存。其最高海拔为玉龙雪山主峰扇子陡（5 596 米），最低海拔为华坪县石龙坝乡塘坝河口（1 015 米），海拔高差 4 581 米，立体气候显著。其年均气温 12.6℃～19.9℃，年均降雨量 910～1 040 毫米。丽江市最具优势和开发潜力的资源主要有旅游资源、生物资源和水能资源。旅游资源以"二山、一城、一湖、一江、一文化、一风情"为主要代表。"二山"即玉龙雪山和老君山，玉龙雪山是国家级风景名胜区、省级自然保护区和旅游开发区。景区内有北半球距赤道最近的现代海洋性冰川，被誉为"冰川博物馆"和"动植物宝库"；老君山是"三江并流"的核心景区，区内有独特的丹霞地貌、茂密的原始森林和种类丰富、未遭破坏的动植物群落，其中很多是珍稀濒危植物。"一城"即丽江古城，始建于宋末元初，距今已有 800 多年历史，1986 年被列为国家级历史文化名城，1997 年 12 月 4 日被列入世界文化遗产名录。"一湖"即泸沽湖，位于宁蒗县境内，是云南省九大高原湖泊之一。泸沽湖湖面海拔 2 685 米，面积 48.45 平方千米，平均水深 40.3 米，最深达 93.5 米。泸沽湖景区已被列为云南省省级自然保护区、省级旅游度假区。"一江"即金沙江。金沙江流经丽江界内 651 千米，沿线景观独特，最具代表性的景点有长江第一湾、虎跳峡和宝山石城。"一文化"即纳西东巴文化，包括东巴象形文字、纳西古乐、东巴经卷、东巴绘画、建筑艺术及宗教文化等，内容丰富，博大精深。"一风情"即摩梭风情。生活在泸沽湖畔的摩梭人至今保留着"男不娶、女不嫁"的母系走婚习俗。另外，生物资源丰富多样。永胜县的程海是我国唯一能天然生长螺旋藻的湖泊，目前已建成年产 1 000 吨的世界最大的螺旋藻生产基地。旅游者绝大多数的旅游行程中，只去丽江古城和玉龙雪山，还有泸沽湖。老君山、束河古镇、虎跳峡都是很具有旅游价值的景点，不可不去啊。趁宣科老先生还健在，好好去听一下宣科老先生的纳西古乐吧，晚来就听不到了。

 复习与思考

1. 解释下列概念：

动机　　需要　　需求

2. 解释动机的产生过程。

3. 描述三种类型的动机冲突，并针对每种情况从旅游市场活动中举一个例子。

4. 阐述马斯洛的需要层次论。

5. 结合自己或他人度假旅游的经历，分析旅游动机的多样性。

6. 通过这一章的学习，谈谈旅游者为达到一致性与复杂性的最佳平衡，会怎么把同一性、可预见性与新奇、变化及不可预见性结合在一起？

第五章　态度与旅游行为

学习目标

　　通过本章的学习，明确态度的内涵及态度的特征；了解态度理论；了解态度和旅游决策的关系；掌握通过态度改变来影响人们的旅游消费行为。

重点难点

　　态度理论
　　态度改变对旅游消费行为的影响

本章内容

　　态度与态度理论
　　态度与旅游决策
　　态度改变及对旅游行为的影响

● 第一节　态　度

一、态度的内涵

态度是一个人以肯定或否定的方式估价某些抽象事物、具体事物或某些情况的心理倾向。当人们对一种事物持某种态度时，不管这事物是有形的还是无形的，它都被称为态度的对象（Attitude Object）。凡是人们了解到与感觉到的事物都可以成为态度所关注的对象。

50 年前，G. 奥尔波特（Gordon Allport）为"态度"进行了系统的定义，即"态度是后天学到的偏好，它以一贯有利或不利的方式对一个对象或一类对象做出反应"。

19 世纪末，丹麦心理学家朗格（Carl Georg Lange）在研究反应时间的实验中发现，被实验者如果特别注意自己即将要做出的反应时，即心理上对自己的反应有准备时，做出反应的时间比没有准备时要短。朗格在以后的实验中一再证实了心理上的准备状态就是态度。这就是说，个体的态度决定其将会看到什么、听到什么、想到什么和做到什么。

态度是外界刺激与个体反应之间的中介因素，个体对外界刺激做出什么反应将受到自己态度的调控。图 5-1 说明了刺激、态度和反应的关系。

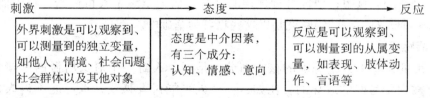

图 5-1　刺激、态度和反应的关系

二、态度的构成

罗森伯格（Milton J. Rosenberg）认为，态度是个人的内在结构，由认知、情感、意向三个成分构成的（见图 5-2）。

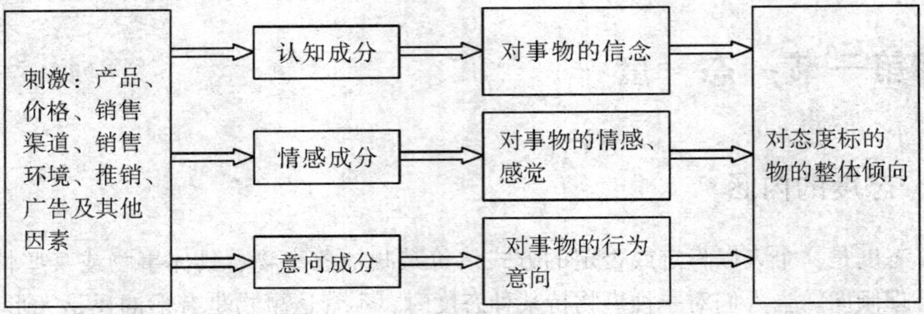

图 5-2　态度的组成成分及其表现

（一）认知成分

态度的认知成分是指人对态度对象，如他人、物、地方、事件、思想、形势、经历等方面，所持有的信念和见解。例如，"夏季海滨旅游可以增进身体健康""桂林山水甲天下""中国的旅游服务质量是比较高的"，这些都是对旅游对象和旅游条件的认识和看法，是旅游态度的认知成分。

信念是以充分的事实或知识为基础的心理倾向，它被认为是一种真理，大多数信念是相当持久的，但这些信念不一定都是很重要的。见解和信念不同，见解不以确定的事实为基础，它可能涉及某些事实，但只能表示某人得出的结论，而且比较容易改变。

对同一对象，每个人的信念和见解可能有所不同，甚至大相径庭。例如，到上海旅游的一个外国旅游者，可能持有这个见解，认为上海是一个激动人心的、美丽而繁华的大城市；他也可持这样的见解，认为上海是人口稠密、喧闹而拥挤的地方。个人对上海的情感就是以这些见解为基础的。

（二）情感成分

态度的情感因素是态度的核心部分，是指个人对一个对象所做的情绪判断。对象可被判断为好的或坏的。比如，一个人可能讨人喜欢，也可能不讨人喜欢；可能惹人爱，也可能令人憎恨。虽然有些人对上海可能同时持有肯定或否定两种信念，但经斟酌，他可能得出结论：他喜欢这个城市。对某个对象有情感，但不持任何信念，这是不可能的，因为表现为态度的情感不可能存在于真空之中。又如，旅游者对导游经若干次接触形成好感以后，对导游出现的小差错亦能谅解。这说明情境性情感能决定人的态度，从这个意义上来看，情境性情感是态度的决定因素。它有强有弱，或持久或短暂。

但在另一方面，人对某些对象也可持有一种很少或不受情绪影响的信念或见解，在飞机上就餐就是一个例子。不论怎样，就餐的人对飞机上的食物可能都没有任何特别的情感，在他看来，机上食物不过尔尔，但他不会要人去改善它，或在写信时谈起它，因为他对这个特定对象的情感是冷漠的。

（三）意向成分

态度的意向部分，是指个人对某个态度对象的肯定或否定反应的倾向，即行为的准备状态——准备对态度对象做出某种反应。意向因素不是行为，而是行为之前的思想倾向。假如某人对某一对象持否定态度，他有可能准备攻击、摧毁、惩罚、驳斥或使用其他手段否定该对象及与之有关的那些东西。如他的态度是肯定的，他可能乐于帮助、酬谢、购买或以其他手段接受它。对某个对象的行为倾向，无论以否定的还是肯定的方式，都称之为意向。比如，一个人可能对旅游持积极态度，也可能对将来去某旅游胜地旅游持积极的态度，此人便具有旅游的意向，并且有去某旅游胜地旅游的意向。

态度的认知、情感和意向三种成分一般是协调一致的，同时三者协调程度越高，态度就越稳定，反之则不稳定。例如，一个人酷爱清洁，绝不可能对一家又脏又乱的饭店抱有强烈的、积极的情感，也不可能选择这家饭店投宿，他对清洁的需要和他关于这家饭店脏、乱的看法，使他对这家饭店持否定的态度，并对这家饭店产生回避的意向。

尽管存在着态度的认识、情感与意向各部分趋于一致的倾向，但不一致的事例还是很多的。态度与行为的完全一致不符合人类的特性，因为差不多每个人都有程度不同的好奇心、想入非非与冲动。这些特性促使人们产生不一致的行为。人类不同于计算机，人们在不完整的信息基础上做决定，有时是因为人们忘了重要的信息，有时只是因为要求多样性而做出异乎寻常的事。说比较喜欢某种品牌的产品的消费者，在实际购买场合中，买的却是另一种品牌的产品，这是屡见不鲜的事。

尽管在态度与行为之间存在着大量的不一致性，但了解态度对理解旅游决策依然是必不可少的。一般来说，当旅游者可以随意做决策时，他的行为将与他的态度一致。产生不一致，一般都是因为"其他因素"影响了该旅游者的决策结构（图5-3显示了态度的结构）。

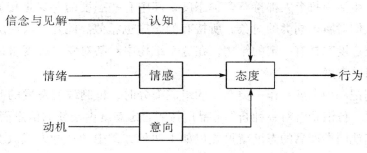

图5-3　态度的三因素模型

态度与行为有密切的关系，但不属于同一个概念。态度是一种内在的心理结构，对一种行为起准备性作用。因此，根据个体的态度可能推测其行为。但态度和行为不是——对应的关系，因为行为除了态度之外，还受到其他因素（如社会规范、习惯、对行为后果的预测、价值观念）的影响，特别是受到环境的影响。

三、态度的特征

（一）态度的强度

态度的强度是指它的力量及其肯定或否定的程度。一般来说，越是强烈的态度就越难改变。消费者态度的强弱因人而异。态度的强度有以下三个层次：

1. 容忍

这是最低的一个层次。容忍的态度之所以形成，是因为人们趋利避害。这一层次非常肤浅，一旦人们的行为不再受限制或有其他不同选择方案时，他就很可能变化。如果咖啡馆里只卖百事可乐，人们可能因为出去买可口可乐太麻烦，所以只好将就着喝百事可乐了。

2. 认同

这种认同过程来自人们对他人或其他群体的模仿心理。那些描写在众多产品中择其一的广告，正是依赖于消费者对崇拜对象行为的模仿。

3. 内化

在非常喜爱的情况下，根深蒂固的态度就得以内在化，成为人们的价值体系的一部分。由于它们非常重要，所以这些态度极难改变。

（二）态度的稳定性

态度的稳定性与它的持久抗变倾向有关，虽然有些态度的稳定性随着时间的推移会越来越强，但许多态度只在短时间内是稳定的。促进态度稳定性的因素至少有以下三个：

1. 态度的结构

在现实生活中每个人都持有多种态度，其中有些态度的对象是相似的。一般规律是，人们对属于同类的对象，所持有的态度也相似。此外，人们对相似对象所持的同类态度都具有一定的结构，在这个结构中对某对象的态度可以强化对其他同类对象的态度。

当人们把一种态度看作一类态度的组成部分时，抵制改变态度的倾向就特别明显。如果一位消费者对一种新的产品所持的否定态度由于新的信息而减弱的话，他对所有其他同类产品的态度就可能以如下两种方式中的一种方式改变：对所有同类的产品所持的否定态度都减弱；或者把该种新产品与所有其他同类产品区分开来。这两种方式往往都意味着要调整一类态度，这是一项使这位消费者在心理上感到不适的工作。正因为这个原因，人们抵制改变态度。由于同一个理由，往往可能导致有关调整态度的新信息被歪曲和遗忘。

2. 态度的因果关系

当人们明显地认为一件事是另一件事的直接原因时，他们对另一件事的态度也会强化或稳定。对饭店业中的这一问题的研究表明，人们对饭店的态度是在他们与饭店服务人员打交道的基础上形成的。饭店服务人员亲切友好，殷勤礼貌，乐于助人，工作效率高，旅客通常也以这些词语评价这家饭店。此外，与上述饭店服务人员的每一次相遇都会强化旅客对这家饭店的这种态度。

3. 态度的一致性

当人们发现其他人所持有的态度与自己相同时，态度就会得到强化，并变得比较稳定。例如，当一个打算外出旅游的人发现他的朋友和熟人也对旅游感兴趣时，那么他对旅游的信念就变得更加强烈与稳定。事实上，人们常常寻找那些和自己态度相同的人。在做买卖时，态度一致的力量尤为明显。如要做成一笔交易，卖方和顾客之间一般必须在态度上一致。

根据一致性的原则，消费者注重自己思想、情感、行为的和谐，尽量使这些要素保持一致。为了表明与别的经验相一致，消费者会在必要时改变其思想、情感、行为。一致性原则给我们一个重要的提示：态度并非无中生有，一种对态度对象加以评价的重要方法，就是看它是否符合消费者已经持有的相关态度。

（三）态度的不稳定性

从辩证唯物主义观点看，态度的稳定性只是一种相对的说法，事实上人们有许多态度或早或迟都会有所改变。态度改变的原因至少有以下两点：

1. 态度的冲突

因为一个人持有数以千计的态度，指望这些态度完全一致未免不切实际。一个人虽然对跳伞运动持十分肯定的态度，但也许会禁止他的未成年孩子去跳伞。当态度冲突时，一个人必须妥协，问题是哪种态度更重要或更强烈。

2. 创伤性的经历

由于一次涉及许多情感创伤性的经历，态度可能发生显著变化。比如，一次令人惊恐万分的紧急着陆或在高空的异常颠簸，会使人对航空旅行的态度很快由肯定变为否定。一次飞机坠毁事件的新闻，或卷入一次车祸，会使人态度动摇。一般规律是，由于创伤性经历引起的态度变化，不如缓慢发生的态度变化那样持久。

（四）态度的内隐性

态度是一种内在的心理体验。它虽然具有行为的倾向，但并不等于行为本身，而是心理的准备状态。所以态度本身不是直接观察到的，而是通过外部行为去推测的。

四、态度的功能

态度不仅在保持旅游者生活方式的连贯性以及增添生活方式的意义和表现方式等方面发挥着重要作用，而且在帮助旅游者适应困难处境，表现他们的价值观念等方面，还能发挥特殊的功能。具体来说，态度有以下四种功能：

1. 认知功能

态度能够为个体的行为反应提供具体信息，促进行为的产生。个体一旦形成对某事物的特定态度，就会形成一定的心理结构。该心理结构就会在今后影响个体对同类事物的接受，并对事物具有的价值发挥判断作用和理解作用。态度使个体有选择地接受有利的信息，拒绝不利的信息，但是态度也可能使个体接受错误信息而产生错误的认识，甚至形成偏见。

2. 调整功能

态度的调整功能指的是个体对环境的适应趋向。例如，旅游者对在家休息和出门旅游的态度就会明显不同，他必须适时调整自己的状态，适应环境变化的要求。平时在家，旅游者有自己的生活方式，可以随心所欲、无拘无束，但到了一个陌生的旅游目的地后，就要"入境随俗"，按照当地的环境来调整自己的态度与生活方式。

3. 自我防卫功能

自我防护功能是指当个体感到外来威胁时，态度能够起保护自我的作用。例如，一个缺乏安全感的旅游者，会选择安全的交通工具和旅游路线，他认为这样能够消除旅游过程中的不安全感。

4. 价值表现功能

态度作为一种行为倾向，与个体的价值观有着密切的联系。个体的态度往往是其价值观的反映。例如，高收入的旅游者通常对五星级宾馆持肯定态度，认为五星级宾馆象征着地位、财富和身份，外出旅游时他会选择入住五星级宾馆以显示自身的价值，这就是态度的价值表现功能。

第二节 态度理论

1. 认知失调理论

人们对于一个对象形成新的态度时会有一种倾向，这就是使新的态度与原有的态度、价值观和个性一致。如果感到新的信息与原有的理解、信念或态度不一致，那么就会体验到失调，因而引起态度的变化。费斯廷格认为任何人都有许多认知因素，如关于自我、关于自己的行为及关于环境方面的信念、看法或知觉等。它们之间存在着三种情况：①相互一致和协调的；②相互冲突和失调的；③无关的。当人们的两个认知因素 X 和 Y 处于第二种情况，即从 Y 推出的是非 X 时，人就会感觉到不舒服或紧张，并力求减缓这种感觉。这种由于认知冲突（更多的是因为心理上的不一致，而非逻辑上的不一致）引起的内心不自在的状态，就叫作"认知失调"现象。

认知失调的程度依赖于三个重要方面：失调因素对和谐因素的比例、认知因素的重要性、认知因素的重叠。例如对任何一个旅游景点的态度都是由众多的认知信息组成的。然而，旅游者依据自己的体验和观察，对于给定的任何一个旅游景点，很少会对其认知因素全盘肯定或者全盘否定。这样，就看肯定的认知因素多，还是否定的认知因素多了。若肯定的认知因素多于否定的认知因素，旅游者便会对该景点产生积极的态度，即对该景点的总态度是积极的。比如夏天去海南岛可能是比较热的，但是相比之下，去那里旅游的好处更多，于是就会把消极因素看得比积极因素轻一些。对于一个旅游景点的总的态度，不仅取决于肯定与否定的认知因素的比例，而且还取决于各种认知因素的重要性。认知的重叠指的是可供选择的对象之间的相似程度。当两个旅游景点有着许多共同的特征时，对它们的认知就有很多的重叠。如果两个景点共有的特征很少，选择它们时可能会引起的失调便会很大，而且要求改变对它们的态度的压力也会很大。

2. 自我审视理论

自我审视理论，即自我知觉理论，是由 D. J. 比姆（D. J. Bem）在 1972 年提出的，主要阐释行为是否影响态度。在态度的自我知觉上，认为在没有外界环境压力时，通常认为我们的行为是表达真实态度的。当存在着明显的外部压力时，会认为我们的行为是由于外部原因的。在动机的自我知觉上，由于高奖赏而从事某种活动，导致把行为原因归之于外部，由于低奖赏而从事某种活动，导致把行为原因归之于内部。这就是说，对于从事某种活动给予过分的肯定，将破坏对这个活动的内在兴趣。自我审视理论在对行为进行预测时，使用态度使已经发生的行为具有意义。当态度不够清晰，模棱两可时，自我知觉理论能更好地预测行为。例如，当你对某一个事件缺乏经验或过去对他考虑较少时，你会倾向于从你的行为中推断自己的态度。

在消费心理学中，自我审视理论有助于对一种叫作"踏脚入门技巧"（Foot-in-the-door-technique）的推销策略做出解释，该技术的依据是推销员可以对消费者得寸进尺的现象。这种技术的名称来自挨家挨户的推销方法：敲开门后，推销员立即把一只脚踏进门里去，以免顾客"呼"地一下把门关上。一个好的推销员知道只要他能说服顾客把门打开并开始交谈，消费者也许就会买点什么。在购买之前，消费者肯定已经愿意听推销员介绍的是些什么，这样的购买订单就与自我审视一致。

3. 社会判断理论

社会判断理论（Social Judgment Theory，STJ）是哈德蒙（Kenneth R. Hammond）在透镜模式的基础上发展而来的理论。社会判断理论是一种描述典型的人际间的冲突情境的理论。它为我们提供了一个理解社会冲突的起源的理论框架。社会判断理论包括一个环境系统和两个不同的个人认知系统。不同的决策者根据大量的信息，形成自己对信息的判断，再根据自己的判断制定出不同的决策，即人们是以自身的"内在支点"和"自我介入"为基础来判断某个信息的接受度。人们可以通过对比或者吸收的方法来对相关信息进行判断。当人们判断某些信息远远超出了自身的认知范围，往往会产生对比效应（Contrast Effect），即排斥；而当人们判断某些信息与自身的认知范围十分接近，往往会产生吸收效应（Assimilation Effect）。

该理论也假定人们会对与他们已知的态度对象有关的新信息加以同化。以原先形成的态度作为参照物，新的信息就会在现存的标准下得以归类。就像人们总是用以前搬箱子的体验来判断一个箱子的轻重一样，人们在对态度对象形成判断时，会形成一套主观的标准。

4. 平衡理论

海德的有关态度改变的平衡理论认为，人感知自身或外界环境是介于三角关系之中的。这种三角关系由三个元素构成，即自己、他人、某物。它们彼此也许是肯定的关系，也许是否定的关系。当人们处在肯定的三角关系中，态度是平衡的；而否定的三角关系则意味着不平衡。如果把三角形的每一条边联结的两个元素的肯定关系用"＋"表示，否定关系用"－"表示，那么，三角形是否平衡决定于三边符号相乘是否为"＋"。相乘后为"＋"，此三角关系就平衡，为"－"则不平衡。平衡状态形成较稳定的态度，不平衡则需使三角关系中的某种态度发生变化以使三角形达到平衡状态。

现将上述关系列成图解形式，以符号"＋"表示正的关系，以符号"－"表示负的关系，那么，共有 8 种，其中 4 种是平衡的结构，4 种是不平衡的结构，如图5-4 所示。

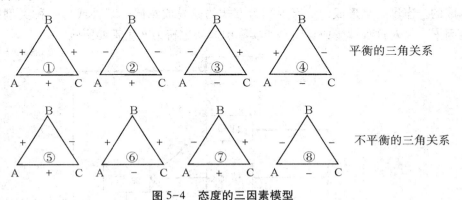

图5-4　态度的三因素模型

判断三角关系是平衡的，还是不平衡的，其根据为：平衡的结构必须三角形三边符号相乘为"＋"；不平衡的结构必须三角形三边符号相乘为"－"。

最后，平衡理论对人们广泛采用的以名声来促销产品的办法做出了解释。当三维体尚未完全建立时，比如有一维是新的产品或者有一维是还未有明确态度的消费者，经销商可以用描绘产品与某位名人的所属关系来建立消费者与产品之间正面的情感关系。在另一些情况下，名人对某个问题进行抨击，就会影响其崇拜者对这个问题的态度，就像运动健将在反毒品公益广告中出现所要达到的目的一样。

"平衡"是名人促销的核心，产品制造商所期望的是明星的名气能传递到产品上。应该指出的是，如果公众对某位名人的看法正由好变坏，那么在名人与产品之间建立的所属关系就会起到反作用。

第三节　态度与旅游决策

一、态度与旅游决策过程

旅游态度是人们对旅游条件做出行为反应的心理倾向。也可以说，是个人对旅游对象和旅游条件以一定方式做出反应时，所持的评价性的较稳定的内部心理倾向。在解释旅游行为时，旅游态度也是旅游心理学中重要的概念之一。

　　旅游决策指旅游者做出有关旅游的决定。一般而言，旅游者的决策过程经历了识别旅游需求或旅游环境、寻求旅游相关信息、做出旅游决策三个阶段。

　　决策者往往需要经历几个心理上的步骤。态度与旅游决策过程的关系如图5-5 所示。态度与行为的关系的模式表明，态度是由信念与见解、情感以及意向构成的。态度一旦形成，就产生行为方式的偏爱或意向，某种或另一种类型的社会因素，又对这种偏爱或意向是否实际引起特定行为产生重要影响。

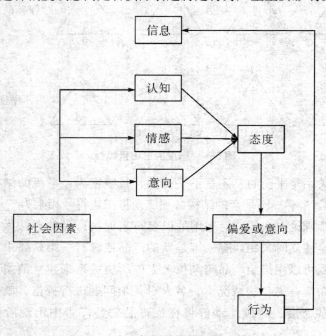

图 5-5　态度与旅游决策过程的关系

二、旅游态度与旅游偏爱

　　研究表明，旅游者的旅游决策在很大程度上取决于他的旅游偏爱。所谓偏爱（Preference），就是驱使个体趋向于某一目标的心理倾向。

　　态度并不能预测人们的实际旅游行为，却可以很好地预测人们的旅游偏爱，态度是偏爱最好的预兆。态度的复杂性和态度的强度，对态度和偏爱的关系有重要的影响。

（一）态度的复杂性

　　态度的复杂性是指人们对态度对象所掌握的信息量和信息种类的多少，它反映了人们对态度对象的认知水平，人们对态度对象所掌握的信息量和信息种类越多，所形成的态度越复杂。

一般来说，复杂的态度比简单的态度更难以改变。比如，对旅行支票的态度属于简单态度。如果一个旅游者之所以对旅行支票持否定态度，只是因为他并不认为这些旅行支票真的好用，那么只要向他指出一个人出门在外丢失钱包是多么的不方便，他就会改变这种态度。然而，对出国旅游持否定态度的旅游者，就很难改变他的这种态度，即使通过说服，使他相信国外旅游的费用很合理，他还是会由于外国的文化环境、不同的饮食与传统这样一些因素，而仍然保持其否定的态度。要改变某人对出国旅游的否定态度，就必须改变其总态度中的许多成分。

（二）态度的强度

态度的强弱程度是态度的主要特征之一。因为改变一种强烈的态度比改变一种较弱的态度困难得多。一个人对一个对象所持的态度，是由对该对象的每个特殊属性所持的态度构成的。其中，每一个特定的属性都具有其自身的突出点，这就意味着每个属性的相对重要性都有所不同。在一个度假旅游地，对某一个旅游者来说，气候、舒适和高尔夫球场可能很重要，但另一个旅游者可能认为价格、网球场和海滩是最突出的属性。由此可见，一个旅游地不同属性的突出点也是因人而异的。

对同一个人来说，属性的突出点取决于他的需要和目标。比如，在决定是否让全家人坐飞机去旅游时，价格可能是一个特别突出的属性，但在选择汽车旅馆时，价格可能并不是一个特别突出的属性。这是因为买飞机票与驱车到某个遥远目的地的费用相差很多，要是在整个度假期间住一晚上的费用相差无几的话，一间汽车旅馆房间的价格可能就不那么重要。

第四节　通过改变态度影响旅游行为

态度的稳定性不意味着态度是一成不变的，随着外界条件及个体因素的变化，态度可以改变，并可以形成新的态度。

一、态度改变的含义

态度的改变是指一个人已经形成的态度接受了某一信息后所发生相应的变化过程。在现实生活中，人们每天从早到晚，都会遇到各种各样的信息，如教育上的辅导、政治上的宣传、商业上的广告，其主要目的就是要改变人们的态度。

态度的改变包括方向的改变和强度的改变两个方面。例如，一个旅游者对某一旅游产品或服务的态度从消极的变成积极的，这是方向的改变；对某一旅游产品或服务的态度从犹豫不决变得坚定不移，这是强度的变化。方向和强度之间有着必然的联系。一个人的态度从一个极端转变到另一个极端，既是方向的改变，又是强度的改变。

旅游经营者的目标就是按照企业所期盼的方向去引导消费者调整和改变其态度，在态度改变的过程中，用各种各样的手段加大其积极的程度，在态度质变方面，努力促使旅游消费者向着有利于旅游经营的方向转变。

二、影响旅游态度改变的主客观因素

旅游行为的产生，取决于人们的旅游态度。而旅游态度的形成，既取决于人们所处的客观因素，又取决于人们自身的主观因素。

（一）客观因素

形成旅游态度的客观因素涉及社会经济生活的很多方面，最直接的客观因素是：态度本身的特性、家庭收入、休闲时间、社会风气等。

1. 态度本身的特性

首先，从幼年时期就形成的态度不易改变。幼小时受家庭和其他社会条件影响而形成的对旅游的赞成或反对态度，是不容易改变的。其次，一致的态度不易改变。然后，绝对和极端的态度不易改变。人们对旅游活动持非常喜欢或十分厌恶的态度，这种极端态度不易改变。再次，态度形成过程中所依据的事物越是复杂，态度越是不易改变。这是因为态度依赖的事物繁多、复杂，证据就更充足。而想要改变一种态度，势必要否定这一些证据，证明这些证据的错误性，当然难度大一些。如果态度只依赖某一个事物，只需证明该事物是假的或有错误性，态度也就可改变了。最后，与人的价值观念有密切关系的态度不易改变。

2. 家庭收入水平

一个人的家庭收入水平或富裕程度，决定着他能否实现旅游及其消费水平的高低，所以，家庭收入达到一定的水平是实现旅游态度的前提之一，也是实现旅游行为的主要物质基础。然而，一个家庭的收入并非全部用于旅游。因此，决定一个人是否具有旅游消费的愿望的家庭收入，实际上指的是其家庭可随意支配的收入。

收入水平意味着支付能力，影响着一个人是否会形成旅游态度，影响着旅游者的消费水平及其消费构成。所以，收入水平是影响旅游态度的重要的经济因素。当然，这并不是说收入达到一定水平就会外出旅游。事实上，即使在最主要的旅游客源国中，也会有一些收入相当高但从来不愿意外出旅游的人。因此，收入水平只是在经济方面影响旅游态度的必要因素，并非唯一决定条件。

3. 休闲时间

有无休闲时间，是决定人们是否参加旅游活动的主要客观条件。休闲时间是人们除去谋生和自我生存所需时间（如工作、义务、睡觉、吃饭以及必要的日常琐事的时间）以外，余下的可用于娱乐、消遣或其他活动的时间。休闲时间也被称为可自由支配的时间，包括每日休闲时间、周末、公共假期、带薪假期等。

随着社会经济的发展和人民生活水平的提高，休闲已成为全社会居民日常生活中不可或缺的组成部分。从经济学的角度来看，休闲就是人们放弃一定的时间和金钱来换取身心的休息、放松和精神消遣的行为，通过有形或无形的价值消费而获取个人心理效用最大化。休闲时间的增多，是一个社会进步的体现。它表明了这个社会的物质生产水平很高，能够满足人们生活的需要，人们追求一种更高的生活水平层次。为满足人民群众日益增长的旅游休闲需求，进一步促进旅游投资和消费，提升人民的生活品质，继《国民旅游休闲纲要（2013—2020年）》出台后，国务院在 2015 和 2016 年先后发布的《关于进一步促进旅游投资和消费的若干意见》和《"十三五"旅游业发展规划》文件中，再次强调将落实职工带薪休假制度纳入各地政府议程，制定带薪休假制度实施细则或实施计划，鼓励企事业单位实现弹性作息制度，为国民休闲提供政策上的支持，切实保障人民休闲的权益。

4. 个体与群体的关系

个人与所属群体有着千丝万缕的联系，当个体具有与所属群体的认同感和忠诚心时，其态度不易改变。让其采取与其群体规范不一致的态度是困难的。当个体与所属群体表现出明显的不一致时，特别是与群体的关系不再融洽时，个体想要脱离群体，在此时个体与群体之间的关系也随之下降到冰点的地步，个体想要改变群体的选择是相当不容易的，于是个体就会转向自己，从而改变自己的态度。在旅游过程中，在旅行的团队中，旅游者个人会存在与整个旅游团队闹僵的可能性，此时游客个人极有可能选择离开或者退出旅行团队，从而给旅游服务者带来工作上的压力和挑战。

5. 社会风气

目前，旅游已逐渐成为一种社会时尚，在西方社会尤为盛行。在德国等国家，人们认为旅游度假是一种文明的标志，不去度假，倒成为一种反常现象，甚至旅游已成为人们满足认识需要，获得他人尊敬和社会地位，以及与人交往的需要和娱乐需要的重要途径。由于这样的观念和风气，在人们的价值观中，旅游已被提到很重要的地位。某个名人到一个地方旅游，会引起公众注目；一个人由于到新奇的地方旅游而获得大家的尊敬；一部深受欢迎的旅游电影也会成为刺激因素，有意无意地引起人们模仿，如徐峥的电影《人再囧途之泰囧》影响就极大，电影公映后，2013 年赴泰国旅游的中国人数创历史新高。这些都可能使旅游成为时尚，在众多人身上产生积极的旅游态度和行为。这是产生旅游态度的心理因素。

现代化社会生产造成人们持续的心理压力，迫使人们需要改变一下生活环境，从长期从事的紧张工作或繁琐的事物中解脱出来，调剂生活节奏，放松身心。旅游能够使人产生满足和轻松之感，是高级的生活享受。这是产生旅游态度的生活因素。

另外，旅游业可以赚取大量外汇收入，解决就业问题，带动第三产业的发展，活跃经济，具有投资少、收益快、利润高的特点，深受政府重视和提倡。这是产生旅游态度的政治因素。数据显示，2015 年中国商务旅行支出超过美国，达 2 912 亿美元，实现了从亚洲旅游大国向世界旅游大国的转变，开始迈入建设世界旅游强国的过程，旅游业发展前景广阔。

一个人能否真正成为旅游者受到许多社会因素的影响和制约。除了上面提到的收入、时间和社会风气之外，还包括旅游交通、旅游环境、旅游目的地的接待能力、旅游景区社会容量等方面。

（二）主观因素

内因是变化的根据，外因是变化的条件，外因通过内因而起作用。当一个人对旅游表现不出积极的态度时，即使拥有再好的客观条件，也不会成为一名旅游者。

1. 旅游者个性特征

旅游者个性是影响个体旅游态度的重要心理因素。旅游者性格特点、智力水平、自尊心、经验的情绪后果、兴趣的强度、自我估价、自我防卫机制等因素都会影响其旅游态度的改变。兴趣使个体的心理活动集中指向兴趣的对象，表现出极大的关心，这本身就包含着一种积极的态度成分。兴趣还使人接近、选择兴趣对象，从事感兴趣的活动，而远离、回避那些不感兴趣的对象。不同的兴趣会产生不同的态度。当人们对某项旅游活动产生了兴趣，或对某项旅游活动不再感兴趣，都会引起态度性质的变化。由气质和性格不同而产生的个性倾向不同，使人们对旅游对象也会产生不同的态度。例如，具有内倾性格特征的人，往往对那些比较安静、变化因素较少的旅游活动持有积极的态度；而气质和性格具有外倾性的人则会对比较活跃、带有某种程度的探险性质的旅游活动，有比较积极的态度。智力水平高的人，善于观察分析事物，因而改变某种态度常常处于主动地位，较少盲目服从。智力水平较低者，往往缺少判断力，容易受他人他事影响，因而态度的改变处于被动地位。在性格特征方面，依赖性强的人，缺乏独立个性，容易相信权威，受人左右，因而容易改变态度。有的人固执己见，不善于接受新观念、新事物，甚至对别人的规劝表现出反感，这种人的态度就不易改变。

2. 旅游需要的满足与否

个体对凡是能满足自己的旅游需要或有利于达到目标的对象，一般都能产生喜好欢迎的态度，而对影响满足旅游需要和妨碍目标实现的旅游对象，则会产生排斥以至厌恶的态度。如中国旅游资源丰富多样，人民又热情好客，能满足人们的旅游需要，人们就喜欢到中国旅游，产生积极的旅游态度。如果在旅游中未能住进预订的饭店、交通受阻，服务不佳或活动计划被改变，则会产生反感，造成消极的旅游态度。需要的满足与否涉及两个方面的情况：一方面是旅游需要的具体内容，另一方面是旅游对象的功能以及人们对这种功能的了解和知觉。人们通过两个功能去知觉和了解满足旅游需要的对象。

（1）旅游前对旅游对象能否满足旅游需要的知觉，自此产生对旅游对象的态度，影响对旅游对象的选择。

（2）在旅游活动过程中对旅游对象满足旅游需要的程度的体验，它影响旅游态度的强化和旅游态度的改变。

旅游态度中的情感成分与意向成分，多半与旅游需要的满足有关。

3. 知识的影响

个体对旅游对象的态度，会受到所获得的关于旅游对象的知识的影响，获得那些关于对象的正面知识，会产生积极的态度，而受负面知识的影响，则会产生消极的态度。一个参观了中国旅游展览的外国人和没有参观该展览的人，由于受这种知识状况的影响，对到中国来旅游的态度的积极程度是不会相同的。知识能够形成态度，也能够改变其原有的态度。

4. 其他因素的影响

个人创伤性或戏剧性的经验，会影响或强化人们的旅游态度。例如，人们乘坐飞机旅游途中，由于飞机出现故障或因恶劣气候而紧急降落，会使人们改变对乘飞机旅游的态度。他可能在今后旅游时，尽量避免选择飞机这种交通工具。所谓"一朝被蛇咬，十年怕井绳"，就是对这类创伤性经验影响的一种概括。人们在旅游中戏剧性的经验也会对旅游态度起到重要作用。比如说，外国游客参加了事先未作安排的太湖钓鱼活动，又真的钓上来一条鱼，心里就会非常高兴，他用宣纸做成鱼的拓片，作为这次旅游的美好纪念。这种预料之外的带有戏剧性色彩的经验，会极大地强化他对中国旅游的良好态度。

三、改变旅游态度的策略和方法

旅游活动的组织者和经营者都希望更多的人对旅游态度持有积极的态度。旅游组织者和旅游业经营者就应当采取有效的策略和行之有效的方法，使其旅游态度变得积极。可以从以下策略入手进行旅游态度的改变：

（一）更新旅游产品，提高产品质量

旅游产品是旅游者在旅游过程中购买各种物质产品和服务的总和。要使旅游者改变对某种旅游产品的态度，最简单的方法往往是改变旅游产品本身，然后，以某种方式确保旅游者发现这个改变。研究表明，旅游产品只稍做改变，其效果就可能是所有其他的广告与宣传的十倍。对物质产品的改变，人们有目共睹，经销者无须依靠说服性的推销手段使消费者确信存在着的差别。

从我国旅游业的现状来看，旅游产品存在的主要问题是种类少、结构简单、交通落后、产业观念相对落后。因而，旅游者对旅游过程中的交通、住宿、餐饮、景观等方面常常产生不满情绪，在有些时候旅游变成了花钱买罪受。比如，"十一"黄金周期间，由于交通、住宿"瓶颈"以及买票难等问题，使得许多人退出了旅游者队伍。

因此，鉴于这种情况，为了改变旅游者的态度并促进旅游业本身的持续发展，必须更新旅游产品，不断提高服务质量。

（1）改善旅游基础设施建设。旅游基础设施包括交通、通信、金融、文化娱乐、宾馆饭店等。旅游接待设施的建设要跟上时代发展的步伐，要适应日益发展的经济环境的要求。

（2）运用先进技术，提高服务水平。先进的科学技术可以简化服务过程，这既节约了时间、又方便了旅游者，有助于旅游者形成更加肯定的态度或变消极的态度为积极的态度。

（3）对旅游从业人员进行业务培训，提高人际交往的能力。比如，美国航空公司对所有雇员进行业务分析的培训，提高了一线员工的人际交往能力和技巧。

（4）运用价格策略。对一般人而言，旅游服务项目的价格是一个比较突出、比较敏感的问题。因此，适当地运用价格策略，可以使旅游者产生公平合理的感觉。例如，旅游景区实行淡、旺季价格，团队价格等。

（二）重视旅游宣传，改变旅游者的认识

态度的形成依赖于旅游者对态度对象的认识。旅游企业通过旅游宣传，向旅游者传递新的知识和信息，有助于旅游者旅游态度的改变。宣传心理学的研究表明，宣传对旅游者态度变化的影响大小取决于以下三个因素：宣传者的权威性、

宣传的内容与组织、引导人们参加旅游活动。

1. 宣传者的权威性

宣传者的权威性由两个因素构成，即专业性和可信性。专业性指专家身份，如学位、职业、社会地位等。可信性指宣传者的个人特征、仪表以及讲话时的自信心、态度等。显然，说话时结结巴巴、吞吞吐吐，不如理直气壮、信心十足使人感到可信。心理学家伯洛（Ballo）通过对宣传者本身的威信与被宣传者态度改变之间关系的研究，得出宣传影响态度转变的三个要素：①可信性因素。宣传态度的公正与不公正、友好与不友好、诚恳与不诚恳。②专业性因素。宣传者的有训练与无训练、有经验与无经验、有技术与无技术、知识丰富与不丰富。③表达方式因素。宣传者语调坚定与软弱、勇敢与怯懦、主动与被动、精力充沛与疲倦乏力。

2. 宣传的内容与组织

宣传内容是强调一方面有效，还是强调正反两方面有效？心理学家的研究结果表明，对于受教育程度低的人来说，单方面宣传容易转变他们的态度，而对于受教育程度较高的人，则正反两方面的宣传效果更好。人们最初的态度与宣传者所强调的方向一致时，单方面的宣传有效；最初的态度与宣传者的意图对抗时，则正反两方面宣传更为有效。

宣传效果与被宣传者的个性特征，如智力、性格、气质等有关。一般来说，智力水平高的人比智力水平低的人更不容易接受宣传而转变态度。这是由于智力水平高的人知识经验丰富，善于分辨他人的宣传。智力水平相同的人，对于不同性质内容的宣传接受程度也不同。此外，自尊心强的人比自尊心弱的人不易改变态度，由此可见，旅游者态度改变与宣传者的威信、宣传内容及组织得当与否有关。

3. 引导人们参加旅游活动

就旅游产品而言，旅游者潜在的态度改变中最重要的因素是旅游体验本身。因此，要改变对旅游活动持消极态度的对象就可以组织一次旅游活动，邀请他们来参加，让其亲身体验一下旅游活动所带来的乐趣，他可能从此改变对旅游活动的态度，从而成为旅游活动的积极分子。

 案例分析

对同一度假地的不同旅游偏好

有两个在大连金石滩国家旅游度假村度假的旅游者，在相互交谈时道出了完全不同的度假理由。A 来这里的理由是基于自然风光和气候；B 则是受一流的高

尔夫球场的吸引。为什么他们对同一度假地会有不同的旅游偏好?

【评析】

此案例可以从知觉和旅游偏好两个角度进行分析,也可以把这两个角度结合起来综合分析。下面试进行综合分析。

人们对大连的金石滩国家旅游度假村的整体态度是由人们对他们希望在那儿看到的各种特征的态度组合而成的,这些特征包括自然景色、住宿条件、饮食、娱乐设施和其他舒适的环境和游乐项目,还有它们的费用和被知觉到的价值。而其中的每一个特定属性也都具有各自的突出特点。但是,每一种突出属性的相对重要性却因个体的不同而不同。就拿到金石滩国家旅游度假村旅游的游客来说,有人认为气候、舒适和高尔夫球场非常重要,而有人却认为海滩、费用是最突出的属性。

因此,对同一个旅游点来说,不同的游客所知觉到的突出属性就可能不一样。这种差异就影响到旅游者旅游偏好的形成。同一旅游地可能会满足不同旅游者的不同旅游偏好,做到这一点的范围越大,就越能吸引不同偏好的旅游者。

 复习与思考

1. 解释下列概念:

态度　　偏爱

2. 举例说明态度的特征。

3. 举例说明态度和行为不一致的原因。

4. 如何改变旅游产品或服务,才能改变旅游者的态度?

5. 怎样理解即使产品或服务不变,一些新的知觉形象也能促使态度改变?

6. 宣传对旅游者态度变化的影响取决于哪些因素?

第六章 旅游者人格

学习目标

掌握人格的概念、影响人格形成和发展的因素，了解人格的特征、构成，掌握气质的概念、人的气质类型的划分及特点，了解性格和能力的概念、人格的理论，掌握人格类型与旅游消费行为，掌握人格结构的三个自我形态及旅游消费行为。

重点难点

人格的概念
影响人格形成和发展的因素
气质的概念及人的气质类型
人格结构的三个自我形态及旅游消费行为

本章内容

人格
人格的构成
个性心理特征

人格的理论

人格类型的划分

人格类型与旅游消费行为

人格结构：三个自我形态

自我形态和旅游消费行为

● 第一节　人格概述

一、人格

（一）人格及其内涵

人格（Personality）又称为个性，在心理学领域里用人格表示个体的差异。人格是一个复杂的心理现象，是每个人所特有的心理、生理特征的有机结合，包括遗传因素和后天实践的成分。目前，心理学界对人格的概念还没有一个公认的比较完满的定义，我国旅游心理学界的很多学者都倾向于把人格界定为：个人在先天素质的基础上，在一定的社会环境中，通过一定的社会实践活动，形成和发展起来的比较稳定的心理特征的综合。

在旅游活动中，研究人格的目的主要是了解旅游者行为的差异，从而预测旅游者的行为，并采取相应的措施，有的放矢地调节旅游者的行为，制定有针对性的营销策略。

（二）影响人格形成和发展的因素

如上所述，人格是带有一定倾向性的、稳定的心理特征综合，其形成主要受先天遗传因素、社会环境和实践活动三个方面共同作用和影响。

1. 先天遗传因素是人格形成和发展的基本前提

人们的遗传基因总是各不相同的，婴儿一出生就已从父母那里继承了一些遗传特征。这些先天遗传的特征，如个体的神经活动类型、感官特点、血型、智力潜能、身体状况、体貌特征等，都对人格的形成产生基础性作用，直接影响人们形成不同的人格。遗传因素是人格形成和发展的前提条件，但对人格的形成并不起独立作用，也不能起决定性作用。现代心理学的研究成果认为，社会环境因素和实践活动在人格的形成过程中更具重要性。

2. 社会环境是人格形成和发展的重要条件

人是具有社会性的高级动物，每个人都是社会的人。一定的社会环境所形成的文化对个体人格的形成产生重大的影响。在诸多影响人格形成的社会因素中，家庭、学校和社会文化是最直接的、最重要的影响因素。

（1）家庭环境对人格的影响

家庭是儿童生活的主要场所，在人格形成的关键时期，即儿童期和青少年时期，家庭生活的时间约占全部生活时间的三分之二左右。家庭成员中的成年人，尤其是父母的生活经验、价值观念、行为方式等都可以通过言传身教或其他潜移默化的方式影响儿童人格的形成。子女的人格与父母相似，不仅仅是由于遗传的原因，家庭环境和家庭教育因素的深刻影响也起着非常重要的作用。

（2）学校教育对人格的影响

学校是人们接受系统教育的场所。学校教育通过教学活动，有目的、有计划地对未来的社会成员施加规范性的影响。学校不仅仅传授文化知识，还向学生传授社会规范和道德标准，促使学生的人格向适应社会规范和价值观念的方向发展。

（3）社会文化对人格的影响

社会文化时时刻刻都在约束着个体的言行，塑造着适应社会文化要求的个体人格。为了更好地在社会中生存，个体在成长过程中都以各自的方式对社会的要求做出反应，这就导致了个体人格与社会文化的高度一致性。

3. 社会实践活动是人格形成和发展的重要途径

个体的人格也是在不断认识客观世界的社会实践中形成的。在社会实践中，个体扮演着不同的社会角色，对社会承担着相应的责任，这就促使个体在社会实践中逐渐形成符合社会要求的态度体系、行为方式等人格特征。家庭教育、学校教育和社会文化对个体的影响，为人格的形成和发展指出了方向，奠定了基础，但个体最终能形成什么样的人格，还要经历各自的社会实践过程。个体在社会实践中获得的各种经验都在塑造着个体的人格。

（三）人格的特征

人格是一个具有丰富内涵的概念，反映了人的多种本质特征。

1. 独特性

一个人的人格是在遗传、环境、教育等因素的共同作用下形成的。不同的遗传、生存及教育环境，形成了各自独特的心理特点。人与人没有完全一样的人格特点。所谓"人心不同，各有其面"，就是人格的独特性。但是，人格的独特性并不意味着人与人之间的个性毫无相同之处。在人格形成与发展中，既有生物因素的制约作用，也有社会因素的作用。人格作为一个人的整体特质，既包括每个人与其他人不同的心理特点，也包括人与人之间在心理、面貌上相同的方面，如每个民族、阶级和集团的人都有其共同的心理特点。人格是共同性与差别性的统一，是生物性与社会性的统一。

2. 稳定性

人格具有稳定性。个体在行为中偶然表现出来的心理倾向和心理特征并不能表现他的人格。俗话说，"江山易改，禀性难移"，这里的"禀性"就是指人格。当然，强调人格的稳定性并不意味着它在人的一生中是一成不变的，随着生理的成熟和环境的变化，人格也有可能产生或多或少的变化，这是人格可塑性的一面。正因为人格具有可塑性，才能培养和发展人格。人格是稳定性与可塑性的统一。

3. 统合性

人格是由多种成分构成的一个有机整体，具有内在统一的一致性，受自我意识的调控。人格统合性是心理健康的重要指标。当一个人的人格结构在各方面彼此和谐统一时，他的人格就是健康的。否则，可能会适应困难，甚至人格分裂。

4. 功能性

人格决定一个人的生活方式，甚至决定一个人的命运，因而是人生成败的根源之一。当面对挫折与失败时，坚强者能发愤拼搏，懦弱者会一蹶不振，这就是人格功能的表现。

二、人格的构成

一般认为人格（个性）包括个性倾向性和个性心理特征两个方面。每个人通过各种社会活动，在体验中逐步形成相对稳定的心理趋势，使个体心理活动带有经常的、稳定的性质。但每个人又有着不同的生活环境和社会经历，从而形成不同的性格、气质和能力。个性心理特征和个性心理倾向这两个因素彼此联系、错综复杂地交织在一体，从而构成了人与人之间千差万别的人格。

（1）个性倾向性

个性倾向性是指消费者个人在社会生活中逐渐形成的思想倾向，这种倾向性表明了消费者个人对社会环境的态度和行为的积极特征。个性倾向性是个性结构中的动力系统，它能制约一个人的全部心理活动的方向和行为的社会价值，其基本内容包括需要、动机、兴趣、理想、信念和世界观。在旅游消费活动中，旅游消费者思想倾向的不同，是消费者个人行为之间差异的主要原因。

（2）个性心理特征

个性心理特征是指消费者个人稳定的心理特点，它能体现消费者个体的独特风格、独特的心理活动和独特的行为表现，是消费者个性结构中的差异系统。个性心理特征包括气质、性格和能力，是多种心理特点的一种独特的结合，它集中反映了人的心理的独特性和个别性。

个性倾向性和个性心理特征是相互作用、相互促进、密不可分的两个方面。个性倾向性影响个性心理特征的发展水平和方向，个性心理特征的发展又是制约个性倾向性形成的重要条件。本书前面有关章节已对个性倾向性的部分内容有所介绍，本章只介绍个性心理特征的相关内容。

三、个性心理特征

（一）气质

气质是指在心理活动的速度、强度、灵活性与指向性等方面的一种稳定的心理特征，是人格的一个方面。具体表现为情绪体验的强弱、意志力的大小、注意集中时间的长短、知觉或思维的快慢、外倾或内倾等。

观察生活中的人们，有的情感产生非常迅速，一遇情况，内心感触便油然而起，触景即生情；有的情感产生则比较缓慢，遇事显得有些木然，待一会儿才能反应过来，慢慢地才有所感触。有的人情感体验很强烈，难过起来就痛不欲生，悲伤起来则摧肝裂胆，一旦高兴便内心发狂；有的人则事事都显得很平淡，没有剧烈的情感冲动。有的人情感变化幅度大，刚才还兴高采烈，一会就号啕大哭，方才满面笑容，转眼就怒不可遏；有的人情感变化幅度小，积极和消极情感之间有一定过渡，显得较平缓。有人内心的情感体验要明显表露；有人则遇事不露神色，内心情感不易流露。人们所有这些方面的特点，都是气质特点的表现。可以说，气质与通常所说的性情、脾气等有近似的含义。

人的气质是先天形成的，受神经系统活动过程的特性所制约。儿童出生之后即表现出了这种气质差异：有的新生儿比较平稳安静、声微气小，有的孩子则又比较活泼多动且哭声响亮。这些差异必然影响其父母或哺育者与婴儿的互动关系，从而影响人格的形成和发展。

1. 气质的类型及其特点

早在公元前 5 世纪，古希腊医生希波克拉底就观察到人有不同的气质。他认为人体内有四种体液，即血液、黏液、黄胆汁、黑胆汁，根据人体内的这四种体液的不同配合比例，将人的气质概括为四种不同类型：胆汁质、多血质、黏液质、抑郁质。尽管这一分类缺乏科学的根据，但在日常生活中确实能看到这四种类型的典型代表。

后来，苏联生理学家巴甫洛夫关于高级神经活动的学说为气质分类提供了科学基础。巴甫洛夫揭示神经系统有三种特性，即兴奋和抑制的强度、兴奋和抑制的平衡性、兴奋和抑制相互转换的灵活性。这三种神经活动的特性，形成四种最典型的结合，即高级神经活动的四种基本类型：兴奋型、活泼型、安静型、抑制型。这四种基本类型与希波克拉底的气质分类是相对应的，每种气质分属不同的神经类型并伴随特定的行为特征（见表6-1）。

表 6-1　　　　　　　　　　根据神经类型所划分的气质类型

气质类型	神经系统的基本特点	高级神经活动类型
多血质	强、平衡、灵活	活泼型
胆汁质	强、不平衡	兴奋型
黏液质	强、平衡、不灵活	安静型
抑郁质	弱	抑制型

（1）胆汁质

胆汁质的人的神经类型属于兴奋型，即具有强烈的兴奋过程和比较弱的抑制过程。这种类型人的特点是具有很高的兴奋性，因而在行为上表现为不均衡性。

在情绪活动中，一般表现出脾气暴躁、热情开朗、刚强直率、果敢决断，但往往易于激动，不能自制。在行动方面胆汁质的人表现出精力旺盛、反应迅速、行动敏捷、动作有力，对工作有一股烈火般的热情，能以极大的热情投身于自己所从事的事业，能够同艰难困苦作勇敢坚决的斗争。但这种人的工作特点带有周期性，当精力消耗殆尽时，便会失去信心，由狂热转为沮丧，甚至半途而废、前功尽弃。在思维方面，胆汁质的人接受能力强，对知识理解得快，但粗心大意，考虑问题往往不够细致。一般来说，胆汁质的人大多是热情而性急的人。

（2）多血质

多血质的人的神经类型是活泼型，神经过程具有强、平衡而且灵活的特点。多血质的人容易动感情，但感情体验不深刻、不稳定，情感产生之后既容易消失，也容易转变。

多血质的人一般都有很高的灵活性，容易适应变化了的生活条件，在新的环境中不感到拘束，他们善于交际，能很快同别人接近并产生感情。多血质的人大多机智、聪敏、开朗、兴趣广泛，能迅速把握新事物。在行动方面多血质的人反应迅速而灵活，在从事复杂多变和多样化的工作中往往成绩显著。但是他们的兴趣不够稳定，注意力容易转移，一旦没有足够的刺激，常常会变得厌倦而怠惰，所有的热情会很快冰消瓦解。在日常生活和工作中，多血质的人给予人们的印象是聪明热情、活泼好动。

（3）黏液质

黏液质的人的神经类型属于安静型，其神经过程具有强、平衡但不灵活的特点。黏液质的人的情绪不易激动，经常表现得心平气和，不轻易发脾气，不大喜欢交际，对人不容易很快产生强烈的情感。这种人反应比较慢，行动比较迟缓，但是冷静、稳重、踏实，不论环境如何变化，都能保持心理平衡。

黏液质的人善于克制自己的冲动，能严格地遵守既定的生活秩序和工作制度，他们的情绪和兴趣都比较稳定，态度持重，具有较好的坚持性，常常表现得有耐心、有毅力，一旦对自己的力量做好了估计，选定了目标，就能一干到底，不容易受外界的干扰而分心。黏液质的人的不足之处是不够灵活，有惰性。惰性使他们振作精神、集中注意力、把注意力转移到新的对象上以及适应新的环境都需要有一个过程；惰性也容易使他们因循守旧、保守固执。黏液质的人大多是一些沉静而稳重的人。

（4）抑郁质

抑郁质的人的神经类型属于抑制型，也可称为弱型。这种人具有高度的情绪易感性，而且情感体验深刻、有力、持久。他们往往为一些微不足道的缘由而动感情，在情绪上产生波动和挫折，但很少在外表上表现自己的情感。抑郁质的人外表温柔、恬静，在行动上表现得非常迟缓，常常显得忸怩、腼腆、优柔寡断、迟疑不决。他们尽量摆脱抛头露面的活动，喜欢独处，不愿意与他人交往。在遇到困难和危险时，常常有胆怯畏缩、惊慌失措的表现。但是，抑郁质的人具有较高的敏感性，他们思想敏锐，观察细致，谨慎小心，常常能观察到别人观察不到的东西，体验到别人体验不到的东西，有的心理学家把抑郁质的人的这种特点称为艺术气质。抑郁质的人大多是一些情感深厚而沉默寡言的人。

以上是四种典型的气质及其行为表现。在现实生活中，属于上述典型气质类型的人是很少的，大多数人都是以某一类型的气质为主，同时兼有其他类型的一些特点，即属于中间类型。因此，在观察某个人的气质时，应根据实际情况具体分析其特点，而不能根据典型气质的一般特征进行简单的推测。

人的气质对行为、实践活动的进行及其效率有着一定的影响，因此，了解人的气质对于教育工作、组织生产、培训干部职工、选拔人才、社会分工等方面都具有重要的意义。

气质本身无好坏之分，每一种气质都有积极和消极两个方面。如多血质的人情感丰富，工作能力强，易适应新的环境，但注意力不够集中，兴趣容易转移，无恒心等。气质不能决定一个人活动的社会价值和成就的高低。据研究，俄国的四位著名作家就是四种气质的代表，普希金具有明显的胆汁质特征，赫尔岑具有多血质的特征，克雷洛夫属于黏液质，而果戈理属于抑郁质。气质虽然在人的实践活动中不起决定作用，但是有一定的影响。气质不仅影响活动进行的性质，而且可能影响活动的效率。例如，要求做出迅速灵活反应的工作对于多血质和胆汁质的人较为合适，而黏液质和抑郁质的人则较难适应。反之，要求持久、细致的工作对黏液质、抑郁质的人较为合适，而多血质、胆汁质的人又较难适应。在一般的学习和劳动活动中，气质的各种特性之间可以起互相补偿的作用，因此对活动效率的影响并不显著。

2. 旅游者的气质类型及服务对策

兴奋型旅游者性情急躁，在候车、办手续、进餐、结账时，稍需等候就会很不耐烦，显得心急火燎。他们对人热情，容易兴奋激动，喜欢大声说话，说起话来爱打手势而且直率不顾场合。他们走路做事手脚常很重，有些毛手毛脚；喜欢显示自己的长处，乐于助人，有冒险精神，喜欢参与富于刺激性的活动。他们不善于克制自己，有了问题会大声吵闹，遇到麻烦易发火动怒，一旦激动就难以平静。他们也常忘事丢失东西。接待这类客人应做好以下几点：服务速度快，开房、送餐、结账等效率高，不要拖拉；避免与他们争执冲突，出现矛盾时要主动回避，不要激怒他们；注意提醒他们不要丢失东西。

活泼型旅游者活跃大方，面部表情丰富，爱说爱笑，显得聪明伶俐。他们爱交际，常主动与服务员攀谈，拉家常，建立友谊。他们喜欢打听消息，对各种新闻感兴趣。他们爱热闹，喜欢参加新颖、热烈、花样多的活动，受不了寂寞和孤独。他们富有同情心，服务员有事愿和他们商量，容易取得他们的谅解。接待这类客人应做好以下几点：多介绍、安排新奇有趣、富有刺激性的活动；对他们主动热情的交谈要诚恳以待，不要不理不睬；提供服务速度快，多变花样，避免呆板。

安静型旅游者温和而稳重，不苟言笑，不爱与服务员攀谈，说话做事慢慢腾腾。他们喜欢清静，恋旧，不喜欢经常变花样。他们不容易受感动，面部表情不丰富，常给人一种捉摸不透、难以接近的感觉，若有事与他们商量，他们会考虑很久，显得很谨慎。这类客人喜欢参加节奏轻松的活动，喜欢故地重游，买东西认牌子、保守，对新的活动项目、新的情况接受比较慢。接待这类客人应做好以下几点：安排住房僻静，不过多打扰；活动项目不要安排得太紧凑，内容不要太繁杂；有事交代，应直截了当，说慢点，不要滔滔不绝；凡事不要过多催促，允许他们考虑。

抑制型旅游者喜欢独处，很少在大庭广众之下大声言笑，显得腼腆而羞怯。他们不爱凑热闹，不爱参加过于热烈和有竞争性的活动；在公共场合总是在不显眼的地方默默地待着，不愿成为大家注意的目标。他们说话做事都很斯文，步履轻缓，显得很柔弱。他们不爱交际，不爱主动与人交谈，有什么想法和意见也不愿说出来。他们自尊心特别强，爱因小事怄气。接待这类客人应做好以下几点：

特别尊重他们，处处照顾他们；说话态度温和诚恳，切勿使用命令或指责的方式；不和他们开玩笑，不在他们面前说无关的事，以免引起误会；安排住房清静而不冷僻，随时关照但不打扰他们；有事与他们商量，要把话说清楚，说话慢一点，以免引起他们的猜忌和不安。

（二）性格

性格是心理学最复杂的问题之一，是指人对客观现实的稳定态度和行为方式中经常表现出来的稳定倾向。它是个性中最重要和显著的心理特征。

性格是一个人对现实的态度以及与之相适应的习惯化的行为。性格是个性心理特征中最重要的方面，它通过人对事物的倾向性态度、意志、活动、言语、外貌等方面表现出来，是人的主要个性特点即心理风格的集中体现。人们在现实生活中显现出的某些一贯的态度倾向和行为方式，如大公无私、勤劳、勇敢、自私、懒惰、沉默、懦弱等，都反映了自身的性格特点。性格是在后天社会环境中逐渐形成的，是人格差异的核心。性格有好坏之分，能最直接地反映一个人的道德风貌。

1. 性格的特征

（1）性格的态度特征，即表现个人对现实的态度的倾向性特点。例如，个体对社会、集体、他人的态度，对劳动、工作、学习的态度以及对自己的态度等。

（2）性格的理智特征，即表现心理活动过程方面的个体差异的特点。例如，个体在感知方面，是主动观察型还是被动感知型；在思维方面，是具体罗列型还是抽象概括型，是描绘型还是解释型；在想象力方面，是丰富型还是贫乏型等。

（3）性格的情绪特征，即表现个人受情绪影响或控制情绪程度状态的特点。例如，个人受情绪感染和支配的程度，情绪受意志控制的程度，情绪反应的强弱、快慢，情绪起伏波动的程度，主导心境的性质等。

（4）性格的意志特征，即表现个人自觉控制自己的行为及行为努力程度方面的特征。例如，个体是否具有明确的行为目标，能否自觉调适和控制自身行为，在意志行动中表现出的是独立性还是依赖性，是主动性还是被动性，是否坚定、顽强、忍耐、持久等。

2. 旅游者的性格特点与旅游行为

按一定原则和标准对性格加以分类，可以了解不同性格的主要特点及旅游消费者的行为规律，以揭示性格的实质。由于性格结构的复杂性，在心理学的研究中至今还没有大家公认的性格类型划分的原则与标准。现将有代表性的观点加以简介。

（1）以心理机能优势分类

这是英国的培因（A. Bain）和法国的李波特（T. Ribot）提出的分类法。他们根据理智、情绪、意志三种心理机能在人的性格中所占优势不同，将人的性格分为理智型、情绪型、意志型。理智型的人通常以理智来评价周围发生的一切，并以理智支配和控制自己的行动，处世冷静。这类旅游者讲道理，遇事爱问为什么，对是非好坏观点鲜明，显得自信有见识，有时也会因固执己见而显得偏激或迂腐。这种性格多见于知识分子、学者之类的旅游者。情绪型的人通常用情绪来评估一切，言谈举止易受情绪左右，这类人最大的特点是不能三思而后行。这类旅游者处理事情常凭情绪或兴趣，喜欢感情用事，不过于计较利害得失，他们通常重感情，常显得单纯而天真。这种性格多见于艺术家、妇女等类游客。意志型的人行动目标明确，主动、积极、果敢、坚定，有较强的自制力。这种类型的旅游者游览目的很明确，一旦做出决定，不轻易改变，常见于企业家、政治家之类的旅游者。除了这三种典型的类型外，还有一些混合类型，如理智—意志型。在生活中，大多数人属于混合型。

（2）以心理活动的倾向分类

这是瑞士心理学家荣格（C. G. Jung）的观点。荣格根据一个人里比多的活动方向来划分性格类型。里比多指个人内在的、本能的力量。里比多活动的方向可以指向内部世界，也可以指向外部世界。前者属于内倾型，其特点是处世谨慎，深思熟虑，交际面窄，适应环境能力差。具有典型内倾型性格的人不太多，他们也不爱外出旅游。性格偏向于内倾的旅游者不喜欢到陌生的地方旅游，他们通常选择熟悉的、具有家庭氛围的旅游点，参与节奏轻松的活动项目，喜欢和一两个知心朋友在一个地方逗留较长时间。他们希望事先把旅游行程安排妥当，按部就班地完成游览活动。后者为外倾型，其特点是心理活动倾向于外部，活泼开朗，活动能力强，容易适应环境的变化。这种类型的旅游者喜欢热闹新奇的旅游地，参加热烈的活动。他们希望旅游中常有意想不到的趣事，不愿活动日程安排太死。这种性格类型的划分，在国外已应用于教育和医疗等实践领域。但这种类型的划分，仍没摆脱气质类型的模式。

（3）以个体独立性程度分类

美国心理学家威特金（H. A. Witkin）等人根据场的理论，将人的性格分成场依存型和场独立型。前者也称顺从型，后者又称独立型。场依存型者，倾向于以外在参照物作为信息加工的依据，他们易受环境或附加物的干扰，常不加批评地接受别人的意见，应激能力差。这种类型的旅游者依赖性强，喜欢随大流，总希望别人把一切都安排妥当。他们在有意外情况时，最易惊慌失措。场独立型的人不易受外来事物干扰，习惯于更多地利用内在参照即自己的认识，他们具有独立判断事物、发现问题、解决问题的能力，而且应激能力强。具有这类性格的旅游者有主见，善于独立解决问题，遇事镇静，出现什么意外也不慌张。他们个性强，不愿被拘束太紧，有指挥能力，常受其他游伴的拥戴。

3. 性格和气质的区别和联系

性格和气质是既有密切联系又有区别的两种个性特征。

性格与气质的区别表现在：

（1）气质主要是先天的，它更多地受人的生理特点，主要是神经过程及体液特点的制约；性格则主要是后天的，它更多地受社会生活条件的影响。

（2）气质在社会意义的评价上没有好坏之分，不能笼统地说某种气质是积极的或消极的，不管哪种气质类型的人都可能有杰出成就；性格特征则是品德和世界观的表现，在社会意义的评价上有了好坏之分，它对事业的成功与否有明显的影响。

（3）气质的表现范围较窄，它局限于心理活动的速度、强度、稳定性等方面；性格的表现范围较广，它几乎包含了人的全部心理活动的一切稳定特点。

（4）气质的可塑性较小，变化较慢，它一般不需培养；性格则可塑性较大，变化较快，虽然具有一定的稳定性，但较易改变，它特别需要加以培养。

性格与气质的联系表现在：

（1）气质可以影响性格的表现方式，使同一性格特征带上某种独特的色彩。

（2）气质可以影响性格形成和发展的速度。

（3）性格在一定程度上可以调控、掩蔽和改造气质，使气质的消极因素得到抑制，积极因素得到发展，以便服从于生活实践的要求。

（三）能力

能力是直接影响活动效率，并使活动顺利完成的个性心理特征。能力总是和人完成一定的活动联系在一起。离开了具体活动既不能表现人的能力，也不能发展人的能力。例如，搞外交工作，要具有灵活而敏捷的思维、较好的语言表达、较强的记忆等能力；从事管理工作，要具备一定的组织、交际、宣传说服等能力。只有在能力上足以胜任工作，才能取得良好的工作绩效；否则，工作就不能顺利进行。

能力可以分为一般能力和特殊能力。一般能力是在很多基本活动中表现出来的能力，它适用于广泛的活动范围。例如，观察力、记忆力、注意力、想象力、抽象思维能力等。在西方心理学中把一般能力称为"智力"。特殊能力是表现在某些专业活动中的能力，它只适用于某种狭窄的活动范围。例如，节奏感受能力、色彩鉴别能力、计算能力、飞行能力等。

能力也可以分为基本能力和综合能力。基本能力是指某些单因素能力，即主要通过大脑某一种功能完成的心理活动中表现出来的能力。例如，感知、记忆、思维、肌肉运动等能力。综合能力是在许多基本能力分工合作下完成的活动中表现出来的。例如，数学能力、音乐能力、管理能力等，这些都是由某些基本能力结合而成的综合能力。

在旅游消费活动中，旅游消费者的能力主要表现为对旅游产品和服务的识别能力、挑选能力、评价能力、鉴赏能力和决策能力。这些能力统称为购买能力，是多种能力的综合。研究旅游消费者的能力，能对研究消费者的消费行为以及为旅游消费者提供旅游产品和服务提供重要依据。

四、人格的理论

人格是一个人不同于他人的全部心理特征的总和。为了揭开人格的奥秘，各学派的心理学家不约而同从自己的理论角度对人格进行了研究，致使对人格理论的研究在整个心理学界呈现出多元化的局面。在这里简述精神分析学派、行为主义学派、人本主义学派、人格特征理论学派、认知学派以及生物学取向学派在人格理论上的研究。

（一）精神分析学派的人格理论

在所有的人格理论中，内容最复杂而且影响最大的是弗洛伊德创立的精神分析理论。弗洛伊德的精神分析理论不仅对心理学本身产生了巨大的影响，甚至可以说，20世纪人类文化的每一个方面，几乎都受到精神分析理论的影响。

在弗洛伊德看来，人格是一个整体，在这个整体之内包括彼此关联且相互作用的三个部分，分别称为本我、自我和超我。由于这三个部分的交互作用而产生的内驱力，支配了个人所有的行为。

本我是人格结构中最原始的部分，是遗传下来的本能。本我之内包含着一些生物性的或本能性的冲动，其中又以性的冲动和破坏性冲动为主，这些动机就是推动个人行为的原始动力。本我是受"快乐原则"支配的，由本我支配的行为不但不受社会规范道德标准的约束，甚至由本我支配的一切都是潜意识的。弗洛伊德认为生物需要在人的一生中持续存在，是人格的一个永存的部分，在人一生的精神生活中，本我起了最重要的作用。自我是个体在与环境的接触中由本我发展而来的人格部分。在本我阶段因为个体的原始性冲动需要获得满足，就必须与周围的现实世界相接触，从而形成自我适应现实环境的作用。例如，因为饥饿而使本我有原始性的求食冲动，但是哪里有食物以及如何取得食物等现实问题，必须靠自我与现实接触才能解决。因此，人格的自我部分是受"现实原则"支配的。自我介于本我与超我之间，它的主要功能有：一是获得基本需要的满足以维持个体的生存；二是调节本我的原始需要以符合现实环境的条件；三是管制不为超我所接受的冲动；四是调节并解决本我与超我之间的冲突。由此可见，自我是人格结构中的主要部分。超我是在人格结构中居于管制地位的最高部分，是由于个人在社会化的过程中将社会规范、道德标准、价值判断等内化之后形成的结果。平常所说的良心、良知、理性等，都是超我的功能。本我寻求快乐，自我考虑到现实环境的限制，超我则明察是非善恶。所以，超我是本我与自我的监督者，它的主要功能有：一是管制社会所不接受的原始冲动；二是诱导自我使其能以合乎社会规范的目标代替较低的现实目标；三是使个人向理想努力以达成完美的人格。

本我、自我、超我三者不是完全独立的，而是彼此交互作用而构成人格整体。一个正常的人，其人格中的三部分经常是彼此平衡而和谐的。本我的冲动应该有机会在合乎现实的条件下，并在社会规范许可的范围内，获得适当的满足。

由于精神分析是在精神病的治疗实践中产生的，所以多研究问题人格，比如弗洛伊德在人格理论的研究中主张人性是暴力的、自我中心的和冲动的。由于精神分析的理论根基是无意识，所以其人格理论侧重研究潜意识、情欲、动机及人格等更深一层的内容。弗洛伊德提出的本我—自我—超我的三部人格结构更多的是分析无意识对人格塑造的影响，荣格总结人格结构是由意识、个体潜意识和集体潜意识三个层面构成的。由于精神分析在很多理论上的不可证伪性，致使其很多的研究包括人格理论的研究不是采用有控制的实验室实验方法，而是运用临床观察法。此外，精神分析的人格理论的研究特点还表现在偏重儿童的早期经验，强调人格形成和发展的本能决定论，在人格的发展上忽视了人的一生是个连续发展的历程。

（二）行为主义的人格理论

由于行为主义只注重研究人的外在可观察到的行为而忽视对人意识的研究，所以多研究学习人格。所谓学习人格是指人格是各种习得性行为的结果，其人格与行为密切相关。华生把人格看作一切动作的总和或者是各种习惯系统的最终产物。斯金纳认为人格是通过操作条件反射而形成的一种惯常性的行为方式。由于行为主义强调情境的特殊性，比较重视外部环境的刺激，所以其不太热衷于探讨人格的结构。斯金纳认为自我、特质和需求都是不必要的概念，只要用操作性的方法就可以预测和控制可被接受的行为。多拉德和米勒认为人格的主要结构是由习惯或刺激—反应联结物构成的。由于行为主义理论建构的客观主义，所以其人格理论的研究多采用对行为的观察和实验的研究方法。华生提出研究一个人的人格的五种方法：①研究一个人受教育的情况；②研究一个人的成就；③运用各种心理测验；④研究一个人的业余爱好；⑤研究一个人在生活情景中的情绪表现。

此外，行为主义的人格理论特点还表现为片面强调环境和教育的作用，忽视人的主观能动性，在人格的动力研究上是典型的环境决定论。

（三）人本主义的人格理论

与弗洛伊德的问题人格相对立的是人本主义，人本主义更多的是研究健康人格的问题。马斯洛认为人有积极向上的潜能和能力，可以形成一个良好的人格结构，其研究关注的对象全部是正常的、最健康、最优秀的人。罗杰斯认为每个人都有一种力求使自己得到最大发展的心理倾向，每个人都有自己独特的潜能、个性和价值观，所以要尊重个体的经验和感受。与精神分析一样的是人本主义在研究人格结构时也注重研究人的意识经验，但与精神分析不同的是人本主义更强调人的主观能动性。罗杰斯在建构其人格结构时虽然采用了自我概念，但他更强调自我的主观能动性的方面，他在自我的结构上提出了理想自我的概念。在研究方法上人本主义改变了传统科学特别是心理学的许多缺陷，其根源在于以方法中心或者技术中心的态度来解释科学局面，提出了以对个人或社会有意义的问题为中心，以心理现象的本质为中心的观点。马斯洛在研究中多采用整体分析法、问题中心法以及自我实现的测量方法。罗杰斯在他的治疗实践中提出了一种全新的治疗理论和治疗方法——来访者中心疗法。此外，与精神分析不同的是人本主义一开始就主张人性本善，而与精神分析相似的是在人格动力的研究上人本主义也是本能决定论，这就与行为主义的环境决定论形成了鲜明的对比。

（四）人格特质取向的人格理论

特质理论认为，人格是由许多特质要素构成的。所谓特质，是指在人的行为中一贯性的具有倾向性的东西。如开朗的、好发脾气的等都属于特质。特质论者认为特质在各个人之间只有量的差别，而没有质的不同。也就是说，人们都有共同的人格特质，只是因量的不同才产生人们之间的差别。特质理论在英国和美国比较流行，其代表人物有阿尔波特、卡特尔、艾森克等。

特质研究取向的人格理论具有如下特点：①人格具有概括性和持久性。人格结构一旦形成，便具有相对的稳定性。②人格具有整体性。人格是由许多特质组合而成的有机整体，个体的人格是由某些特质在某种程度上的整合。③人格具有个体差异性。正如奥尔波特所说的"没有两个人会有完全相同的特质"，也没有两个人会有完全一样的人格。④人格具有动力性和自主性。人格是个体行为内部的动力系统，是行为的基础和原因，是行为的策动力。⑤人格能够预测行为。人格一旦形成，就具有相对的稳定性。此外，人格特质取向在人格动力的问题上是心理动力论，人格特质取向存在对特质概念的解释不清、采用的因素分析法受到批评和争议等问题。

特质研究取向的形成一方面是受到了格式塔心理学和机能主义心理学的影响，另一方面批判了古典精神分析和早期行为主义。特质研究取向吸收了格式塔心理学的整体研究、现象研究，也继承了詹姆斯关注自我、关注意识的研究倾向。特质研究取向批判了古典精神分析过分强调无意识的研究，反对其以病态人格作为主要研究对象，否认人类目前的行为受制于早期的经验或冲突。特质研究取向反对行为主义将人视为一个纯粹的反应机器，认同行为主义强调动机经由学习历程而渐趋分化的说法。

（五）认知学派的人格理论

由于认知学派重视对知识的内部建构过程，所以多采用建构的观点来研究人格。凯利认为人格的核心概念是建构，建构是人们用来解释世界、分析世人的观点，是人们用来对事件整理分类的一种概念，也是人们看待并控制事件的思维模式。认知学派把人格结构研究引向了认知向度。凯利假设人格结构是由一组独特结合的建构群所组成的复杂系统。个体差异就表现在个体所拥有的建构性质、数量、质量和组合方式的不同上。班杜拉在社会学习人格理论中强调自我强化和认知过程的重要性。在研究方法上，也凸显了客观的特点。凯利在人格研究上多采用角色建构测验和固定角色疗法。班杜拉在研究方法上并不使用自由联想、梦的分析或投射技术等方法，而主要是采用实验法。在人格动力的研究上，凯利的认知理论是心理动力论，而班杜拉的社会学习理论则是人格的综合动力论。

（六）生物学取向的人格理论

生物学取向的人格研究的主要特点有：①强调人脑是人格的主要物质基础。脑的局部病变或受伤会导致人格和行为的改变，同时人格的异常也会影响大脑的正常发育和活动。②在生物基础上构建人格的理论模型。泽克曼的人格心理生物模型包含有三个层次，即生理基础、行为和人格特质。③具有人格的基因研究倾向。比如寄养儿童和双生子的研究，社会生物学的新方向，重视环境测量中的基因变化。此外，生物学取向的人格动力研究是人格的综合动力论。

第二节　人格类型与旅游行为

旅游者的人格特征与旅游者的行为之间的关系既十分复杂又紧密相关。通过对旅游者的人格类型的分析，旅游工作者能更好地预测和引导旅游者的行为。

一、人格类型的划分

关于人格类型的划分有两种方式，一种是基于纯心理学理论研究的成果，例如，内倾或外倾，男性气质或女性气质，内控型或外控型，自尊或自卑等。另一种是出于应用的需要而划分出的人格类型，例如霍兰德以自己的职业咨询经验为基础划分的六种"人格性向"，分别为现实型、研究型、艺术型、社会型、企业家型和传统型；经济学家从消费行为特点的角度把人划分为多虑型、文静型、不拘礼节型、性情急躁型、友好型等。本章仅介绍心理学理论研究上关于人格的分类成果，并借鉴谢彦君主编的《旅游心理学》一书中关于人格类型的介绍。

（一）内倾、外倾

最早在心理学领域内规范化地使用内倾和外倾这一概念的是心理学家荣格。他认为人在与周围世界发生联系时，人的心灵一般有两种指向，一种是指向个体内在世界，叫内倾；另一种是指向外部环境，叫外倾。具有内倾性格特点的人一般比较沉静、富于想象、爱思考、退缩、害羞、敏感、防御性强；而外倾者则爱交际、好外出、坦率、随和、轻信、易于适应环境。内倾和外倾实际上是个连续体，而不是各自独立的两个极端。大多数人处于内倾和外倾这一连续体中的某一位置上，绝对内倾或外倾的人并不多见。

从旅游工作的特点看，在选择不同工作岗位员工时就要有所区分。例如，导游员、餐厅服务员、从事公关或营销以及大堂的一些工作人员，就应该是具有外倾性格特点的人。而客房服务员、物品保管员、收银员等就应该选择那些有内倾特点的人。

（二）男性气质、女性气质

所谓男性气质是指有进取心的、喜欢专断和控制人的，而且独立性较强；而女性气质指的是温和的、能容忍的、细腻的，有依赖性的。一般而言，男人更多地具有男性气质，女人更多地具有女性气质。但这并不是绝对的，有的男人具有女性气质，如较温和、能容忍；同样，有的女人具有男性气质，有进取心、爱控制人。

依据酒店工作的特点，服务人员更多地选择女性，这主要是基于女性有更多的女性气质，而这种特点是适合于服务工作的。需要注意的是，有些女性也具有男性气质。所以仅仅依靠性别这一生物特性来选择服务员是不够的，还要考察其心理气质。

（三）内控型、外控型

内控型的人，坚定地认为自己是自己命运的主宰，只有自己才能控制自己的命运。这种人独立性强，不容易受外界影响而改变自己的行为。这种人如果碰到了好事，则认为是自己努力的结果；如果遇到倒霉事，也只怪自己，认为是自己造成的，因而这种人从不怨天尤人。外控型的人则相反，他认为一切事情都是命运主宰的，自己只是处于被动地位。因此，无论成功或失败，他们总认为是外力的结果。比如，面对一次升迁机会，如果没能如愿，内控型的人会认为自己还不合格，可能是自己工作干得还不太出色或资历不够；而外控型的人则可能会骂领导，认为是领导不公正。

从文化心理上看，我国外控型人居多。例如，我们说到成功时，最常提到的是外部条件，即天时、地利、人和之类，而对自己在成功中所扮演的角色很少提及。而一个合格的旅游工作者应该是内控型的人，工作中有自信心，有主动性，使客我交往能顺利进行，在遇到问题时，能从自身找原因，不相互推诿、抱怨，不指责客人，这样才能搞好服务工作。

（四）自卑、自尊

把人分为自卑、自尊两大类型也是一种心理学的基本观点。所谓自卑，就是认为自己软弱、无能，对自己评价较低；自尊则是自视较高，认为自己了不起，自己估计过高。一般情况下人们有时会有自卑感，这并不表明这个人有问题或不正常，相反它会构成一种追求卓越的力量，促使人做出更大的努力，最终获得成功并因此而产生优越感。但是如果过于自卑的话，就可能摧垮一个人，导致其整日唉声叹气，最终一事无成。有时人们为了掩饰自卑心理以求得心理平衡，会显出很高傲的样子，表现出强烈的自尊。但这种高傲假象很容易被识破。因为这种高自尊的人比较敏感、脆弱，而且攻击性较强，一有机会就会贬低别人以抬高自己。这种人通常不会有所作为，只是小心翼翼地把自己笼罩在高傲的幻象中，欺骗自己以求自安。

旅游服务工作者有一定的自尊感是必要的，保持自尊是维持与他人正常交往的前提，也是做好服务工作的心理条件。自卑心强，会表现得敏感、攻击性强，容易与客人发生冲突；而自尊心太强则很难"低下头来"为客人服务，难以履行自己的角色职责。所以，旅游服务工作者既不能过分自卑，也不能优越感太强。

（五）五维度模型

学者通过因素分析法得出五项人格因素是最基础的维度：

外倾性：善于社交、言谈、决断、自信。

宜人性：随和、合作、信任。

责任性：责任感、可靠性、持久性和成就倾向。

情绪稳定性：平和、热情、安全或者紧张、焦虑、失望和缺乏安全感。

开放性：一个人幻想、聪慧和艺术的敏感性方面的人格维度。

五维度模型是当前被广泛接受的一个人格理论，尤其在管理领域，这个理论具有很好的适用性。

二、人格类型与旅游消费行为

（一）普洛格的旅游者类型理论

美国心理学家斯坦利·普洛格（Stanley Plog）博士建立了一种连续统一心理图示。该图用"安乐小康型"及"追新猎奇型"来表示美国人的人格类型，并分别位于两个极端。美国人人格类型在这两个极端呈正态分布，见图6-1。如图6-1所示，极端的安乐小康型和追新猎奇型人比较少，大多数人属于两者之间的类型。普洛格还阐述了安乐小康型和追新猎奇型的人在旅游行为上的明显差异（如表6-2所示）。

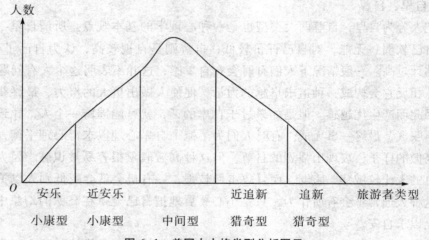

图 6-1 美国人人格类型分析图示

表6-2　　　　安乐小康型和追新猎奇型旅游者的旅游行为差异

安乐小康型	追新猎奇型
喜欢熟悉的旅游地	喜欢人迹罕至的旅游地
喜欢老一套的旅游活动	喜欢获得新鲜经历和享受新的喜悦
喜欢阳光明媚的娱乐场所	喜欢新奇的不寻常的旅游场所
活动量小	活动量大
喜欢乘车前往旅游地	喜欢坐飞机前往旅游地
喜欢设备齐全、家庭式饭店、旅游饭店	只求一般的饭店，不一定要现代化大饭店和专门吸引旅客的商店
全部日程都要事先安排好	要求有基本的安排，要留有较大的自主性、灵活性
喜欢熟悉的气氛、熟悉的娱乐活动项目，异国情调要少	喜欢与不同文化背景的人会晤、交谈

显然，安乐小康型的人强烈要求生活具有可预见性，喜欢熟悉的旅游环境，不具有冒险精神。他们以休息和松弛为主要旅游动机。他们理想中的度假旅游应该是有条不紊、事先都安排好的，包括旅游的全部活动、旅游设施、餐馆以及提供接待等方面。对追新猎奇型的人而言，在他们的生活中不需要事先的预料和安排，喜欢冒险、刺激，渴望出现不可预见的事物。他们理想中的度假旅游应该是无法事先估计到，而且是复杂多变的。他们喜欢光临那些鲜为人知的旅游地，喜欢去国外，喜欢乘飞机，还喜欢跟不同文化、不同历史背景的人交谈，从而避免意料之中。

安乐小康型和追新猎奇型的人所喜欢的旅游地也不同。图 6-2 说明了安乐小康型和追新猎奇型的主要人格特征影响到他们对度假旅游区的选择。

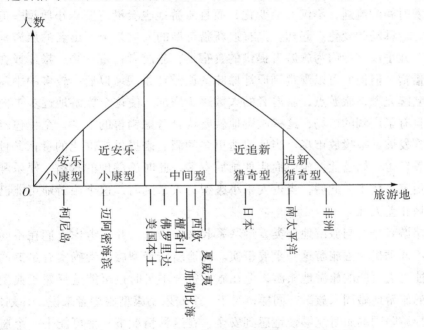

图 6-2　美国人的人格类型与旅游地关系的分布曲线

图 6-2 实际上表明了旅游者人格类型及其感兴趣的旅游点之间的关系。典型的安乐小康型人一般对非常成熟的旅游地如柯尼岛、迈阿密海滨和蒙特利尔特别感兴趣。这些地方已有千百万人游览过，是体现一致性和可预见性的旅游地。典型追新猎奇型的人，由于爱冒险、好奇、精力充沛、性格开朗，一般对新奇的旅游地，像南太平洋、非洲和一些东方国家特别感兴趣。所谓中间型的人，是既不很爱冒险，也不很害怕旅游的人，他们是整个旅游市场的主力军。他们对夏威夷、加勒比海、欧洲和墨西哥这些旅游地特别感兴趣，这些旅游地对他们来说似乎是

陌生的、不熟悉的，但又不完全如此。许多美国人已经游览过这些地方，并带回种种趣闻与录像，结果使这些"原本"陌生的地方变得不那么不可预见了。通常当今最受欢迎的旅游地也将被他们喜爱。

可是，随着时间的推移，旅游者的经历不断增加，期望收获更多的旅游乐趣，某些人的行为会沿着图 6-2 中安乐小康型—追新猎奇型的方向从左向右移动。人们有时会变得更加冒险和活跃，使安乐小康型的人发生变化，愿意尝试一点冒险和不可预见性，中间型的人变成近追新猎奇型的人。这些说明了曾游览过迈阿密、加勒比海、英国、西欧的人，以后又到南美、东欧、日本、南太平洋和非洲去旅游的原因。当然旅游行为这种态度上的转变是一个长期的过程，安乐小康型的人不会一夜之间就变成勇敢、冒险、开朗的人。

随着时间的流逝，不仅人会变化，而且旅游地也会沿着安乐小康型—追新猎奇型的方向移动和变化。起初，只有追新猎奇型的人对某个不出名的旅游地感兴趣，这时几乎没有专门为旅游者提供的食宿地，旅游者自带食物、帐篷或在当地居民家借宿，但他们可以观赏到原汁原味的旅游地景观。以后，较多的中间型人也开始陆续光顾该旅游点，旅游者的人数逐渐增加，使这个旅游地逐步走向商业化。一旦有了广阔的市场，这些旅游地就要认真考虑销售的方法，全程包价旅游因此得到发展并被投放市场。当地建造更多的酒店来提供标准化的食宿条件，家庭式的餐馆也开始营业，旅游商店如雨后春笋，此时旅游地的食宿、娱乐和活动也变得更家乡化了。此后，当近安乐小康型的人来到时，这个旅游地可能已与故乡的风情相差无几。

把旅游者分类与旅游地分类直接联系起来的做法，并未考虑人们在不同场合会出于不同动机而去旅游这一重要事实。当追新猎奇型旅游者确实有足够的资金时，可能会去相应的旅游地旅游，但在旅游资金不足时也可能选择属于典型安乐小康型的旅游地做周末旅游。同样，对于一个安乐小康型旅游者来说，计划周详、有全程导游陪同的旅游能够使他感到安全，在这种情况下，他可能去一个遥远的地方旅游。

综上所述，普洛格的旅游者人格类型和旅游地类型间的直接联系，只能是一种相对的、不稳固的联系。

（二）其他的旅游者类型理论

为了更好地理解旅游者的人格和旅游行为的关系，我们可以从多个侧面来进行分析。

1. 根据旅游者在生活中的表现来划分

根据旅游者在生活中的表现或与他人之间的关系，旅游者可以划分为以下几种类型：

（1）神经质的旅游者

"神经质"一词更多地用在变态心理学中，指的是具有敏感、易变等不完善人格的人。神经质的旅游者的特点是：厌倦的、脾气乖戾的；急躁的、大惊小怪的；兴奋的、易激动的；无礼的、事事挑剔的；敏感的、难以预测的。

这类客人最难服务，对服务人员是最大的挑战。通常情况下这类客人比例较小。但随着社会的发展，生活节奏日益加快，外在压力的增大，人们体验到的失败感越来越多，导致神经质的旅游者有增加的趋势。从旅游业的角度来说，没有选择客人的权利，只能给客人以舒适、抚慰、尊严。

（2）依赖性的旅游者

具有依赖性的旅游者的特点是：羞怯的、易受感动的、拿不定主意的。

这类客人包括人格不健全的幼稚性人格者、初次出门的旅游者、年老和年幼难以自理者以及不熟悉情况的外国客人。

这类客人需要更多的关注和同情，他们需要详细掌握旅游业所提供的服务项目、收费情况等。对这类客人如果不能给予充分关注，他们便难以充分享受和消费旅游业所能提供的各种产品，从旅游业角度看也就失去了商机。

（3）使人难堪的旅游者

使人难堪的旅游者的特点是：爱批评的、漠不关心的、沉默寡言的。

这类客人的心中好像有许多不平事，属于原则对外的那类人。他们只是对别人提要求，而很少理解和关心别人。他们也从不由己推人，进行心理换位。因此，对这类客人要谨慎、周到、注意细节，在服务过程中要给予更多的关注。

（4）正常的旅游者

除了以上三种类型的旅游者以外，绝大多数的旅游者是属于有礼貌、有理智的正常的客人。对于这些正常的旅游者，服务人员可以充分发挥自己的聪明才智，把各种服务充分有效地提供给他们。

2. 根据生活方式划分

生活方式是指社会生活的形式，它作为一种综合性的人格特征，与人的日常生活中的各种行为关系密切。根据生活方式划分，旅游者的类型有以下几种：

（1）喜欢安静生活的旅游者

这类旅游者重视家庭，关心孩子，维护传统，爱好整洁，而且对身体健康异常注意。尽管他们也有足够的钱用来旅游，但他们更愿意将较多的钱用来购置家具，花更多的时间维修和粉刷房屋等。当然，他们对于一次幽静的度假也会十分向往。一般情况下，他们选择的旅游目的地大多是环境宜人的湖滨、海岛、山庄等旅游区。他们喜欢这里清新的空气、明媚的阳光，喜欢去狩猎、钓鱼、与家人野餐。这种人喜欢平静的生活，不愿意冒任何风险，而且对广告从来都抱怀疑态度，尤其是报纸和杂志上面的广告。

了解了这类旅游者的特点以后，我们就可以知道哪些产品和哪些产品宣传方式符合这一类人的需要、价值观、爱好和态度。因此，在激发这一部分人的旅游动机、引导他们的旅游行为时，就应该着重强调该旅游目的地能够提供全家在一起度假的机会，这里有助于培养孩子们对户外活动的兴趣。比如告诉他们这里的空气有多么清新，环境是多么清洁等。

（2）喜欢交际的旅游者

这类旅游者活跃、外向、自信、易于接受新鲜事物，他们喜欢参加各种社会活动，认为旅游的含义不能局限于休息和轻松，而应该把它看成结交新朋友、联络老朋友、扩大交往范围的良好时机。他们还喜欢到遥远的有异国情调的旅游目的地去旅游。总之，他们是敢作敢为的，活跃的，对新经历充满兴趣的。

（3）对历史感兴趣的旅游者

对历史感兴趣的旅游者认为旅游应该有教育意义，能够增长见识，而娱乐只是一个次要的动机。他们认为旅游是了解他人、了解异地的习俗和文化的良机，是丰富自己对形成今天这个世界产生过影响的历史人物和事件的了解的良机。对历史感兴趣的旅游者之所以对受教育和增长见识如此重视，是因为他们把自己的家庭和孩子看成生活中最重要的部分，认为帮助教育孩子是做家长的主要责任。因此他们认为假期应该是为孩子安排的，并且认为全家能在一起度假的家庭是幸福的家庭。因此，要想吸引这一类人去旅游，在旅游景点的宣传上就要突出其所能提供的受教育、长知识的机会，并强调全家可以在一起度假。

3. 根据旅游者的其他因素对旅游者的划分

斯太瓦特（Sitewart，1993）对英国度假旅游者需求和愿望的变化进行了研究，提出了一个度假行为模型。该模型建立在实际观察的基础之上，比如人们越富裕就越愿意外出旅游，旅游的经验就越丰富；旅游经验越丰富，他们就越想去旅游；而且随着他们的富裕程度和旅游经验的不断提高，他们会更具冒险精神、更加自信。

根据人们的富裕程度和旅游经验将个体旅游者的度假分为四个层面，在每个层面中，不同的旅游目的地所受欢迎程度有所不同，而潜在的旅游动机和对旅游产品的需求也有不同。

（1）第一层面——纯观光型旅游者

这是最初级层次的旅游者，其特征是富裕程度较低，缺乏旅游经验。他们旅游主要是出于好奇，传统的包价旅游是理想的选择。斯太瓦特借用厄里提出的"透明罩旅游"概念，即旅游者可以一睹外国文化却不必深入其中。"透明罩"使游客免遭来自异国环境的不同生活方式的干扰，并给予他们旅游的基本信心。

（2）第二层面——追求理想经历的旅游者

这个层面的旅游者富裕程度稍高，并且具备了跨国旅游的基本经验。这使他们更自信，表现得更加冒险、更加灵活和具有更多自主性，倾向于文化和地域差异更为明显的度假地。

（3）第三层面——开阔眼界的旅游者

旅游者的富裕程度和跨国旅游经验都有较大提高。他们有信心去尝试更大范围文化的体验，无论对环境熟悉与否。他们对独立和自由的渴求表现为更加以自我为导向的、范围更大的旅行。

（4）第四层面——完全沉浸的旅游者

最后，旅游者几乎达到超越旅游的层次。他们的旅游动机不是感受地道的外国文化，而是创造出犹如该国本地人的文化体验，完全融入该国的语言、文化、传统和生活方式中。

● 第三节 人格结构与旅游行为

人的人格具有稳定性，但这种稳定性只是一种倾向。人们的人格和行为不是完全可以预料的，否则，世界会变得毫无生气。这一节把人格分为几个组成部分，来解释这种不稳定性和不可预测性，借以理解人格是如何作用于行为，尤其是旅游行为的。

一、人格结构：三个自我形态

1964年，加拿大临床心理医生埃里克·伯恩博士在其专著中提出了一种新的人格结构理论。该理论把人格分成三个部分，或者说人格是由三种自我形态构成的，它们分别是"儿童自我形态""父母自我形态"和"成人自我形态"。伯恩博士的这三种自我形态大体上和本章人格理论部分提到的弗洛伊德的"本我""超我"和"自我"相对应。每种形态都是思维、感情和行为的单独来源。在任何情况下，人的行为都受到这三种人格形态或其中之一的支配。

（一）儿童自我形态

个体首先形成的自我形态就是儿童自我形态。儿童自我形态由自然产生的情感、思想和行为所构成，也包括个体用以适应情绪所需要的知识。它是一个人经受到挫折、失望、快乐以及缺乏能力而形成的个性部分。此外，也是好奇心、创造力、想象力、自发性、冲动性及生来对新发现表示向往的源泉。

儿童自我形态支配玩耍性的或自然表述性的行为，也就是支配属于情感和情绪的那一部分个性，包括大部分的要求、需要和欲望。当个人感到需要什么东西时，正是儿童这一自我形态表达了他的欲望。儿童自我形态支配了个人的要求、需要、欲望、情感和情绪。在儿童自我形态的支配下，人总是感情用事的。"儿童自我"不懂得什么叫"合理"，什么叫"应该"，他只懂得什么能让他高兴。作为行为决策者，"儿童自我"只有一条原则，即高兴就干，不高兴就不干，所以我们说他是一位感情用事的行为决策者。

随着年龄的增长，人会变得越来越懂事，但是人的儿童自我形态却像一个永远长不大的孩子，永远那样感情用事。一个人不管年龄有多大，当他表现出他的儿童自我形态时，他就仿佛又回到了他的童年时期，或者说他又变成了那个童年时期的他。

（二）父母自我形态

父母自我形态是行为、态度的来源，这些行为和态度通常是个人向自己的父母或向某些父母辈的人学习模仿来的，它也是个人的见解与偏见、基本知识以及是非感的主要来源。

父母自我形态以权威和优越感为标志，是一个"照章办事"的行为决策者，通常以居高临下的方式表现出来。父母自我形态具有两面性：一方面是慈母式的如同情、安慰，另一方面是严父式的如批评、命令。如当人们大声地斥责或判断是非时，以及纠正某人的错误或行为举止时，父母自我形态起指导作用。父母自我形态支配人们有关批评、教诲、指点、教训及道德方面的行为，并为人们立下规矩。

（三）成人自我形态

成人自我形态是理性思维和客观的信息加工的人格部分。成人自我形态指导理性的、非情绪的、较客观的行为，即指导解决问题。为了使具体问题处理得当，成人自我形态还检验寓于父母与儿童两种自我形态中的材料。

成人自我形态同年龄无关，每个人甚至连小孩都具有一种估计现实能力的成人自我形态。精确地说，它适应当前现实并客观地汇集信息。它是有条理的、适应性强的、明智的。它通过检验现实、估计可能性、公正地计算、以事实为基础做出判断的方式起作用。

一事当前，是感情用事还是照章办事，是面对现实、认真思考还是自以为是，这要看是哪一个“自我”在个人的行为决策中起主导作用。在处理生活中的各种问题和与人交往时，能够让成人自我形态在自己的行为决策中起主导作用是心理成熟的一个重要标志。

伯恩博士和托马斯·哈里斯（T. Harris）为上述三种自我形态提供了一组语言表现和非语言表现，见表 6-3。

表 6-3　父母、成人和儿童的自我形态表现

	语言表现	语调	非语言表现
父母自我形态	按理，应该，绝不，永远不，不总是，不对，让我告诉你应该怎样做 评论的言语：真棒，真讨厌你，真可笑，淘气，太不像话了，胡扯 别再这样做了！你又想干什么 我跟你说过多少遍了！现在总该记住了，好啦，小家伙，宝贝，可怜的东西，可怜的，亲爱的	高声（批评） 低声（抚慰）	皱眉头，指手画脚，摇头，惊愕的表情，跺脚，双手叉腰，搓手，嘬舌，叹气，拍拍别人的头，死板，摆出西点军校教官的派头
成人自我形态	为什么，什么，哪里，什么时候，谁，有多少，怎样，真的，假的，有可能，我认为，依我看，我明白了，我看	几乎像电子计算机那样准确无误	直截了当的表情，舒适自如，不很热情，不激动，漠然
儿童自我形态	孩子的口吻： 我想要，我不知道，我不管，我猜，当我长大时，更大，最大，好得多，好极了	激动 热情 高而尖的嗓门 尖声嚷嚷 欢乐 愤怒 悲哀 恐惧	喜悦，笑声，咯咯笑，可爱的表情，眼泪，颤抖的嘴唇，噘嘴，发脾气，眼珠滴溜溜地转，耸肩，垂头丧气的眼神，逗趣，咬指甲，扭身子撒娇

父母、成人、儿童这三种自我形态的每一种形态，在一个情绪健康的人身上都起作用。例如，当有人需要安慰、同情时，或当别人需要纪律的约束时，一般由父母自我形态支配这两种情况。当某人在安排家庭经济收支，或努力解决工作中的复杂问题时，成人自我形态通常起支配作用。当一个人积极寻求欢乐，如度假旅行，在室内打垒球，或看电影时，通常是儿童自我形态在支配他的行动。

如果一个人的行为只受一种自我形态的约束，那他很可能存在一个非常严肃的，要专门帮助的人格问题。比如，恒定父母自我形态活动的人，常常把他周围的人看成他的孩子。恒定成人自我形态的人通常令人讨厌，他和别人的关系可能闹得很僵，因为他不让爱管事的父母自我形态和爱玩的儿童自我形态起作用。而

恒定儿童自我形态的人永远是个小孩子，不想长大成人，自己不做决定，也不对自己的行为负责。

二、自我形态和旅游消费行为

人格中的三种自我形态相互独立、相互制约、共同参与决策。这三个"自我"分别用感情、权威和理智来支配人的行为，它们是人们内心世界中的三个不同的"行为决策者"。这为分析旅游者的各种旅游决策提供了富有启发性的依据。一个人去不去旅游、选择什么样的旅游目的地、采取什么样的旅游方式，其三个"自我"都会有不同的观点，并负责指挥各种不同的行为。如果这三种自我形态的观点不一致，旅游决策就不能形成。

娱乐性旅游的许多主要动机，显然来源于儿童自我形态。请记住儿童自我形态表示人格中"我要"这一部分内容。儿童自我形态对个人的大部分情感负责。如果个人在工作、生活中厌烦了，需要旅游所能提供的那种刺激，可能就是儿童自我形态要通过旅游忘掉厌烦。如果旅游是出于好奇心，或出于探索和发现的需要，儿童自我形态则表示"我们去吧"；如果旅游是因为想玩，这时儿童自我形态便发出"去玩"的强烈呼声；如果旅游的动机是娱乐，那么，不管娱乐对个人意味着什么，都是由儿童自我形态指导个人去旅游的。

旅游很容易迎合儿童自我形态。首先是因为旅游将给人以许多乐趣和希望，沙滩、频频摇动的棕榈树、时髦的飞机、举行冠军赛的高尔夫球场、美味的餐馆、舒适的旅馆房间、优美的景色、新奇的事物，还有一些令人激动的事都能激发各种年龄的潜在旅游者的儿童自我形态。旅游广告、对去年度假旅游的美好回忆、四处周游的朋友的第一手资料都促进儿童自我形态形成这些内心的想象。

当儿童自我形态本能地对将带来乐趣的旅游感兴趣时，父母自我形态和成人自我形态通常有保留看法，并对外出旅行提出疑问，特别是父母自我形态可能对儿童自我形态沉迷于外出旅行的欲望表示严重的怀疑。

父母自我形态是个人见解和偏见的主要来源，也是个人的基本知识和是非感的主要来源。父母自我形态包括两个方面，一方面有保护性和教育性，而另一方面有批判性和有权发出各种指示。所谓批判性，它很可能对仅仅为了娱乐而费时花钱去旅游的打算持反对意见。

父母自我形态的旅游动机，主要表现在教育和文化上的益处、家庭团聚、工作之余消除疲劳、义务、地位、声望。如果这些动机被激发起来，就会使父母自我形态同意儿童自我形态通过旅游尽情娱乐。即使父母自我形态已同意儿童自我形态进行旅游后，它还可能坚持已做出的诸如花多少钱、出去多久这样的规定。

成人自我形态用理智来支配人的行为，它在"儿童自我"和"父母自我"之间进行调节和仲裁。它面对现实，理智地看待问题，在"儿童自我"和"父母自我"之间摆事实、讲道理，力争做出合理、公正、客观的旅游决策。当一个人的"儿童自我"和"父母自我"为是否外出旅游而争论不休、僵持不下时，"成人自我"扮演着仲裁者和调节者的角色，发挥着关键性的调和作用，并努力设法使旅游的决策合理化。"成人自我"一方面说服"父母自我"同意"儿童自我"的旅游要求，另一方面则说服"儿童自我"听从"父母自我"的劝告和建议。

此外，成人自我形态负责安排整个旅游活动的相关事项，如搜集外出旅游所需的真实、可靠的信息，是否去旅行社购买旅游产品，安排旅游目的地的吃、住、行，保障旅游活动的安全，制订切合实际的旅游计划等。

旅游工作者了解人格结构中的三个"自我"是十分必要的。从旅游促销的角度讲，旅游促销广告宣传表面上是针对旅游者或潜在旅游者个人，但实际上应该针对人的三种自我形态同时做工作。要想让人们去旅游，就要使旅游者或潜在旅游者内心中的"儿童自我"动心，"父母自我"放心，"成人自我"省心。

让"儿童自我"动心，可以通过形象生动的广告宣传，展示旅游目的地的迷人风采，激发人们的旅游动机。"儿童自我"动心之后，旅游者并不一定立即下决心做出旅游决策，因为照章办事的"父母自我"常常对新鲜事物抱有怀疑态度。这就要求旅游促销广告或人员有针对性地设法理性地说服旅游者的"父母自我"，使其了解该项旅游活动的实际意义和从中可以获得的益处，进而劝说其放弃自己的固有偏见，使其同意"儿童自我"的旅游要求。如果"父母自我"接受了旅游促销广告或人员的观点，它就会放心了，就不会去阻拦"儿童自我"的旅游欲望和要求了。"儿童自我"和"父母自我"都表示同意做出旅游决策之后，作为执行者的"成人自我"要面对现实，了解涉及吃、住、行、游、购、娱等方面的种种具体问题，因此需要收集和处理与旅游决策相关的各种信息和资料，这是一件很费时劳神的工作。如果旅游促销广告和人员能够有针对性地向"成人自我"传输有关旅游产品的各种具体细节，使其在搜集信息方面、做出旅游活动决策方面不至于太费时劳神，"成人自我"就会觉得省心，就可以理智地做出相应的旅游决策。旅游者内心中的三个"自我"都投了赞成票之后，旅游者就可以信心十足地下决心购买该旅游产品，从而使旅游活动成为现实。

案例分析

近年来，出国游学日渐受到追捧。暑假马上到了，正在读小学五年级的小明向母亲提出要去美国游学的要求。考虑到经济因素和时间限制，母亲提出请年假陪小明在国内旅游。结果小明非常不高兴，吵闹着说："同学们有的去新加坡、有的去加拿大、有的去英国，我最要好的朋友都要去美国游学了，为什么我不能去?"接下来，和母亲开始了一周的"冷战"。

请问，小明的这种特点是怎样形成的?

复习与思考

1. 什么是人格?

2. 举例说明影响个性形成和发展的各个因素。

3. 阐述旅游者的气质类型及其服务对策。

4. 说明性格和气质的区别和联系。

5. 在旅游活动中安乐小康型的人和追新猎奇型的人相比，有哪些旅游行为差异?

6. 选择一个旅游目的地，假定你是旅游促销人员，你应该如何运用三个"自我"的理论向旅游者和潜在的旅游者做旅游促销宣传?

第七章　旅游者的学习

学习目标

　　了解学习的基本含义以及学习的基本理论，理解旅游态度的学习，掌握旅游风险知觉、购后失调和旅游者学习的过程。

重点难点

学习的含义及其理论
旅游风险知觉与购后失调

本章内容

学习概述
学习的基本理论
旅游态度的学习
旅游风险知觉
购后失调
旅游者的学习过程

学习是人类最有意义的基本活动。它关系到每个个体的生存和发展，也关系到整个人类社会的延续、进步和发展。旅游者对学习本质特征和规律的认识，探讨学习活动的心理机制，对旅游活动提出有意义的指导也就更加重要。学习对旅游者的行为变化的影响是巨大的，旅游者是不断学习的社会个体，他们需要不断增加和更新旅游知识经验，变换旅游体验，从而不断获得社会个人满足的乐趣和人生激情。当个体产生比较强烈的旅游意向，他会从报纸杂志、电视传媒、亲朋好友、评价舆论等信息手段学习获得相应的知识信息，尤其在信息时代的今天，社会急速发展，旅游者能通过更多的方式和学习来调整自己的行为意向和行为结果。因此，我们必须了解人类学习的现代内涵，理解学习的基本理论，掌握学习的基本技能，以能更好把握旅游者心理的本质。

● 第一节　学习概述

学习是心理学中一个非常重要的范畴。各大心理学派的心理学家从不同的维度、用不同的措辞给予其不同的界定。同时根据不同的假设平台给学习归以不同的类属。

一、学习的界定

一般来说，学习的概念有广义与狭义之分。从广义上说，学习包括了从低等动物到人类在后天生活过程中，通过各种活动、练习而获得行为经验的过程。长期以来，许多心理学家、教育学家和哲学家根据不同的理论基础、研究成果和个人的经验，从不同的角度出发，提出了各自不一的关于学习的定义。例如，心理学家鲍尔和希尔加德就认为"学习是指一个主体在某个现实情境中的重复经验引起的对那个情境的行为或行为潜能变化。不过，这种行为的变化是不能根据主体的先天反应倾向、成熟或暂时状态——疲劳、醉酒、内驱力等来解释的"（鲍尔等，1987）。行为主义心理学家往往把学习定义为有机体由于经验的结果而发生的行为的相对稳定的变化。中国台湾心理学家张春兴也认为"学习是个体经练习或经验使其行为产生较为持久改变的历程"（张春兴等，1994）。日本心理学家山内光哉认为"学习，是由于过去的经验而获得，它不依赖于暂时的疾病、疲劳或药物等心身状态的变化，而是比较持久的行为和行为的可能性的变化"（山内光哉，1986）。美国教育学家杜威（Dewey）则认为，学习即经验的改造和改组的历程。总的来看，这些不同的定义，虽然维度不同，强调的重点不一，但是亦有诸多共同性的地方。总结人们对学习的界定的共同性的地方，我们在理解运用学习这个范畴时，应该注意把握好以下四个方面：

第一，学习是人与动物共有的普遍现象。无论是低级动物或高级动物还是人类，在其整个生活中都贯穿着学习。

第二，学习不是本能活动，而是有机体后天习得经验的过程。有机体有两类行为，一类是先天遗传的经验，另一类是后天的、习得的经验。前一种经验的获得，是通过遗传而实现的；而学习指的是后一种经验的掌握，它要在有机体个体后天生活中实现。随着有机体所处的进化系列位置不同，两类经验在其生存中的重要性也不同。低等动物主要凭遗传经验来生存，习得经验对其生存的意义不大，因此，学习对其生活不是十分重要。而动物的等级越高，其遗传行为越少，学习在其生活中就越重要。

第三，学习表现为个体行为由于经验而发生的较稳定的变化。学习的发生是由于经验所引起的。此种经验不仅包括外部环境刺激，包括个体的练习，更重要的是包括个体与环境之间复杂的交互作用。

第四，不能把个体一切行为变化归之于学习。

二、学习的分类

学习是一种极为复杂的现象，范围广泛，形式多样，层次不一，因此，对学习可以从不同的角度作不同的分类。心理学界主要是从两个不同的维度对学习进行分类的。

（一）第一个维度：按照学习的内容来分

我国心理学工作者一般将学习分为四类：知识的学习、技能的学习、心智的以思维为主的能力的学习以及道德品质与行为规范的学习。知识的学习，主要是掌握反映客观事物的属性、联系与关系的知识与知识体系。技能的学习主要是掌握顺利地进行活动的动作、活动方式或心智活动方式。以思维为主的能力的学习主要是掌握具有高度概括特征的认识能力。道德品质与行为规范的学习则是指掌握一定的社会规范。这种分类与学校的教育实践活动相吻合，适合教育工作的实际需要。

心理学家林格伦按学习内容把学习分为三类：①技能和知识的学习；②概念的学习；③态度的学习。

心理学家加涅也按照学习的内容把学习分为五类：

（1）言语信息的学习。学生掌握的是以言语信息传递（通过言语交往或印刷物的形式）的内容，学生的学习结果是以言语信息表达出来的。

（2）智慧技能的学习。言语信息的学习帮助学生解决"是什么"的问题；而智慧技能的学习要解决"怎么做"的问题，以处理外界的符号和信息，又称过程知识，如怎样把分数转换成小数，怎样使动词和句子的主语一致等。加混认为每一级智慧技能的学习要以低一级智慧技能的获得为前提，最复杂的智慧技能则是把许多简单的技能组合起来而形成的。

（3）认知策略的学习。认知策略是学习者用以支配自己的注意、学习、记忆和思维的有内在组织的才能，这种才能使得学习过程的执行控制成为可能。因此，从学习过程的模式来看，认知策略就是控制过程，它能激活和改变其他的学习过程。

（4）态度的学习。态度是通过学习获得的内部状态，这种状态影响着个人对某种事物、人物及事件所采取的行动。旅游活动目标应该包括态度的培养，态度可以从各具体领域的学习中得到，但更多的是从旅游活动中和家庭中得到。

（5）运动技能的学习。运动技能又称为动作技能，如体操技能、写字技能。绘图技能、操作仪器技能等，它也是能力的组成部分。

（二）第二个维度：按照学习活动的性质或机制来分

苏联心理学家彼得罗夫斯基将学习分为反射学习与认知学习两个类型。所谓反射学习，是指掌握一定的刺激和反应间联系的学习。所谓认知学习，是指掌握一定知识和一定行为的学习。反射学习是人与动物共有的，而认知学习则是人所特有的。认知学习可以分为感性学习与理性学习，进一步理性学习可以分为概念学习、思维学习与技能学习。这一种分类，注重区分了人的学习与动物的学习的本质、并且注重了学习活动的性质与水平。

除了前面两种分类维度对学习进行分类之外，也有人从其他角度对学习进行分类。如奥苏贝尔（D. P. Allsubel）按学习的实现方式，将学习分为接受学习与发现学习两类；同时又根据学习材料与学习者的原有知识的关系，将学习分为机械学习与有意义学习两类；两个维度结合，可以将学习分为机械的接受学习、机械的发现学习、有意义的发现学习与有意义的接受学习四类，他强调有意义的接受学习是学生学习的主要形式。

三、人类学习的意义

学习活动对于每个人的生存和发展都至关重要。学习对人类个体乃至整个人类社会的重要意义，具体体现在许多方面，简要概述如下：

（一）学习是人类最有意义的基本活动

人类是世界上的万物之灵。人类用自己灵巧的双手制造工具，使用工具，播种粮食，饲养牲畜，织布制衣，建屋筑舍，修路架桥，改善生活环境，创造物质文明；人类能够熟练地运用语言文字，交流思想，传播文化，制定法律，控制社会，发展社会的精神文明；人类能够利用自己聪慧的大脑探测宏观宇宙、海洋奥秘和物质的微观结构；人类还能够探究自身的生命运动规律，模拟自己的智慧行为，开展科学研究和从事技术发明；人类还能够创作音乐、舞蹈、美术、文学作品和开展各种形式的体育运动，健康身心，陶冶情操，不断地丰富自己的精神文化生活……人类这些所有的成就都是劳动创造的。然而，生产知识的获得，劳动技能的形成，乃至所有知识的获得和技能的形成都必须以学习活动为基础。

只要是具备一般常识的人都懂得，人不学习就没有知识，人不学习就没有本领，人不学习就不能成才，人不学习就不能适应社会的发展，甚至，人不学习就不能生存。世界上没有先知先觉的人，也没有一生下来就有本事的人。人的一切知识、技能、思想、观念、行为方式、道德品质、审美趣味乃至认知策略和性格特征都是学习的结果。

（二）学习是人类行为塑造的基础和教育的前提

行为主义心理学家们注意到，学习活动将使有机体的行为发生持久性的变化；认知心理学家们认为，学习会使人的认知结构、思想观念等心理特征发生变化；神经生理学家们通过科学实验发现，学习会使有机体的一些生理指标发生变化，如脑生物电活动的变化，神经元突触部位生理结构的变化，甚至推论出，学习会使神经元细胞内的大分子——核糖核酸（RNA）和脱氧核糖核酸（DNA）的构形发生变化等。概括地说，学习会使学习者的身心行为发生三个方面的变化：①心理变化，包括认知能力、认知策略、知识结构、思想观念、价值标准、情感特征和个性品质等。②行为变化，包括操作技能、运动技能、行为模式、言语特征、反应特征等。③生理变化，包括神经系统、内分泌系统、呼吸系统、循环系统和消化系统等方面的变化。总之，学习是一种能够给学习者的身心行为带来持久性变化的活动过程。学习所引起的变化可能是积极的，也可能是消极的。学习可以使人成为知识丰富的专家学者，思维敏捷的评论家，富有创造力的艺术家，彬彬有礼的社会活动家，技术娴熟的技师和讨人喜欢的幽默大师；学习也可能使人成为顽固的保守者，有偏见的批评狂，无所事事的逍遥派，放荡不羁的社会闲散名流，神出鬼没的小偷和疯狂的复仇者。然而，积极的也好，消极的也罢，人的知识、技能、观念、性格、作风等都是后天通过学习获得的。所以，一般地说，学习是学习者获取知识，形成技能，养成行为品质和增长才干的活动过程。

（三）学习是个体适应社会生活的基础

人类与动物相比具有无限的学习潜能和非凡的行为可塑性。最低等的动物的行为是刻板的，一成不变的，它们的适应能力十分有限。它们的行为被限制在种系遗传的天赋行为反应之中，极少能为经验所改变。较复杂的动物能进行有限的简单学习活动，但必须以直接经验为基础。用奖励和惩罚等各种有效手段可以改变动物的行为，但行为的改变形式极为有限。即使是最聪明的动物也无法学会人类的复杂语言。因此，动物不能进行间接经验的学习。动物主要是依靠天赋的本能消极地适应生存的环境。人类与动物相比，有根本的不同。人类只有有限的本能，而有无限的学习能力。人类不仅能够依靠直接经验进行学习，而且能够通过观察模仿和言语交流进行间接经验的学习。人类的学习不仅改变行为和技能，而且改变着知识结构、思想观念、审美标准和创造能力。人类的个体依靠学习养成生活习惯，掌握劳动生产技能，学会人际交往，成为社会的一员。人们又依靠学习掌握现代科学技术和现代社会观念，以适应社会的发展。人们还依靠学习预测社会发展的未来，展望美好的生活前景，为将来的生活和工作做准备。总之，人类主要不是通过本能，而是通过学习来适应生存环境和改造生存环境的。

（四）学习促进个体的身心发展

心理学的研究表明，除了学习之外，能够引起有机体身心变化的还有生理成熟和心理发展。"成熟是一个发育成长过程，这个过程中，人不时表现出不同的特征。这些特征的蓝图，从胚胎时起，在它的细胞里就已经具有了。"成熟可以通过遗传特征进行预测，而学习则不能根据遗传特征进行预测。外界对成熟的影响是有限的，因为成熟是由机体自身的生物学规律制约的。学习则不同，学习更多的是受外部环境，特别是教育的影响。成熟与学习的关系首先表现为，成熟制约着学习。格赛尔的"成熟势力说"证实了这一点。除了佛教故事中传说的佛祖释迦牟尼生下来就会站立、走路和说话外，任何一位聪明的母亲也不能教会自己刚出生的婴儿走路和说话。然而，成熟对于人的发展来说，没有学习那样积极、主动。只靠自然的成熟，或许只能使一位三岁儿童使用简单的生活用语。而通过使儿童进行有效的学习，则可能使三岁儿童学会上千个汉字或英文单词，学会类似于成人的言语表达。成熟有赖于学习对它的发挥，否则，成熟的许多优势和机会将被白白地浪费掉。在人类社会中的个体，纯粹的"自然成熟"是不存在的，差别只在于学习得是否有效与充分。

专家们对心理发展与学习的关系有不尽一致的看法。有人主张心理发展是由类似于成熟的生物学规律制约的，发展解释着学习，学习服从于心理发展。著名的瑞士心理学家皮亚杰就持这种观点。另一种普遍的观点是，心理发展制约着学习的能力和时机，学习也能促进心理的发展。一般而言，决定心理发展的是生理成熟和学习两个方面。心理发展一方面受生理成熟的制约，另一方面受学习的促进。学习对心理发展的促进是在生理成熟限定的范围内发挥作用的。在同等的成熟条件下，学习对心理的发展起着积极的促进作用。这一点已经得到动物实验的初步证实。心理发展的一些关键期或敏感期，为有效地进行某方面的学习提供了最佳时机。充分而有效地利用这些时机是教育者和学习者的明智表现。

（五）学习促进人类的进步和社会的发展

学习的目的在于继承前人的经验，在于应用知识和技能。然而，学习的目的又不仅于此。学习的目的不仅在于继承，更在于发扬、发现、发明和创造。为创造而学习，乃是学习的最高境界。创造不是凭空想出来的事情，它要以学习为基础。创造和发明是百分之九十九的学习积累、勤奋努力和创造欲望加上百分之一的灵感。社会文化的千年积累，科学技术的日新月异，使人类的发明创造更要以丰富的知识积累为基础。所以，学习乃是创造之基，知识乃是创造之源。

学习的重要意义不仅在于改变学习者自身，更在于改变群体乃至整个社会。"置于'文化'标题下的某些社会性行为，主要是从学习得来的，如语言、性行为、职业、宗教信仰以及对家庭、邻里、社会和国家的态度"。现代科学技术的进步和社会化大生产需要社会的每个成员都要具备现代化的科学技术知识和技能；高度发达的现代社会文明需要社会的每个成员都要具备法制观念、民主意识、经济头脑和遵守社会公德的自觉行为；迅速发展着的现代科技和现代文化迅速地改变着人们的生活方式、交往方式、工作方式、价值观念、社会观念和审美观念；高度发达的现代社会需要高智商、高技能、高知识和高道德水准的社会公民。而塑造这些社会成员的唯一途径就是学习。古人云："君子如欲化民成俗其必由学乎。"许多思想家、政治家、科学家、教育家乃至教师和学生家长都反复强调，人生的一条伟大真理是学习、学习、再学习。

● 第二节 学习基本理论

自从19世纪末心理学从哲学和生理学中分出来成为一门独立的学科开始，心理学界对学习的性质、过程与规律等进行了大量的研究，形成了系统的学习理论和学习模型。

学习理论的研究具有重大的理论意义与应用意义。从理论意义来看，由于有机体的学习过程，实质上就是其心理的形成、变化与发展的过程，因此，对学习实质的研究，即关于学习理论的研究，一直是心理学界投入最多、花费精力最大、涉及面最广的重大课题。从应用意义来看，学习理论的研究试图解释学习是如何发生的？它是一个什么样的过程？它有哪些规律？如何才能进行有效的学习？因此，对学习理论的研究，有助于人们掌握学习的实质及其规律，改进自身的学习，更有效地通过学习来认识世界和改造世界。对于旅游业，学习理论的研究有助于旅游工作者了解与掌握旅游者学习的规律，提高旅游服务质量。

一、桑代克的学习"联结说"

桑代克（Edward Lee Thorndike，1874—1949）是美国著名心理学家，学习"联结说"的创立者，现代教育心理学的创始人，现代动物实验心理学的创始人。他从 1896 年开始从事动物学习的实验研究。起初他在美国著名心理学先驱詹姆斯家的地下室里进行动物心理实验，后来又得到美国著名心理学家、哥伦比亚大学教授卡特尔的支持，认真进行动物的学习实验研究。他研究过的动物有鱼、鸡、狗和猫等，其中最著名的是"猫的迷笼实验"。正是在这项著名的实验研究中，桑代克发现了动物学习过程中所表现出的"尝试错误"现象，描绘了动物学习曲线，并据此提出了学习的联结理论。

桑代克受英国联想主义心理学的影响，特别是受斯宾塞"进化论的联想主义"的影响较深。在联想主义思想的影响下，桑代克根据他的实验结果，提出了学习的联结说。桑代克认为，学习就是联结，心即是人的联结系统。所谓联结（Connection），即指某情境仅能唤起某种反应的倾向而言。假如有某一情境（Situation，简称为 SI）出现在某人的生活中，此人所能做出的反应可能有千万种，但非个个都有同样出现的机会。SI 常常有一种明显的倾向，仅能唤起某一反应，或是反应其中的某一个。这就是学习的结果。桑代克所用"联结"一词不过用以表示某一情境将为某一反应所跟随的概率。

桑代克受美国机能主义心理学的影响，在对学习的心理机制的解释上采取了折中的态度，既保留了原来联想主义心理学的"观念联想"，同时又提出了机能的联结。

桑代克根据他对各种动物所进行的实验研究的结果，认为动物的学习不含有推理演绎的思维，也不含有任何观念的作用。动物的学习是"试误式"的学习。他认为人类的学习有四种：①普通动物式的形成联结，例如十个月大的婴儿学习打鼓；②形成含有观念的联结，例如两岁的儿童学习听到"母亲"一词就想到母亲；③分析或抽象，例如一个学音乐的人学习对一个声音的伴音发生反应；④选择性的思维或推理，例如学童应用有关造句法的各种规则和词根的意义来学习一句拉丁文的含义。尽管人类的学习远较动物的学习复杂，可是在他看来，从动物的实验研究所揭露的各种规律也同样适用于人类的学习。他根据动物的实验研究结果，提出下述各项学习规律：

（1）准备律——这个规律包括三个组成部分：①当一个传导单位准备好传导时，传导而不受任何干扰，就会引起满意感；②当一个传导单位准备好传导时，不得传导就会引起烦恼感；③当一个传导单位未准备传导时，强行传导就会引起烦恼感。

（2）练习律——这个定律分为应用律和失用律：①应用律（Law of Use），一个已形成的可变联结，若加以应用就会变强；②失用律（Law of Disuse），一个已形成的可变联结，若久不应用，就会变弱。桑代克认为在练习律之下，还附有三个副律，即强度律、持续律和频度律。

（3）效果律——凡是在一定的情境内引起满意感的动作，就会和那一情境发生联系，其结果是当这种情境再现时，这一动作就会比以前更易于再现。反之，凡是在一定的情境内引起不适感的动作，就会与那一情境发生分裂，其结果是当这种情境再现时，这一动作就会比以前更难于再现。

二、经典条件反射学习论

巴甫洛夫·伊凡·彼德罗维奇（1849—1936），是俄国生理学家、心理学家、医师、高级神经活动学说的创始人，高级神经活动生理学的奠基人。他是条件反射理论的建构者，也是传统心理学领域之外而对心理学发展影响最大的人物之一，曾荣获诺贝尔奖。

条件反射理论是巴甫洛夫的高级神经活动学说的核心内容。他发现，某些无关动因或中性刺激（如铃声、灯光）与非条件刺激（如食物）在出现的时间上相结合（专业术语称为强化），经过若干次训练以后，单独的中性刺激（即条件刺激）也能引起与非条件刺激相同的反应，这就是条件反射。

经典条件反射（又称巴甫洛夫条件反射），是指一个刺激和另一个带有奖赏或惩罚的无条件刺激多次联结，可使个体学会在单独呈现该刺激时，也能引发类似无条件反应的条件反应。

他认为学习是条件反射的建立过程，记忆是条件反射的巩固。实际上条件反射是一种典型的联合型学习记忆模式。

三、操作性条件反射学习理论

斯金纳（1904—1990），是操作条件作用学习论的创始人，是行为主义学派最负盛名的代表人物——被称为"彻底的行为主义者"，也是世界心理学史上最为著名的心理学家之一。直到今天，他的思想在心理学研究、教育和心理治疗中仍然被广为应用，其主要观点有：

（一）操作性条件反射理论

斯金纳认为操作性条件反射是不同于经典条件反射的另一种基本的学习机制。在经典条件反射中，强化伴随着条件刺激物，但它要与条件刺激物同时或稍后出现，条件反射才能形成。在操作条件反射中，强化物同反应相结合，即有机体必须先做出适当的反应，然后才能得到强化。据此，斯金纳进一步提出两种学习形式：一种是经典式条件反射学习，用以塑造有机体的应答行为；另一种是操作式条件反射学习，用以塑造有机体的操作行为。这两种反射是两种不同的联结过程：经典性条件反射是 S-R 的联结过程；操作性条件反射是 R-S 的联结过程。这便补充和丰富了原来行为主义的公式。

（二）反射学说

斯金纳利用斯金纳箱这个独特的实验装置，对白鼠的操作性行为进行了一系列的研究。并且，他以类似的方法对其他动物和人也进行了研究，从中得出了操作性条件反射建立的规律，即"如果一个操作发生后，接着给予一个强化刺激，那么强度就增加"。操作性条件反射消退的关键也在于强化，而反应的消退表现为一个过程，消退过程的时间长短也是斯金纳衡量操作性条件反射力量的一个指标。

（三）强化原理

斯金纳的强化概念，从其最基本的形式来讲，指的是对一种行为的肯定或否定的后果（奖励或惩罚），它在一定程度上会决定人的这种行为在今后是否会重复发生。同时，斯金纳非常重视强化作用，提出强化原理和公式以及强化在操作性条件反射中的作用。

（四）操作强化原理在教学中的应用

斯金纳提出，可通过使用机器装置来提高学生算术、阅读、拼写和其他学科的学习效率，希望机器能做某些胜过普通教师所做的事情。利用教学机器进行的教学为"程序教学"。一个成功的教学程序应包含五个要素：①小步子的逻辑序列；②积极的反应；③信息的及时反馈；④自定步调；⑤减少错误率。

四、班杜拉社会学习理论

心理学家班杜拉（A. Bandura）是观察学习理论的集大成者，他主要关注人的学习，尤其是社会行为的学习。他根据自己所进行的一系列经典研究，提出了以观察学习为基础的社会学习理论（Social Learning Theory），将联结派学习理论进一步向前推进。

班杜拉原本信奉新行为主义，面临着认知主义和人本主义的挑战，自20世纪

60 年代后，在大量研究的基础上，他逐渐从传统的行为研究中脱离出来，提出了一系列新的思想，逐渐从偏重于外部因素作用的行为主义向强调外在与内在因素两者并重转化，建立起具有自己特色的理论。

班杜拉以儿童的社会行为的习得为研究对象，进行了一系列重要的实验研究，系统地形成了他关于学习的基本思路，即观察学习是人的学习的最重要的形式。他在一项经典性的实验中，让儿童分别观察现实的、电影的与卡通片中成人对玩偶的攻击行为，然后给儿童提供类似的情境，结果表明，观察过这三类成人榜样的儿童都发生了类似的攻击性行为。进一步，班杜拉进行另一项实验，在实验中将 4~6 岁的儿童分成两组，两组被试都观看成人攻击玩偶的电影，但其中一组被试所看的电影最后，这个发出攻击行为的成人受到别人的奖励，而另一组被试所看的电影最后，这个发出攻击行为的成人受到惩罚。然后将两组被试带到有类似情境的地方，结果表明，在自发的情况下，观察到成人攻击性受奖励的被试比观察到成人攻击性受惩罚的被试更多地表现出攻击性行为。但这并不是因为前者比后者学习得更好，因为，如果鼓励儿童模仿出电影中的成人的攻击行为时，两组被试在正确性方面没有差异。这说明，在成人榜样受到惩罚的情况下，儿童同样也学会了这种行为反应，只不过没有同样地表现出来罢了。可见成人攻击行为所得到的不同结果，只是影响儿童对这种行为的表现，而对这种行为的学习没有影响。

根据实验研究的结果，班杜拉提出了以观察学习为核心的社会学习理论。如前所述，班杜拉的学习理论主要涉及的是人的社会行为方面的学习，该理论认为，人的社会行为、思想和情感不仅受直接经验的影响，而且更多地受通过观察进行的间接学习即观察学习的影响。他指出，人后天习得行为主要有两种途径：一种是依靠个体的直接实践活动，这是直接经验学习；另一种是间接经验学习，即通过观察他人行为而学习，这是人类行为的最重要来源，建立在替代基础上的间接学习模式是人类的主要学习形式。观察学习，可以使人们避免去重复尝试错误而带来的危险，避免走前人走过的弯路。同时他认为，传统的学习理论，如桑代克的联结理论、华生的经典性条件反射理论等几乎都局限于直接经验的学习，不能解释人类许多习得的行为，他强调间接学习即观察学习的重要性。在探索和批评传统行为主义缺陷的基础上，班杜拉建立起自己的理论体系。

班杜拉虽然不否认试误学习或直接经验的作用，但他反复强调，人类的许多行为都是通过观察他人的行为及其结果而习得的。人类习得的许多东西，如语言、社会规范、态度和情感等，很难用试误学习来解释，而用观察学习来解释则很容易说得通。

观察学习是个体只以旁观者的身份，观察别人的行为表现（自己不必实际参与活动），即可获得的学习。在某些情境下，只根据观察别人的直接经验的后果，就可以在间接中学到某种行为，这种学习也称为替代学习。班杜拉曾经指出，所有来自直接经验的学习对象，都能出现这样一个替代性基础，就是通过对别人行为的观察，观察者本身就能表现这种行为的结果。

根据社会学习理论的观点，人类的大多数行为是通过榜样作用而习得的，个体通过观察他人行为，形成怎样从事某些新行为的观念，并在以后用这种编码信息指导行动。因此，观察者获得的实质上是榜样活动的符号表征，并以此作为以后适当行为表现的指南。

班杜拉认为，观察学习并不是传统行为主义中认为的机械式反应，人在学习情境中观察模仿时，在接受刺激和表现到反应之间，有一段中介作用的内在心路历程。他认为，学习情境中的某种刺激，对学习者而言，有两种不同的性质或意义。一是名义刺激，指刺激所显示的外观特征是客观、可测量的。名义刺激的特征对情境中的每一个人而言都是一样的。二是功能刺激，指刺激足以引起个体产生内在的认知与知识。刺激的功能特征对情境中的每个人而言是不同的。

在大量研究的基础上，班杜拉认为观察学习包含四个子过程：

（1）注意过程。注意过程决定了个体在众多榜样作用影响时有选择地观察哪些方面。观察者首先必须注意到榜样行为的明显特征，否则，就不可能习得这一行为。影响学习者注意的决定因素有多种：在榜样作用的刺激方面有独特性、情感诱发力、复杂性、流行性、功能性价值等；在观察者本身特征方面有感知能力、唤起水平、知觉定势和以往的强化等。

（2）保持过程。经过注意阶段，观察者通常以符号的形式把榜样表现出的行为保持在长时记忆中。保持过程主要依存于两个系统，一个是表象系统，另一个是言语编码系统。有些行为是以表象方式保持的，由于反复展现榜样行为，最终会使观察者对榜样行为形成一种持久的、可回想的表象，这种表征系统在儿童发展的早期阶段，还缺乏言语技能时，起到非常重要的作用。但支配行为的大多数认知过程是语言的而不是映象的，即言语编码的，这种符号编码可以用容易储存的方式掌握大量的信息，促进观察学习和保持。

（3）动作再现过程。它是指把符号的表象转换成适当的行为。一般而言，学习者是通过按照榜样行为方式组织自己的反应而达到行为再现的。可以把行为实施分解为：对反应的认知组织、反应的发起、对反应的监控以及根据信息反馈矫正反应。

（4）动机过程。社会学习理论对行为的习得（Acopisition）和表现（Performane）作了区分，习得的行为不一定都表现出来，学习者是否会表现出已习得的行为，受强化的影响。首先是外部强化。如果按照榜样行为导致有价值的结果，而不具有无奖励或惩罚的结果，人们便倾向于表现这种行为，这是外部强化。其次是替代性强化。所谓替代性强化，是指观察者因看到榜样受强化而受到的强化。观察到的榜样行为的后果，与自己直接体验到的后果，以同样方式影响个体是否表现出榜样行为。学习者如果观察到别人的行为受到奖励，就会倾向于表现出这种行为，反之，如果观察到他人的行为受到惩罚，就会倾向于抑制这种行为的表现。最后是自我强化。学习者对自己所观察的行为而产生的自我评价，也会影响对这个行为的表现。一般来说，人们倾向于做出感到自我满足的反应，而拒绝做出自己不赞成的行为，这是一种自我强化。

总而言之，班杜拉的社会学习理论关于学习的实质问题的基本看法就是，学习是指个体通过对他人的行为及其强化性结果的观察，从而获得某些新的行为反应，或已有的行为反应得到修正的过程。从这里可以看出，班杜拉的学习理论还是将学习看成形成新的行为反应的过程，在这个问题上基本与典型的联结学习理论是一致的，因此，心理学界多数人倾向于将他归入联结派。然而，需要强调的是，实际上班杜拉在学习问题上采取的更多是一种融合学习的联结派与认知派的立场，他提出观察学习实现过程与经典性条件反射或操作性条件反射的学习实现过程不同。在观察学习过程中，学习者不一定具有外显的操作反应，也不依赖于直接强化，这样，班杜拉必然要注重观察学习中的认知中介因素。他认为，个体通过观察运用符号系统对新的行为方式进行编码，获得榜样活动的符号表征，并在以后运用这些编码信息指导行动，这就是观察学习的实现过程。由此可见，班杜拉的社会学习理论注重行为经验形成过程的中介的认知活动，在这方面又与学习的认知派理论一致。

五、格式塔学习理论

格式塔心理学（Gestalt Psychology）是由德国心理学家魏特海默于 1912 年在德国法兰克福首创的，它的兴起比行为主义在美国的兴起还早了一年。该学派以现象学为理论基础，认为心理现象的基本特征是在意识经验中所显现的结构性或整体性，反对构造心理学的元素主义与行为主义的刺激—反应公式。格式塔学派心理学家在对知觉进行开创性研究的过程中，提出了整个心理学理论体系。学习理论是格式塔心理学理论的重要组成部分，格式塔学习理论在学习的过程、学习中产生变化的实质以及变化的原因等方面提出了与桑代克的联结学习理论相对立的见解，成为认知派学习理论的鼻祖。

格式塔心理学家认为，学习并非形成刺激—反应的联结，而是通过主动积极的组织作用形成与情境一致的新的完形。学习过程中的解决问题，是学习者通过外情境中的事物关系的理解而构成的一种完形，无论是运动的学习、感觉的学习和观念的学习，都在于形成一种完形。

格式塔关于学习实质的看法，建立在其对猿猴学习现象的观察的基础上。柯勒于1913—1917年用黑猩猩做了一系列试验，较典型的有接竹竿实验。在黑猩猩的笼子外放有香蕉，笼子里面放有两根短竹棒，用其中的任何一根都够不着笼子外面的香蕉。然而，黑猩猩思考了一会，突然将两根棒子像钓鱼竿一样接起来，够着了香蕉，把香蕉拨过来。黑猩猩一旦领悟了棒子接起来与远处香蕉的关系，就一次又一次地把一根棒子插进另一根棒子的末端，以便够得着远处的香蕉。对于黑猩猩的这些行为，柯勒的解释是，在遇到问题时，动物可能审视相关的条件，也许考虑一定行动成功的可能性，当突然看出两根棒子接起来与远处香蕉的关系时，它便产生了顿悟，从而解决了这个问题。

根据这类研究的事实，格式塔心理学家提出了他们对有机体学习的基本看法。他们认为，环境是一个不断变动的"形"，与之相应，有机体头脑里存在着与环境相对应的一个"同形"，这样有机体能与环境保持平衡。有机体周围的情境发生变化时，有机体头脑中的完形就会出现缺口，这种情况下，有机体就会重新组织知觉，通过这种组织作用，弥补缺口，产生与这个新情境一致的新的完形，也就是获得了新的经验。有机体的这种组织活动就是学习，因此，学习的实质是组织或完形作用。

总的来看，格式塔学习理论关于学习本质的观点是：

第一，从学习的结果来看，学习并不是形成刺激—反应的联结，而是形成了新的完形。柯勒指出，学习在于发生一种完形的组织，并非各部分的联结。这个完形，是与新的情境相对应的，反映了情境中各事物的联系与关系。

第二，从学习的过程来看，首先，学习不是简单地形成由此到彼的神经路的联系活动，而是头脑里主动积极地对情境进行组织的过程，这种组织的方式遵循着知觉的规律。而有机体这种组织的能力，则是神经系统的机能，或称为"原始智慧的成就"。其次，在格式塔心理学家看来，学习过程中这种知觉的重新组织，不是渐进的尝试错误的过程，而是突然的顿悟，因此，学习不是一种盲目的尝试，而是由于对情境顿悟而获得的成功。考夫卡说，我们以为黑猩猩并不是先有侥幸而成就的解决（指尝试错误），然后对于这种解决逐步领会。我们以为它们先能领会其情境然后才有客观上的解决，所以我们可以称其为原始智慧的成就。所谓顿悟，就是指学习者领会到自己的动作和情境，特别是和目的物之间的关系，它是通过学习者重新组织或重新构建有关事物的形式而实现的。有机体之所以产生顿悟，有两个方面的原因：①学习情境的整体性与结构性。在让有机体进行学习时（包括学习实验中布置实验情境时），整个问题情境要能让有机体可以感知或把握，这样就有可能产生顿悟。用这种观点来分析，行为主义所设计的实验情境中，由于白鼠在迷津里无法看到各种转折与目的箱里事物之间的关系，它只好通过经验，即试误来发现这种关系，所以，白鼠的知觉重组必然是逐渐形成的过程。②脑本身具有组织的功能，能够填补缺口或缺陷。顿悟的过程就是相应的格式塔的组织（或构造）过程的主动过程。因此，在格式塔心理学家看来，学习是一种积极主动的过程而不是盲目的、被动的过程。

格式塔心理学家指出，一个人学到些什么，直接来源于他对问题情境的知觉，如果一个人不能辨别出各种事物之间的联系，他就不能学习。学习通常是从一种混沌的模糊状态转变成一种有意义的、有结构的状态，这就是知觉重组的过程。知觉重组是学习的核心，学习并不是把以往所有的无意义的事情任意地联结在一起，而是强调要认清事物的内在联系、结构和性质。所以，在格式塔心理学中学习与知觉几乎是同一回事。学习意味着要觉察特定情境中的关键要素，并了解这些要素是如何联系的以及识别其中的内在结构。这样一来，用知觉重组和认知重组可以解释各种各样的学习。

考夫卡认为学习的问题可分为记忆的问题与成就的问题。一个人如果已遇到过一种新的情况，或解决过一个新的问题，第二次再遇到同样或相似的情景或问题，就可以比较顺利地对付或处理它们，这就是学习中的记忆问题。如果第一次遇到一种新情况或新问题，我们就能创造性地解决它，这就是学习中的成就问题。学习问题常常被理解为记忆的问题，而成就的问题就很少得到重视。考夫卡根据柯勒对黑猩猩的学习实验认为，新情境的适应或新问题的解决，要对旧的格式塔进行改造而建立一个新的格式塔，要依赖于顿悟，这也是创造性思维的实质。因为创造性思维就是通过顿悟打破旧的格式塔，而建立新的格式塔的过程。韦特海默在这方面进行了大量的工作，他从儿童解决简单的几何问题的思维过程，到复杂的爱因斯坦创立相对论的思维过程，在各种解决问题的水平上都发现了创造思维的过程。

六、建构主义学习理论

让·皮亚杰（Jean Piaget，1896—1980）是瑞士心理学家，发生认识论创始人。自1918年获得博士学位后，皮亚杰于1921年任日内瓦大学卢梭学院实验室主任，从1924年起任日内瓦大学教授。皮亚杰先后当选为瑞士心理学会、法语国家心理科学联合会主席，1954 年任第 14 届国际心理科学联合会主席。此外，皮亚杰还长期担任联合国教科文组织领导下的国际教育局局长和联合国教科文组织总干事。皮亚杰还是多国著名大学的名誉博士或名誉教授。

为了致力于研究发生认识论，皮亚杰于 1955 年在日内瓦创建了"国际发生认识论中心"并任主任。该中心集合各国著名哲学家、心理学家、教育家、逻辑学家、数学家、语言学家和控制论学者研究发生认识论，对于儿童各类概念以及知识形成的过程和发展进行多学科的深入研究，皮亚杰的主要观点有以下几点：

（1）皮亚杰发生认识论的基本假设是，认知既不起因于主体（成熟论者所强调的），也不起因于客体（行为主义者所强调的），而是主体与客体之间的相互作用。但相比之下，学习从属于发展。

（2）皮亚杰不认为认知的生长仅仅是经验的结果，而是强调个体在认知生长过程中的积极作用。

（3）皮亚杰坚持认为，只有在学习者仔细思考时才会导致有意义的学习。学习的结果，不只是知道对某种特定刺激做出某种特定反应，而是头脑中认知图式的重建。决定学习的因素，不是外部因素（如个体生理成熟），而是个体与环境的交互作用。在他看来，对儿童思维运演变化过程的描述，本身就构成了对学习的解释。

● 第三节　旅游态度的学习

态度与旅游行为关系，我们在前面已经有详细论述。态度是人们在自身道德观和价值观基础上对人或事物的评价和行为倾向。态度是对外界人或事物的内在感受、情感和意向三方面的构成要素。激发态度中的任何一个表现要素，都会引发另外两个要素的相应反应，这也是感受、情感和意向这三个要素的协调一致性。一般来说，态度的各个成分之间是协调一致的，但在他们不协调时，情感成分往往占有主导地位，决定态度的基本取向与行为倾向。一个旅游者对某种旅游产品或服务的态度越坚决，则转化为实际旅游消费的可能性就越大。

态度的形成实际上是一个社会化的过程，是个体在后天的社会生活环境中通过学习而逐渐形成的。因而，个体态度的形成受到社会生活环境中各种因素的影响和制约。此外，态度形成的过程可以描述为通过联想、强化和模仿等学习方式不断学习的结果。人的社会态度不是生来就有的，而是在后天社会化的过程中习得的。具体地说，是通过联想学习、强化学习和观察学习这三种基本的学习方式得以实现。这三种形式的学习分别以经典条件作用理论、操作性条件作用理论和社会学习理论为基础。

（一）经典条件作用理论与联想学习

经典条件作用理论是由俄国生理学家巴甫洛夫（I. P. Pavlov）创立并完善的（具体理论体系在本章第二节已经说明，在此不做赘述）。经典条件作用原理被用来说明态度的习得过程，此外，经典条件作用原理还可以用来说明态度的泛化现象。个体常常会在相似的对象之间建立联想，因此，也会将对某种事物的态度扩展到其他相近的态度对象上。

（二）操作性条件作用理论与强化学习

操作性条件作用原理，也称为工具性条件作用原理，是由斯金纳（B. F. Skinner）创建的（具体理论体系在本章第二节已经说明，在此不做赘述）。他认为，人类的学习都是建立在操作和强化（Reinforcement）的基础上的，只要掌握了行为结果所具有强化作用的内在规律，就能有效地控制人们的学习行为。强化原理也可用于解释人们态度的习得过程。英斯科（Insko）曾在实验中用言语的强化来研究态度的习得。研究结果发现，那些受到正强化的学生所表现出的态度不仅其基本观点没变，而且在程度上更为强烈；而那些受到负强化的学生所表现出的态度，虽然其基本观点也没有大的变动，但在程度上则明显不如受到正强化的学生强烈。

（三）模仿与观察学习

在班杜拉的社会观察学习理论研究中（具体理论体系在本章第二节已经说明，在此不做赘述），认为个体通过对他人态度和行为的观察，将其言行记忆在头脑中，并且在以后遇到相类似的环境时模仿他人的行为表现。在观察学习中，观察的主体称为观察者，被观察的对象称为榜样，榜样对观察者具有很强的示范作用。如在儿童社会化的过程中，树立一些符合社会规范的榜样具有特别的意义。

通过观察而进行的学习是依靠模仿来实现的，模仿得如何取决于观察得如何。对他人行为的模仿也受到强化因素的影响，这种强化可以是个体自身所持有的自我强化，可以是外界施加于个体的直接强化，也可以是从他人被强化的事实经验中感受到的替代性强化。个体对他人行动有一个较好的观察，加上强化作用的激励，就能够较好地进行模仿学习。

上述三种不同形式的学习是态度习得的主要途径，各自具有不同的特点和作用。一般地说，个体态度的习得是在这三种学习的共同影响和相互作用下进行的。

● 第四节　减少风险知觉和购买后失调的学习

旅游风险引起广泛关注的原因在于其巨大的经济、社会破坏性。世界旅游业委员会估算，2003 年爆发的非典疫情使亚洲国家旅游者接待人数比上年减少8.8%；由于非典疫情、恐怖主义威胁和经济衰退，2003 年全球减少了 700 万个工作机会，旅游业损失超过 100 亿美元。2003 年非典使中国旅游业总收入减少 2768亿元，也使其面临 1989 年以来的第一次负增长。2008 年四川大地震也给当地旅游业带来重大打击。缺少创新精神和责任意识，没有风险感，将会使旅游企业面临极大的风险。因此学习预防风险的方法，掌握处理风险的措施，解决旅游购后失调等问题，就成为区域旅游产业发展的重要课题，也是旅游者学习的两个最基本内容。

（一）风险知觉的界定

风险知觉指个人对于未知的风险强度、风险发生概率、影响范围等进行评估。风险知觉最早是由哈佛大学的保尔（R. Bauer，1960）提出，他认为消费者行为因无法产生确定的预期结果而涉及风险承担，这种不确定的感觉有些是令人不愉快的。而后，学者考克斯（Cox，1964）进一步延续保尔的研究，假设消费者的行为是目标导向，当消费者察觉到无法满足购买目标的可能性或不利后果时，即会产生风险知觉。同时，考克斯指出消费者无法很明确指出风险知觉的存在，但行为却可能受到潜意识知觉到的风险所影响。因此欲辨认消费者风险知觉的存在，须经由消费者行为程序中推论而得。

对旅游者来说，风险知觉是非常重要的。旅游消费者关心的是如何使满意程度最大化及如何使风险水平降至最低。因此，在风险水平固定下，期望值愈高愈好；而在期望水平固定下，风险愈低愈好（Lindley，1973）。风险至少包含两个层面，一为产品类别的风险（Product-category Risk），此风险会反射出消费者在购买旅游产品时，内心的风险知觉；另一为产品特性的风险（Product-specific Risk），此风险是关于特定的旅游产品购买（道林，斯坦林）（Dowling, Staelin, 1994）。然而，对消费者影响最深也是营销人员最关心的，却是在购买旅游产品时，消费者内心所产生的风险知觉（舒，2006）。

（二）风险知觉的要素

旅游风险知觉的构成要素并不是固定不变的，会随着旅游产品和购买情境的变化而变化，各要素对总体风险的解释能力在购买不同的旅游产品和不同的购买情境下也是有差异的。因此不同的研究者在关注不同影响因素下，认为构成风险知觉的要素也是不一样的，下面介绍几个有代表性的风险知觉要素构成研究。

罗斯维斯（Roselius，1971）从消费者承担着遭受损失（Loss）的风险角度，认为消费者在购买时会有下列四种损失，分别等同于时间风险、身体风险、心理风险和经济风险。

（1）时间损失（Time Loss）：如果购买的产品不满意，就要花费时间和精力再去选购、修理或退还。

（2）危险损失（Hazarf Loss）：有些产品会对健康和安全有伤害。

（3）自我损失（Ego Loss）：当购买到一个有缺陷的产品时，自己觉得难堪，或者其他人的批评让自己觉得难堪。

（4）金钱损失（Money Loss）：当购买的产品不满意或者有问题时，要损失金钱去修理或者花更多的钱去买另一个满意的产品。

雅各比和卡普兰（Jacoby，Kaplan，1972）在研究中以 148 名学生为被试，对 12 种不同消费品的风险知觉进行测量，结果他们识别了经济风险、功能风险、身体风险、心理风险和社会风险这五个维度。具体如下：

（1）经济风险：购物引起的货币损失。

（2）功能风险：购买的产品不能正常使用或者只能使用很短的时间。

（3）身体风险：产品对个体健康造成的伤害。

（4）心理风险：个人因为他们的购买行为而遭受的精神压力。

（5）社会风险：消费者的购买行为不被其他社会成员接受，社会风险与其他人对自己购买行为的看法有关。

学者雅各比和卡普兰就上述所提供的 5 种风险和整体风险，进行回归分析和相关分析发现，5 种风险解释了整体知觉风险的 73% 的变异量。其中又以功能风险的解释能力最好，达到 62%，其次为社会心理风险，为 7%，再次为财务风险，为 2%，其余各为 1%。而与整体风险相关度最高的是功能风险（$r=0.79$），其次为财务风险（$r=0.76$），再次为心理风险（$r=0.69$）、社会风险（$r=0.67$）、身体风险（$r=0.33$）。由于不同的风险对整体风险的解释变异量和相关性差异很大，所以在相关风险的研究中功能风险被讨论得最多，其次是财务风险和社会风险，身体风险和心理风险相对较少被探讨。

莫蒂纽（Moutinho，1987）最早提出旅游知觉风险的构成要素，他认为旅游风险知觉包括 8 个构成要素，分别是经济风险、健康风险、身体风险、犯罪风险、恐怖主义风险、社会风险、心理风险和自然灾害风险。

罗伊尔和弗森梅尔（Roehl，Fesenmaier，1992）对风险知觉与游览的关系进行研究，并在此基础上归纳了旅游风险知觉的 7 个构成要素，即设备风险、财务风险、心理风险、满意风险、时间风险、心理风险和社会风险。

狄萨尔、泰森、王（Tsaur, Tzeng, Wang, 1997）利用统计学的模型方法，提出了旅游风险知觉的 7 个构成要素，即交通、法律和治安、卫生、住宿、天气、观光景点和医疗支援等。

桑密士和格雷弗（Sommez, Graefe, 1998）指出旅游者除了支付旅游中必要的开支以外，还要承担类似于心理、社会、时间以及健康等风险。同时，他们在前人研究的基础上，将健康风险、政治动荡风险和恐怖主义风险也划归为旅游知觉风险的构成要素，将原有的 7 个感知风险构成要素扩展到 10 个。

总而言之，整体风险的认识在不断地完善，在旅游者的风险知觉学习中，需要进一步探究风险结构的真相。我们必须明确，旅游者对所承担风险的容忍程度会和旅游者风险知觉的程度共同影响旅游者的购买决策，但无论这一风险是否存在，作为旅游产品的供给者，都应该重视风险知觉对旅游者的影响，而不能以高风险接受者的状态来侥幸地推测一般旅游者。

（三）旅游风险知觉的影响因素

旅游知觉风险的大小因不同的旅游产品和服务、不同的旅游者、不同的旅游情境而有差异，具体说来，旅游知觉风险的影响因素主要有以下几方面：

1. 旅游产品或服务的特征

新兴的、较复杂旅游产品或服务，旅游者一般了解较少，这类产品的购买往往有较高的风险知觉，同时与旅游者身体或者健康紧密相关的旅游产品和服务也容易产生较高的风险知觉。

2. 旅游产品或服务价格特征

价格昂贵的旅游产品或服务，旅游者在购买时会对其是否物有所值心存疑虑，此类旅游产品或服务风险知觉较高。

3. 旅游者的购买经验

旅游者在购买从未有过购买经验的旅游产品或服务时风险知觉较高。

4. 旅游者特殊购买目的

旅游者的购买有特殊用意，如作为礼品、招待客人之用时往往风险知觉较高。

5. 旅游者的个体特征

购买经历较少、遇事较为谨慎小心、收入较低、受教育程度较低的消费者往往对购买不自信，因此在购买决策中往往有较高的风险知觉。

（四）降低旅游风险知觉的策略

旅游风险知觉的规避，涉及的因素非常复杂，不同的研究者在自己的理论假设中涉及的降低旅游风险知觉的策略也各有侧重。因此在寻求降低旅游风险知觉策略前首先要了解相关的研究者对该问题的理论假设。

1. 降低风险知觉策略的研究理论

（1）国外研究者米切尔（Mitchell）认为在消费者购买的各个阶段的风险感知是不同的。开始需要购买的阶段，因为缺少利用工具或解决问题的方法，所以风险感知是不断增长的；消费者逐渐搜集信息后风险会略有降低；进入选择方案阶段后，风险继续降低；选定方案即将做出决策前，由于存在不确定性，风险会略有回升；如果在购买后消费者很满意，风险会逐渐回落。不可否认，消费者在购买产品时会存在某种风险。每个消费者都会使用自己的方法回避感知到的风险，从这个角度看，消费者的购买行为也是一种减少风险的行为。在米切尔的五阶段中，消费者做出改变、推迟或放弃购买的行为，很多时候是受风险知觉的影响。

（2）美国学者考克斯就消费者采取何种规避风险的措施进行了调研，这一研究采用深度访谈的方式，得出以下结论：消费者一般会采用六种措施来降低购买产品的不确定性，即凭借自己或他人的购买经验、寻求信息、选择高品质产品、购买经常使用的品牌、拜托有能力的人代买和相信"一分钱一分货"。

（3）罗斯维斯认为消费者可以通过以下四个措施来降低购买风险：降低风险发生的概率或后果的严重性；把损失控制在自己能接受的范围内；推迟购买的时间；购买产品汲取经验。他还提出了 11 种降低风险的方法：背书保证、品牌忠诚、品牌印象、私人检验、商店印象、免费样品、退款保证、政府检验、货比三家、高价商品、口碑。

（4）彼得和塔皮（Peter，Tarpey，1975）也提出消费者面对风险购买时降低风险的策略，运用两种策略可以将风险降低到其可以承受的限度，即降低感知上的不确定性和尽可能减少损失的费用。

（5）博尔丁和柯瑞曼尼（Boulding，Kirrmani）认为在减少风险的策略中，消费者会通过正式或非正式途径来获取相关信息。像品牌商誉、产品免费使用、购买具有高品质形象的产品或针对某品牌重复购买都可以减少消费者的知觉风险。

2. 旅游风险知觉降低具体策略

结合相关降低旅游风险知觉的理论成果，在现阶段，我们认为可以通过以下几个策略来降低旅游活动过程中出现的风险知觉。

（1）加强自我调整策略

旅游者的自我调整方式既有相对积极的，也有消极不利的。我们主张进行积极的自我调整，以有效降低其风险知觉。一般有三个方面的积极自我调整：

第一，信息搜集调整，主张旅游者积极广泛搜集相关信息，如果旅游者拥有更多的自由选择的、可靠性的信息，感受到的风险知觉就可能越小。

第二，产品选择调整，由于经验和体验的作用，旅游者更多喜欢采用重复购买相同或相近的旅游产品或服务，以减轻旅游风险知觉的影响。

第三，期望值调整，期望是个体对客观事物的一种主观评价，旅游者在降低对旅游产品或服务期望的情形下，可能大幅度降低其风险知觉。

（2）加强旅游产业发展风险管理与控制策略

整个旅游产业系统，无论是政府部门还是旅游资源的提供者、旅游经营者、服务商，都应当在确立自身性质的基础上，深刻认清风险可能带来的负面影响，切实做到早预防、早发现、早应对，时刻意识到风险事件的危害；必须尽快建立与完善风险管理机制，以便化解各种风险或最大限度地降低风险带来的损失；要利用科学方法对旅游风险进行全方位的监控、分析和判断，使旅游风险带来的损失降到最低，甚至利用风险获得更大的发展机会。区域旅游产业风险的管理，是一个在风险事件前、中、后都要进行管理的循环的、动态的过程，是一个风险管理系统。它主要包括：事前要进行积极预防，建立相应的风险预警机制；风险事件过程中要对风险进行识别和分析，积极采取应对措施，将损失减到最小；风险过后要总结经验、吸取教训，尽快恢复旅游活动。

（3）加强旅游市场风险管理与引导策略

旅游市场风险作为旅游业普遍存在且难以解决的问题，可通过提高旅游市场风险管理意识、推进旅游市场经营管理信息化、加强对市场变动的分析预测、实施旅游市场多元化策略、构建旅游市场风险预警体系等宏观管理策略规避其风险。

（五）旅游购后失调的学习

旅游者在旅游过程中进行消费的前后，或多或少地会存在一些疑虑。造成这种心理失调的原因是多方面的，与游客的经济状况、个人经验、价值观以及外界信息的闯入和相关人员的评价都有关系。总之，失调如果发生在购买旅游产品或消费之前，旅游者有可能改变主意或取消预订的消费计划。如果失调发生在消费之后，旅游者可能以后不再进行消费，给亲朋传播不利信息或者直接投诉。因此，分析购后失调的产生原因，采取有效措施减除旅游者的购后失调极其重要。

1. 购后失调产生的原因

（1）作购买决策时可供选择的信息太多。克拉克（Clark，2004）认为在多数情况下，消费者只选择一种商品，而放弃其他可选择性商品。选择某种品牌的商品而放弃替代品牌的商品，消费者就等于放弃了替代品的某种优势属性而接受了购买商品的某种劣势属性，这导致消费者产生认知逻辑上的不一致，使得消费者的消费过程变得困难且在此过程中承受诸多情感压力。斯维尼等（Sweeney，et al，

2000）也认为当消费者面对众多可选择的商品，而每一个商品都具有各自的优势属性时，消费者就会产生购后失调，即心理上的不舒适感。

（2）购买决策之后遇到预料不到的困难。如果旅游者的预期条件受到一些意外因素的影响而发生变化，购买意向就可能改变，也会导致旅游消费者产生购后失调。例如产品种类变更，产品属性需求变更，产品品牌变更，购买时间变更，数量的变更，付款方式的变更等。

（3）购买决策之后的人际挫折。消费者的购后评价不仅仅取决于产品质量和性能发挥状况，心理因素也具有重大影响。尤其是当社会重要他人或权威人士持否定的态度，则消费者产生购买后失调的机会大大提升。

2. 减少购后失调的方法

（1）选择性提供旅游产品或服务信息支持

亨特（Hunt，1970）的研究指出，如果消费者购买冰箱时收到了商店的购后保证，其感知失调程度就会降低，且这会使消费者增加对商店的好感。英曼和齐林伯格（Inman，Zeelenberg，2002）认为，如果消费者在购买商品之前能够获得与商品相关的信息，或者可以得到来自其他购买者的购后意见，这会坚定其购买决心。廖子贤和陈亭羽（2008）的研究也证明了消费者的产品知识与其感知购后失调是呈负相关关系的。因此，在旅游者实施旅游产品或服务的决策后，供给方应该有选择性地提供旅游产品或服务的相关保障信息、其他使用者的反馈信息和社会其他领域的支持信息，以减少旅游者的购后失调的产生。

（2）引导旅游者坚信对旅游产品或服务的选择

让旅游者坚信自己对旅游产品或服务的选择，是减少购后失调非常有效的方式，但是旅游者不会凭空产生信心，需要进行有效的引导。每个旅游者都有购后失调的时候，除了引导旅游者应该保持头脑清醒，勇敢面对现实，冷静地分析整个事件的过程外，还要引导旅游者搜寻相关的知识和信息来降低这种失调的影响，建立选择自信。克拉克的研究指出，购后强化措施或者购后保证能够通过缓解消费者心理不安来提高消费者满意度，此外采取购后强化与保证措施还能够增强消费者购买产品或服务的信心，让消费者相信自己所做的决策是正确并且明智的。

（3）强化旅游者对旅游产品或服务体验式售后分享

哈森和纳斯林（Hasan，Nasreen，2012）在其研究中指出，消费者在购买商品后产生了失调感，这会导致他们建议潜在消费者不要购买该品牌的商品，但是如果消费者购买商品后愿意参与企业的交流互动，将会提高其品牌忠诚度。所以他们建议，销售人员可以采取直接登门拜访，也可以采取其他方式如邮寄商品信息、电话调查、网络意见反馈等与消费者进行售后沟通，这样可以获取关于消费者购买商品后是否产生失调感以及失调感程度的信息。在提倡体验式旅游的今天，我们不仅需要做好旅游产品或服务设计、规划和营销平台建设，也更应该关注旅游产品或服务直接活动完成后的体验式分享。

第五节　旅游者学习的过程

旅游者学习的过程，就是旅游者获取信息、积累经验和形成习惯的过程。我们研究旅游者如何学习，其实就是研究这三个过程是如何形成与发展的，并在旅游活动中实施三个过程，以促进旅游产品或服务的营销。

一、旅游信息的获取

信息是学习的重要来源，一般而言，当个体接触和处理信息时，学习就自然地发生，旅游者解决旅游问题的信息来源主要有"旅游商业环境"和"个人社交环境"两个渠道。

（一）旅游商业环境信息

旅游商业环境是由旅游机构、管理部门及开发商等向旅游者提供的各种信息构成，主要包括报纸杂志、广播电视等传媒宣传的各类营销信息。目标是推销旅游产品或服务，这些高频率呈现的信息将对旅游者产生深远的影响。

（1）激活兴趣与欲望，强化旅游动机。旅游者从商业环境获取相关旅游产品或服务的注意指向，激发其旅游兴趣，诱发其旅游情感，激活其旅游欲望，强化其已有旅游动机，推动其做出旅游产品或服务购买决策。

（2）弥补感知缺失与局限，扩大决策范围。旅游商业环境是旅游机构、管理部门及开发商共同营造的，对旅游者对旅游产品或服务购买决策影响重大。对缺乏旅游经验的旅游者来说，详尽的旅游信息可以使他们消除失调感，把现有感知之外的旅游产品或服务考虑到决策范围之内，从而扩大旅游者的选择范围。

（3）诱导决策方式改变与更新，促使个体完成旅游决定。旅游商业环境所提供的各种真实信息，无疑对潜在旅游者和现实旅游者产生积极的影响，诱导他们改变或更新原来的旅游决策方式，以使个体获得更大的收益和满足感。但是也需要注意，过分正面的旅游信息，可能会对成熟的旅游者产生负面影响，当然这也是旅游决策方式的一种改变和更新。

（二）个人社交环境信息

个人社交环境是旅游者获取旅游信息的主要来源，个人社交环境是由旅游者的亲友、同事及其他与之有交往的个体所构成的环境。心理学家们的研究表明，旅游者从个人社交环境中获得的旅游信息对其旅游动机产生显著影响。与旅游商业环境信息相比，人们更乐于从个人社交环境中获得旅游信息，原因可能是个体认为个体社交环境中的旅游信息更具可靠性、沟通性和实践性。

（1）可靠性，是指个人社交环境中的旅游信息没有出于商业运作的考虑，比较真实可靠。但是，个体社交环境提供的信息并非如旅游者想象的那么真实，尽管信息提供者无意提供不真实信息，然而由于个体差异的存在、旅游心境的不同，必然导致个人提供的信息带有强烈的个人色彩而使可靠性有所降低。

（2）沟通性，是指信息提供者和信息获取者可以相互交流，相互沟通。在交流和沟通的过程中，可以消除部分信息的个人色彩，加快信息流通与传递，减少风险知觉和失调感。

（3）实践性，是指信息来源是同伴的亲身经历，更具实践操作性，更能降低旅游者的心理社会风险。

旅游机构、管理部门及开发商等要注意旅游者的个体社交环境，要让旅游者在优秀的旅游产品或服务的作用下，感到"物有所值""满意而归"的同时，愿意将这份满意与愉悦向其他个人传递与分享，促使其他人做出购买决策。

二、旅游经验的积累

在旅游活动实践中，旅游者通常会从自己亲身经历的人、事、物等概括出一些普遍的规律，形成相应的旅游经验，用于指引以后的旅游活动。一旦旅游者需要做出旅游决策，经验往往会产生重要的作用。

"经验"一词，在《现代汉语词典》里的解释是：①由实践得来的知识或技能。②经历；体验。辩证唯物主义认为，经验是客观事物在人们头脑中的反映，是认识的开端，但经验有待于深化，有待于上升到理论。因此，旅游经验也可以认为包括了旅游者旅游实践产生的知识或技能、旅游的经历与体验。旅游者旅游经验的积累，会使旅游者在以后相同或相似的情景中做出相似的旅游决策，并且进一步完善旅游者经验，使"经验雪球"得以更进一步累积。当然经验结果并非都是积极的，有时会出现过分概括和以偏概全的倾向。

经验的积累离不开记忆，人脑对旅游信息的识记、保持和再现过程伴随着整个旅游活动，要提高旅游者的记忆力，主要从五个方面入手：

（1）记忆要有明确的目的

实践证明，在其他条件相同的情况下，有明确的记忆目的，则记忆力持久且强劲，反之则短暂而微弱。因此，引导旅游者认同和接纳旅游机构、管理部门和开发商等倡导的营销旅游产品或服务的理念是至关重要的。

（2）记忆要有浓厚的兴趣

兴趣是增强记忆力的催化剂。一个人对他所感兴趣的信息和对象，会产生高度集中的注意力与观察力，精神上更加亢奋。激发旅游者的旅游兴趣，会大幅度提高旅游者对旅游经验的记忆，增加他们的旅游经验累积。

（3）记忆要有高度的注意力

只有专心致志，聚精会神，信息和对象才会在大脑皮层中烙上深深的印迹；反之，注意力不集中，无意注意过多，会使人记忆力下降。旅游信息的丰富个性、鲜明特性和优质的个性化服务是凝聚旅游者注意力之所在。

（4）记忆要遵循规律

记忆与遗忘是对立统一的，人的遗忘是有规律的，表现为最初遗忘得较快，几天后会重新想起来，以后逐渐慢慢地遗忘。因此，在遗忘到来之前，旅游产品或服务的售后强化等措施要及时进行，否则事倍功半。

（5）记忆要有良好的心理状态

心理学实验证明，心情舒畅、精神饱满的人，记忆效果就好，反之则差。有节奏感的旅游产品规划和个性化的旅游服务是旅游活动中旅游者保持良好心理状态的有效促进剂。

总之，旅游机构、管理部门和开发商等应积极关注旅游经验对旅游决策的影响，树立良好的旅游产品和个性化的服务形象，设计规划优质的旅游产品让旅游者"乘兴而来，满意而归"，并运用记忆的原理促进旅游者的积极经验累积，使旅游者为旅游品牌义务宣传，以吸引更多的旅游者。

三、旅游习惯的形成

行为主义学派创始人华生说，任何相当定型的行动方式，不管它是外显的或内隐的反应，而且又不属于遗传性反应，应该都可视为习惯，习惯是学来的，不是与生俱来的，它是由刺激与反应之间所形成的稳定关系所构成的。心理学家赫尔（C. L. Hull）也对习惯做了较深刻的论述，他认为感受器官和反应器官间的联结关系会经过强化过程建立并增强，而感受器和反应器的联结就是习惯，可以说习惯不是肉眼可观察到的具体行为变量，而是一种假设性的中介变量，它会随着强化的次数、时间等手段而改变。

人们通过旅游活动形成一定的旅游习惯，当习惯形成，对旅游者的感知、记忆、思维和行动都产生深远的影响，具体如下：

（1）习惯对感知的影响。旅游习惯会导致旅游者对旅游产品或服务的感知趋于方便快捷，而掩蔽感知变得复杂的成分。

（2）习惯对记忆的影响。最新研究表明，大脑中的记忆是以核糖核酸（RNA）编码形式进行的，这一成果已被很多生物学家、生物化学家所证实。在记忆机制的作用下，大脑必然会对习惯信息重复操作编码，此时所产生的核糖核酸分子上的某些结构形式，必然具有和以前信息编码的相似性。而以前的核糖核酸和新合成的核糖核酸共同都具有催化剂的功能。这必然会大大加快这两种物质的相互激活与相互组合。所以人对熟悉的相似性事物的认识过程，反应又快又具有创造性。根据这样的研究结果，旅游者对习惯的记忆信息更容易提取，且更倾向于组织、创造更新这些习惯记忆。

（3）习惯对思维的影响。国外脑科学的实验成果表明，大脑在处理信息的过程中有全息功能和高速度的巴特勒矩阵的数据处理能力，能加速相似熟悉信息自动恢复，对信息进行以某种相似性为基础的一种预处理形式。

（4）习惯对行动的影响。根据华生和赫尔对习惯的定义，其实习惯就是行动实施方式的部分，行动方式的稳定与固化就形成习惯。习惯虽有好有坏，但是对旅游者行动的影响是直接和强烈的。

总而言之，由于旅游习惯的存在，旅游者往往会做顺应性（相似性）学习，这也是重复购买和品牌忠诚形成的一个相当重要的原因。因此，旅游机构、管理部门和开发商等在设计、规划和推销旅游产品或服务时，要在充分了解旅游者旅游习惯的基础上，结合社会需求，融入良好的旅游习惯；同时，在变更旅游产品或服务行动中要有计划地尊重良好的旅游习惯，循序渐进、有层次地减少和消除不良的旅游习惯。

 案例分析

案例 1. 被丢弃的旗袍

一位身份尊贵的西欧女士来华访问，下榻于北方一家豪华大酒店。酒店以VIP（重要客人）的规格隆重接待她。这位女士很满意。陪同入房的总经理见西欧女士兴致很高，为了表达酒店对她的心意，主动提出送她一件中国旗袍，她欣然同意，并随即让酒店裁缝量了尺寸。总经理很高兴能送给尊贵的西欧女士这样一份有意义的礼品。

不料几天后，总经理将做好的鲜艳、漂亮的丝绸旗袍送来时，这位洋女士却面露愠色，勉强收下。几天后女士离店了，这件珍贵的旗袍却被当作垃圾扔在酒店客房的角落里。总经理大惑不解，经多方打听，才了解到客人在酒店餐厅里看见女服务员多穿旗袍，而在市区大街小巷，时髦女士却无一人穿旗袍，因此她误认为那是特定的侍女服装款式，顿生怒气，将旗袍丢弃。总经理听说后啼笑皆非，为自己当初想出这么一个"高明"点子懊悔不已。

问题：请你评析是那个洋女士不讲情理，还是酒店不对？

案例2. 客人永远是对的

一天，有位客人在离开饭店时把房内一条浴巾放在提箱内准备带走，被客房服务员发现后报告了大堂副理。按酒店规定，一条浴巾需向客人索赔80元。大堂副理在大厅收银处找到了结账的客人，礼貌地请他到一处不引人注目的地方，对这位先生说："先生您好，服务员在检查房间时发现您房间少了一条浴巾。"客人有些紧张，但为了维护面子，拒不承认拿了浴巾。大堂副理为了维护客人的面子，对客人启发道："请您回忆一下，是否有亲朋好友来过顺便带走了？"客人不耐烦地说："我住店期间，根本没有亲朋好友来拜访。"这时大堂副理又给客人一个台阶，耐心地对客人说："请您回忆一下，是否把浴巾拿出过浴室，用完后放在房间什么地方了？"可是客人仍没有理解大堂副理的用意。大堂副理只好进一步暗示道："以前我们也发现过一些客人说是浴巾不见了，但他们后来回忆起来是放在床上，被毯子盖住了，或是在别的不容易看到的地方。您是否能上楼看看，浴巾可能也压在什么地方而被忽略了。"这时客人才理解了副理说话的含义，他赶忙提箱上楼。一会儿，客人下楼见到正在恭候的大堂副理，故作生气地说："你们的服务员检查太不仔细了，浴巾明明在沙发后面嘛！"大堂副理不露声色，很有礼貌地说："对不起，张先生，打扰您了，谢谢您的合作。"为了使客人尽快从羞愧中解脱出来，大堂副理又说了一句："欢迎您再次光临本饭店！"同时热情地和他握手道别。

问题：如何理解"客人永远是对的"这句话？

 复习与思考

1. 学习的含义是什么？
2. 学习理论如何在现实的旅游活动中加以运用？
3. 如何保持和转变旅游者的态度？
4. 旅游风险知觉和购后失调策略的实践意义是什么？
5. 旅游者学习过程如何实现与完善？

第八章　社会因素对旅游行为的影响

学习目标

　　掌握影响个人消费行为的参照群体类型，掌握家庭形态、家庭生命周期和家庭旅游决策角色对旅游消费行为的影响，掌握社会阶层对旅游消费行为的影响，掌握不同文化对旅游消费行为的影响

重点难点

　　家庭对旅游消费行为的影响
　　社会阶层对旅游行为的影响
　　不同文化对旅游行为的影响

本章内容

　　群体与参照群体
　　旅游角色在群体中的行为
　　家庭形态与旅游消费行为
　　家庭生命周期与旅游消费行为

家庭旅游决策与旅游消费行为

社会阶层与旅游消费行为

文化与旅游消费行为

● 第一节　群体与参考群体

一、群体

群体是构成社会的基本单位之一，如以血缘关系结合起来的集体是氏族、家庭一类群体；以地缘关系结合起来的集体是邻里一类群体；以业缘关系结合起来的则是各种职业群体。应当注意的是，群体并不是个体的简单集合，几个人偶然坐在火车上的邻近的座位上、几十个人在海滨游泳戏水，都不能称为群体。群体是指在共同目标的基础上，由两个以上的人所组成的相互依存、相互作用的有机组合体。相反，如果同龄人之间、同职业的人之间发生了稳定的、相当密切的交往活动，产生了有别于其他类型人的社会共同体，这种统计学上的群体也就成了社会学意义上的群体。

（一）群体的特征

群体作为一种由人组成的有机组合体，它时时刻刻都对个体和组织发生着影响，并由此体现出自身的特征，其本质特征表现为：

1. 成员们的目标共同性

群体之所以能够形成，它是以若干人的共同的活动目标为基础的，正是有了共同的目标，他们才能走到一起并彼此合作，以己之长补他人之短，以他人之长弥合自己之短，使群体爆发出超出单个个体之和的能量。群体的这一特性，也是群体建立和维系的基本条件。

2. 群体自身的相对独立性

群体虽然是由一个个的个体所构成的，但一个群体，又有自己相对独立的一面。它有着自身的行为规范、行动计划，有自己的舆论，而这些规范、计划和舆论，不会因为个别成员的去留而改变。

3. 群体成员的群体意识性

作为一个群体，它之所以能对各个成员产生影响，并能产生出巨大的动力，就是因为群体中的每个成员都意识到自己是生活在某一个群体里，在这个群体中，成员之间在行为上相互作用，互相影响，互相依存，互相制约。在心理上，成员彼此之间都意识到对方的存在，也意识到自己是群体中的成员。

4. 群体的有机组合性

群体不是孤立个体的简单组合，而是一个有机的整体，每个成员都在这个群体中扮演一定的角色，有一定的职务，负一定的责任，并以做好自己的工作而配合他人的活动，使群体成为一个聚集着强大动力的活动体。

（二）群体的种类

1. 平面群体和立体群体

这是就参加群体人员的成分而言的。所谓平面集体，是指参加这一群体的人员，在年龄特征上、知识结构上、能力层次上以及专业水平上，基本上大同小异，属于同一类型。这样的群体，活动比较单一，服务面也比较窄。而立体群体，则是由四种基本维度水平相差较大的成员所组成，他们虽有差异，但却各有所长，这既可以做到各发挥优势，又可进行相互弥补，使群体成为一个可以进行复杂活动且服务面也非常宽的群体。这种群体有着强大的活力。例如，有的单位由于人员素质好，各具所长，所以，当活动需要转向时，很容易就能转过去，而且很快就能站住脚，像这样的群体，就属立体型群体。

2. 大群体和小群体

这是根据群体人数的多少而划分的。所谓小群体，是成员之间能够直接在心理上相互沟通，在行为上相互接触和影响的群体。这种群体一般以 5~9 人为最佳，但也有人认为，可以有十几个或二三十人，但上限不能超过 40 人。具体地说，这种群体如部队的班排、学校的班级、工人的班组、机关的科室、行政领导班子等。而大群体人员较多，成员之间的接触联系就不太直接了，相对说，在这种群体里，人与人之间关系的维系，社会因素占的成分比心理因素大。具体来说，大群体可以大到阶级群体、阶层群体、民族群体和区域群体，也可以小到一个厂、一个公司等。

3. 假设群体和实际群体

这是就群体是否实际存在而言的。所谓假设群体，是指虽有其名，而无其实，在实际中并不存在的一种群体。它是为了某种需要，人为地将人群按不同的方式加以划分。例如，凡是下过乡的知青，都不自觉地归入"锻炼类"。一般同种经历的人相遇，就觉得亲近几分。再如，目前我国正处于经济建设的高潮期，大量的年富力强的知识分子就成了中坚力量，于是，社会上就把 40~50 岁之间的知识分子称为"中年知识分子"等。这些群体都属假设群体，因为这些人从没有自觉地聚集在一起，也没有直接交往，甚至根本就不认识，只是因为他们在某些方面具有共同点而已，如共同的经历，共同的年龄特征、职业特征，典型的社会心理特征等。由此可见，这些群体实际并不存在，只是为了研究的方便而创设的，故称之为假设群体。实际群体则是现实生活中实际存在的，其成员之间有着各种各样的联系。如工厂中的车间、班组、行政机构中的科室等，都是实际群体。

4. 正式群体和非正式群体

这是以群体的构成形式而言的。这种划分最早来自美国心理学家梅奥的霍桑实验。所谓正式群体，是指由官方正式文件明文规定的群体。群体的规格严格按官方的规定建设，有固定的成员编制，有规定的权利和义务，有明确的职责分工。为了保证组织目标的实现，群体有统一的规章制度、组织纪律和行为准则。我们平时所见到的工厂的车间、班组，学校的班级、教研室，党团、行政组织，部队的班、排等，都属于正式群体。非正式群体则是未经官方正式规定而自发形成的群体。它是人们在共同的活动中，以共同利益、爱好、友谊及"两缘"（血缘、地缘）为基础自然形成的群体。它没有人员的规定，没有明文规定各个成员的职责。它追求的是人与人之间的平等，活动的目的是为了使每个成员的社会需求得到满足。它的"领袖"人物是自然产生的，他们的行为受群体的不成文的"规范"来调节。例如，"棋友""球友"等同行的友好伙伴，某种具有反社会倾向的团伙等都属于非正式群体。在正式群体中，由于人们社会交往的特殊需要，依照好恶感、心理相容与不相容等情感性关系，就会出现非正式群体。

除了上述群体外，在我们的生活中还存在着以成员的相互关系的程度和发展水平而进行划分的群体，如松散群体、联合式群体等。

二、参照群体

参照群体实际上是个体在形成其购买或消费决策时，用以作为参照、比较的个人或群体。如同从行为科学里借用的其他概念一样，参照群体的含义也在随着时代的变化而变化。参照群体最初是指家庭、朋友等个体与之具有直接互动的群体，但现在它不仅包括了这些具有互动基础的群体，而且也涵盖了与个体没有直接面对面接触但对个体行为产生影响的个人和群体，如社会阶层和文化。

参照群体具有规范和比较两大功能。前一功能在于建立一定的行为标准并使个体遵从这一标准，比如受父母的影响，子女在食品的营养标准、如何穿着打扮、到哪些地方购物等方面形成了某些观念和态度。个体在这些方面所受的影响对行为具有规范作用。后一功能，即比较功能，是指个体把参照群体作为评价自己或别人的比较标准和出发点。如个体在布置、装修自己的住宅时，可能以邻居或仰慕的某位熟人的家居布置作为参照和仿效对象。

能够对人们消费行为产生影响的群体多是以参照群体出现的，企业通过名人效应、专家效应、"普通人"效应、经理型代言人方式影响消费者。参照群体对消费者的影响，通常表现为三种形式，即行为规范上的影响、信息方面的影响、价值表现上的影响。

（一）规范性影响

规范性影响是指群体规范的作用对消费者的行为产生的影响。规范是指在一定社会背景下，群体对其所属成员行为合适性的期待，它是群体为其成员确定的行为标准。无论何时，只要有群体存在，无须经过任何语言沟通和直接思考，规范就会立即发挥作用。规范性影响之所以发生和起作用，是由于奖励和惩罚的存在。为了获得赞赏和避免惩罚，个体会按群体的期待行事。广告商声称，如果使用某种商品，就能得到社会的接受和赞许，利用的就是群体对个体的规范性影响。同样，宣称不使用某种产品就得不到群体的认可，也是运用规范性影响。

（二）信息性影响

信息性影响是指参照群体成员的行为、观念、意见被个体作为有用的信息予以参考，由此在其行为上产生影响。当消费者对所购产品缺乏了解，凭眼看手摸又难以对产品品质做出判断时，别人的使用和推荐将被视为非常有用的证据。群体在这一方面对个体的影响，取决于被影响者与群体成员的相似性以及施加影响的群体成员的专长性。例如，某人发现好几位朋友都在使用某种品牌的护肤品，于是她决定试用一下，因为这么多朋友使用它，意味着该品牌一定有其优点和特色。

（三）价值表现上的影响

价值表现上的影响是指个体自觉遵循或内化参照群体所具有的信念和价值观，从而在行为上与之保持一致。例如，某位消费者感到那些有艺术气质和素养的人，通常是留长发、蓄络腮胡、不修边幅，于是他也留起了长发，穿着打扮也不拘一格，以反映他所理解的那种艺术家的形象。此时，该消费者就是在价值表现上受到参照群体的影响。个体之所以在无须外在奖惩的情况下自觉依群体的规范和信念行事，主要是基于两方面力量的驱动。一方面，个体可能利用参照群体来表现自我，来提升自我形象；另一方面，个体可能特别喜欢该参照群体，或对该群体非常忠诚，并希望与之建立和保持长期的关系，从而视群体价值观为自身的价值观。

第二节 群体与旅游角色

一、个体加入群体的必要性

人们加入群体是要完成某项任务或是要满足自己的社会需要。具体说来，人们在群体中可以获得如安全、情感、尊重和认同、完成任务的需要和满足。一个群体只有对自己的成员起着重要的甚至是必不可少的作用，才能长时期维持下去。如一个人参加了由导游带领的旅行团，一可以在有限的时间内游览计划所安排的活动项目；二可以获得心理上的安全感；三可以预先知道整个旅程的花费，免除经济上的担心。同时，旅行团可以帮助协调游客的交通运输、住宿、游览、翻译等各种问题；缩小游客之间的潜在摩擦，创造团结的氛围。由于导游对旅游者起着重要的作用，所以导游带领旅行团的组织形式出现以后，就一直存在并不断发展着。

二、旅游角色在群体中的行为

个体在不同时间可能隶属于不同群体，但不管隶属于何种群体，都要扮演某一个特定的角色，遵循某一特定角色的预期行为行事。

（一）行为的非日常性

在旅游活动中，旅游者所扮演的角色，往往完全不同于他们在日常生活中所扮演的角色。旅游是日常生活之外的生活，在旅游情境中，人们为了追求愉快而进入了一个幻想世界。旅游者在这个幻想世界中，会把束缚其行为的日常义务与责任完全忘掉，其行为标准会明显不同于日常生活中的行为标准。

旅游者外出旅游时，其行为既可以不同于当地人的行为，也可以不同于其在家时的行为。旅游者可以毫无顾忌地喝酒、唱歌、跳舞、打牌、钓鱼、骑马；可以充分体验与亲朋好友在一起的亲密无间的人际关系；可以体验与陌生人交往的独特人际关系；可以以在日常生活中不能做到的方式祖露和表白自己的内心世界。旅游者的行为可能同其在日常生活中的行为截然不同，旅游者在旅游这个脱离了常规生活的舞台上，常常有较大的冲动性、随意性和知觉范围的广泛性，常常会表现出一些"放纵"的甚至有悖常理的行为。在旅游这个"游戏世界"中，有些旅游者甚至可能会做出一些有悖于伦理道德的事情。为此，旅游企业和旅游工作者既要尽可能地满足旅游者的需要，为旅游者提供他们所喜欢的东西和服务，又要抵制某些旅游者的不健康的、胡作非为的或有悖道德习惯的不当要求和行为，不要主动或被动地为其提供违反社会行为规范和道德方式的机会。

（二）行为的从众性

在旅游活动中，个体行为还会出现从众现象，即个人受到外界人群行为的影响，而在自己的知觉、判断、认识上表现出符合于公众舆论或多数人的行为方式。从众现象在旅游活动中屡见不鲜。例如一些旅游者在选择旅游项目、交通工具、酒店、购买旅游纪念品时所表现出来的无意识趋向或违背自己意愿而有意识趋向的现象。

社会心理学家 S.阿希（Asch S.E.）等人的研究与实验证实，群体成员的行为通常有跟从群体的倾向。当成员发现自己的意见和行为与群体不一致时，会产生紧张感，促使他与群体趋向一致。

研究表明，从众现象主要取决于规范压力与信息压力对个人行为的影响。

1. 群体规范压力的影响

群体成员是否遵守群体规范，决定了他的行为是否会受到大家的欢迎。个人为了免受群体其他成员的非议和孤立，往往做出从众行为，从而获得同伴的好评以及群体给予的种种报偿。

2. 信息压力的影响

从众行为时常在信息不详、情况不明、把握不大的条件下发生。当个体从事某项活动，没有客观的权威性标准可供比较时，往往以其他大多数人的意见或行为作为自身行动的依据。因为人们总是倾向于把大多数人共同以为正确的事物作为判断的准则，而怀疑自己与众不同的判断。

从众现象是社会生活中普遍存在的一种社会心理和行为现象。旅游企业和旅游工作者，在处理旅游群体对某一旅游活动项目的选择、某一旅游景点的取舍、某一交通工具的认可上，可以依靠从众心理使其达成一致。

● 第三节　家庭与旅游行为

家庭是由婚姻、血缘或收养关系所组成的社会组织的基本单位，是旅游市场上最主要的客源。据调查，在美国人参加的文化闲暇活动中有近40%是属于家庭性质的。旅游作为一种休闲消费行为，也必然在很大程度上受到家庭因素的影响。这些影响因素主要有家庭形态、家庭生命周期和家庭旅游决策等。

一、家庭形态与旅游消费行为

家庭形态影响着旅游消费的动机、消费能力的大小等。在研究消费心理和行为时，通常将现代家庭划分为以下三种典型结构形态：

(一) 配偶家庭

配偶家庭指仅有夫妻双方而没有子女的家庭。这类家庭有两种情况：一是未生育子女的家庭；二是空巢家庭，即子女都已经长大成人，脱离父母自立门户的家庭。这类家庭在正常情况下，消费不受子女或其他负担的拖累，旅游消费的倾向性比较大，消费重点放在夫妻二人享受上，消费能力也比较强。

(二) 核心家庭

核心家庭是由夫妻与他们的子女共同组成的家庭形态，是现代社会的主流家庭模式。这类家庭的消费，除了维持家庭的正常开支之外，重点会放在孩子的成长和教育上，旅游消费倾向性大小与孩子成长阶段密切相关。受教育往往成为家庭旅游的主要动机，父母在旅游消费中的主体地位被淡化，孩子的时间、爱好、需要等对旅游消费影响很大。

(三) 复合家庭

复合家庭由三代或三代以上的家庭成员构成，其基本结构特征是"上有老，下有小"。这类家庭由于家庭人口多，劳动力少，人均收入相对较低，因此整个家庭的消费能力通常处于维持基本生活的低水平状态，旅游消费倾向性小，消费能力低。

家庭生命周期就是家庭的发展过程，指一个家庭从诞生开始经历不同的发展阶段，直至最后消亡的整个过程。心理学家的研究认为，家庭生命周期的变化是人的旅游决策倾向变化的重要因素。在家庭生命周期的发展过程中，家庭的规模变化以及家庭成员年龄、阅历增加，使其在价值取向、态度、兴趣、需要等方面发生变化，从而影响旅游消费决策。

通常，家庭生命周期的变化会引起人们用于旅游活动的可自由支配的金钱和时间也随之变化。随着年龄的成熟，人们的事业也会步入高峰，这时可自由支配的用于旅游活动的金钱会很多，但由于为事业而奋斗，人们反而可能会没有太多的可自由支配的时间，这种矛盾的变化被称为"休闲矛盾结构"。

心理学家认为，家庭生命周期对人的旅游行为的影响因周期阶段的不同而有差异。美国学者帕特里克·E.墨菲和威廉·A.斯特普尔斯所划分的"现代家庭生命周期"（图8-1）表明，家庭生命周期由青年阶段、中年阶段和老年阶段三个主要阶段构成。

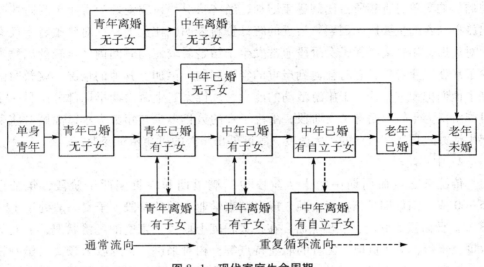

图 8-1　现代家庭生命周期

1. 青年阶段

传统家庭生命周期中的青年阶段包括已婚没有子女和已婚有子女两个阶段，一般为 35 岁以下。青年已婚无子女阶段在传统上为"蜜月"阶段，这个阶段时间较短，一般持续不到两年小孩就出生了。但随着现代社会的发展，生活观念的变化，或由于经济上或事业上的原因，二人世界的时间可能会延长，这使得婚后年轻夫妇能够建立较雄厚的经济基础，这对家庭的旅游行为会产生重大影响。在"蜜月"阶段，新婚夫妇一般会意识到自己有了孩子后，"行动自由"将会受到严重限制，家庭可支配收入也将减少，外出旅游将会受到影响。因此，"蜜月"阶段的青年夫妇在旅游市场上非常活跃。

过了"蜜月"阶段，夫妇的生活就沿着三个方向中的一个方向发展（见图8-2）。按传统家庭生命周期，年轻夫妇要生儿育女。已婚有子女这个阶段习惯上根据子女的年龄又划分为两个阶段，即婴幼儿阶段、4~12 岁少年阶段。这一阶段由于子女的出生通常会改变家庭的生活方式与经济情况，家庭对旅游活动的倾向性受到子女出生的强烈影响。家庭开始把较多的收入花在孩子的衣着、玩具、食品、药品、雇佣保姆、上幼儿园、小学教育等方面。在婴幼儿阶段，孩子还不能脱离父母单独行动，这个阶段家庭外出旅游的机会很少；4~12 岁少年阶段，家庭的旅游行为取决于家庭收入、所属社会阶层以及子女的多少。这个阶段外出旅游的动机主要是让小孩增加知识，开阔视野，大多数情况为近距离旅游。

家庭生命周期中的青年阶段除已婚没有子女和已婚有子女两个阶段外，还包括青年单身、年轻离婚无子女和年轻离婚有子女三个阶段。受社会观念、生活压力的影响，单身青年所占比例逐年增加，经济状况、兴趣爱好为青年单身阶段外出旅游与否的主要影响因素。最近的统计资料表明，在美国，三对已婚者中就有一对离婚，年轻离婚无子女阶段通常发生于结婚后较短的时间内。年轻的离婚者除了高薪职业者外，有时会遇到严重的经济问题，再加上其他的情况，就暂时限制了他们把大笔金钱用于旅游活动的能力。现代家庭生命周期早期部分的另一个可能阶段为年轻离婚有子女阶段，不论子女的数目多少与年龄大小，离婚必将引起生活方式与经济状况的巨大改变，家庭外出旅游的机会相对变少。

2. 中年阶段

传统家庭生命周期中的中年阶段包括满巢期和空巢期两个阶段，年龄在35~60岁。满巢期是指在子女独立或者结束学业之前的阶段，子女一般处于12~23岁。此阶段家庭能否外出旅游，在很大程度上取决于家庭的经济状况，子女的数量、年龄、学业负担，父母的职业特点等。相对来讲，家庭收入较高，子女较少、年龄大、学业压力不大，对子女受教育重视的，容易组织全家外出旅游。空巢期指子女独立生活到夫妻退休之前的阶段，年龄在45~60岁。此阶段不再有未独立的子女需要抚养，经济上和时间上就有了更大的自由，另考虑到退休之后的经济、身体状况，旅游活动频繁。

中年已婚无子女夫妇也属于这个阶段。尽管这部分人相对而言并不多，但今后可能有更多的夫妇有意识地不生育，这部分人的数量将越来越多。健康状况良好、有经济保障的无子女夫妇，会把大笔金钱花费在旅游上；中年离婚有子女或者离婚无子女的这部分人，受经济状况、抚养未成年子女或者其他原因，外出参加旅游活动的机会不多。

3. 老年阶段

家庭生命周期的老年阶段始于夫妇退休之时。对大多数人来说，退休意味着生活方式和经济状况的改变。一般来说，那些有大量积蓄或退休金和身体健康的老年人，能够享受积极的退休生活，也就意味着他们能经常去旅游。在现实生活中，我们在世界各地的主要旅游目的地、旅游景区、旅游度假区常年都可以看到很多老年游客，很多旅行社和旅游部门也都把"银发旅游"作为一个重要的旅游产品。

其实，家庭生命周期不仅影响家庭出游的数量，还影响着对旅游活动方式的选择。一般来说，子女尚小的青年阶段的家庭旅游，常常选择的旅游方式是匆匆地赶向某一个特定的旅游景点和地区，在那里参加各种度假活动；中年阶段的旅游者，一般比较喜欢多目的地的旅游产品，如探险考察式的旅游活动方式；而老年阶段的旅游者则喜欢选择悠闲地朝旅游目的地行进，把旅途过程和游览旅游目的地视为同等重要的旅游方式。

二、家庭旅游决策与旅游消费行为

除家庭形态和家庭生命周期外，家庭成员在旅游活动中所担当的角色也影响着旅游消费决策。以核心家庭为例，探讨旅游活动中家庭成员扮演的角色。

（一）家庭旅游消费角色

（1）家庭旅游的发起者，是指家庭成员中最早发起或提议去享受旅游产品和服务的人，他能促使家庭其他成员对旅游产品和服务产生兴趣。

（2）家庭旅游的影响者，是影响最后做出旅游决策的人，他所提供的信息或购买建议对决策者有一定的影响力。

（3）家庭旅游的决策者，是最后决定购买旅游产品或享受服务意向的人，是家庭旅游消费中最关键的角色。研究在一个家庭的消费行为中谁承担决策者的角色有着重要意义，只有弄清谁是商品的购买决策者，才能使商品的推广具有针对性。家庭旅游决策者有丈夫决策型，妻子决策型，共同影响、一方决策型，共同影响、共同决策型四种类型，将在家庭旅游决策类型中详细叙述。

（4）家庭旅游的购买者，是指实际购买旅游产品和服务的人。

（5）家庭旅游的使用者，是指享用旅游产品和服务的人。作为旅游产品和服务的使用者，他们能反馈旅游产品和服务的信息，对旅游产业有重要影响。

至于家庭成员扮演何种角色，则取决于不同家庭状况和购买的旅游产品和服务类型。在一项旅游产品的购买中，有时一个家庭成员要扮演几个角色，如发起者、决策者、购买者和使用者。有时可能是几个家庭成员都来扮演同一个角色，如使用者。

（二）家庭旅游决策类型

由于夫妻双方在决策过程中所处的地位不同，以及对旅游产品类型的需要不同，因此家庭决策的方式往往也有所不同，可以概括为以下四种类型：

（1）丈夫主导型。在这种决策类型中，丈夫对购买决策有主要影响，实际上掌握最后的选择权。在这种情况下，妻子对问题或所需产品的认识，对搜集有助于选择的信息及购买决策，通常没有多大影响。

（2）妻子主导型。在这种决策类型中，妻子对购买决策有主要影响，实际上掌握最后的选择权。

（3）共同影响，一方决策。在许多购买情况下，尽管夫妻双方对结果都有一定的影响，但由一方做出最后决定。例如，虽然购买家用器具的决定通常由妻子做出，但丈夫也可能对此有很大的影响。

（4）共同影响，共同决策。这种决定是共同做出的，双方为做出决定都尽一份力，没有一方对购买决定起明显的主导作用。例如，购买起居室里的陈设和装饰品。

罗杰·L.金斯（Roger L. Jenkins）对美国家庭各成员在度假旅游决策过程中所起的作用进行了分析和研究，结果显示在旅游活动决策中，只有食宿和旅游目的地明显是由一方占支配地位，即在大多数的家庭中，丈夫似乎支配着这两项重要的家庭旅游决策；对于是否带孩子一起去、度假的实际天数、交通工具、度假活动的形式、在度假地待多久等旅游决策，通常属于共同影响，一方决策；而对度假决策本身（家庭是否度假）和花多少钱这两个问题双方都有很大的影响，最后做出共同决策。但随着社会的发展，人们观念的变化，妇女在政治、经济中的地位越来越高，丈夫传统的对这种决策的主导作用将逐渐削弱。

需要指出的是，孩子虽然不是家庭旅游活动的最终决策者，但能对旅游决策产生很大的影响。比如孩子的兴趣、需要和所学课程，对旅游景点的选择和活动内容的确立都有很大影响。在旅游时间的选择上，家长也会按照孩子假期时间来安排。交通工具、住宿地、住宿条件、餐饮食品等选择，家长有时也会因孩子的需要而改变。

第四节　社会阶层与旅游行为

有史以来，各种社会形态都有一定形式的社会阶层，它是一种分清人们社会上所扮演角色的等级系统。因为并不是所有的人都拥有相同的权力、相同的财产或相同的价值；不是所有的职业都具有相同的名望；在社会等级方面，有些人的地位比较高，有些人的地位则比较低。因此社会阶层是指全体社会成员按照一定等级标准划分为彼此地位相互区别的社会集团。

同一社会集团成员之间的态度以及行为和模式和价值观等方面具有相似性，不同集团成员存在差异性。如不同社会阶层消费行为差异主要表现在支出模式、休闲活动、信息接收和处理、购物方式几个方面。

心理学家对消费者心理的研究发现，个人的消费结构不但与其经济收入相关，而且与其所在的社会阶层有着更直接的关系。尤其是当收入水平达到维持温饱水平以上时，个人的消费模式与社会阶层的联动关系表现得更为明显。

一、社会阶层的划分

不同社会阶段、不同国家都有对社会阶层的划分。卡尔·马克思（Karl Marx）

认为一个人的社会位置是由他和生产资料的关系即生产关系决定的。社会学家马克斯·韦伯（Marx Weber）指出，人的社会地位的形成并不是单向度的，而是或者考虑其威望或"社会声望"，或者注重于其权力（党派），或者围绕其财富和财产（阶级）。美国倾向于根据收入分配划分阶层结构。作为一个等级主义国家，英国的消费方式依据他们所继承的社会地位和家庭背景。

（一）阶层的划分标准

划分一个人的社会阶层时，人们会考虑大量的信息因素，包括职业声望、收入、所拥有的权力、受教育程度、个人成就、人际交往和观念倾向等。其中最重要的是职业声望、收入和所拥有的权力三个因素。

1. 职业声望

每个消费者的类型在很大程度上是由其谋生手段来界定的，职业声望是评价一个人是否"有价值"的一种方式。职业声望的等级制度在一段时期内是非常稳定的，在不同的社会他们也是比较类似的。一个典型的最高阶层包括处于高层的各种人，如一个大公司的总经理、内科医生或行政官员，而像擦皮鞋的、钟点工和捡垃圾的等工作人员，则是处于低层的工作者。由于一个人的职业一般与他的空余时间的利用、家庭资源的分配、政治方向等密切相关，这些变量被认为是评价社会阶层的最好指标。

2. 收入

通常，收入本身并非代表社会阶层的一个非常好的指标，因为金钱的支出比收入本身更重要，但人们需要用金钱来衡量能代表他们身份、地位、品味和声望的产品和服务，因此收入也很重要。

3. 所拥有的权力

所拥有的权力包括个人占有的政治、经济等资源，它改变个人或群体行为的能力，进一步影响社会地位、经济收入等重要的阶层指标。

（二）中国十大社会阶层

根据中国社科院 2001 年 12 月发表的《当代中国社会结构变迁研究报告》，依据各个社会阶层对组织资源（政治资源）、经济资源、文化资源的占有情况，即对这三种资源的拥有量和所拥有的资源的重要程度，当代中国社会可以划分为十个社会阶层，它们分属五种社会地位等级：上层、中上层、中中层、中下层、底层（见图 8-2）。

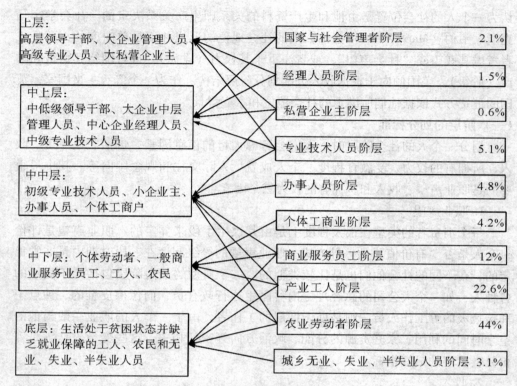

图 8-2　中国社会五大社会等级与十大社会阶层

1. 国家与社会管理者阶层

这是指在党政、事业和社会群体机关单位中行使实际的行政管理职权的领导干部。中国的社会政治体制决定了这一阶层居于最高或者较高的社会地位等级，是整个社会阶层结构中的主导性阶层。这一阶层在整个社会阶层结构中所占的比例约为 2.1%。

2. 经理人员阶层

这是指大中型企业中非业主身份的中高层管理人员，包括从原国有和集体企业行政干部队伍中脱离出来的职业经理人、较大规模的私营企业或高新科技产业领域中的民营企业的经理、"三资"企业的中高层管理人员。他们在当前的社会阶层结构中是主导阶层之一。这一阶层在整个社会阶层结构中所占的比例约为 1.5%。

3. 私营企业主阶层

这是指拥有一定数量的私人资本或固定资产并进行投资以获取利润的人，按照现行的政策规定，它包括所有雇佣八个员工以上的私营企业的业主。这一阶层在整个社会阶层结构中所占的比例约为 0.6%。

4. 专业技术人员阶层

这是指在各种经济成分的机构（包括国家机关、党群组织、全民企事业单位、集体企事业单位和非公有制经济企业）中专门从事各种专业性工作和科学技术工作的人员。这一阶层在整个社会阶层结构中所占的比例约为 5.1%。

5. 办事人员阶层

这是指协助部门负责人处理日常行政事务的专职办公人员，主要由党政机关的中低层公务员、各种所有制企事业单位中的基层管理人员和非专业性办事人员等组成。这一阶层是社会阶层流动链中的重要一环，其在整个社会阶层结构中所占的比例约为 4.8%。

6. 个体工商业阶层

这是指拥有少量私人资本（包括不动产）并投入生产、流通、服务业等经营活动或金融证券市场，而且以此为生的人。例如，小业主或个体工商户、自我雇佣者或个体劳动者以及小股民、小股东、出租少量房屋者等。这一阶层在整个社会阶层结构中所占的比例约为 4.2%。

7. 商业服务业员工阶层

这是指在商业和服务行业中从事非专业性、非体力和体力劳动的工作人员。由于中国目前的商业服务业还不发达，而且产业层次比较低，商业服务业员工阶层在整个社会阶层结构中所占的比例约为 12%。

8. 产业工人阶层

这是指在第二产业中从事体力、半体力劳动的生产工人、建筑业工人以及相关人员。这一阶层在整个社会阶层结构中所占的比例约为 22.6%。

9. 农业劳动者阶层

这是指承包集体所有的耕地，以农（林、牧、渔）业为唯一或主要的职业，并以农（林、牧、渔）业为唯一收入来源或主要收入来源的人员。这一阶层的人员在整个社会阶层结构中的地位比较低。1999 年，这一阶层在整个社会阶层结构中所占的比例约为 44%。

10. 城乡无业、失业、半失业者阶层

这是指无固定职业的劳动年龄人群（在校学生除外）。这一阶层的许多成员处于贫困状态。这一阶层在整个社会阶层结构中所占的比例约为 3.1%。

二、社会阶层与旅游消费行为

同一社会阶层的人在价值观、行为准则、消费观念、需求动机等方面都具有一致性，因此在旅游消费行为上也表现出很明显的相似性。

中国社会阶层中的中下层和底层人员几乎用收入的绝大部分或全部来维持基本生活,其消费行为是被生理需要牵着走的,因此,求廉、求实是这些人的主导性消费动机。经济实力决定了这一阶层的家庭不会有太明显的旅游动机,偶尔出游,也只是光顾本城市内的某些廉价或免费项目,对去折扣商店或大众商店购物有兴趣,其消费行为的特点是立即获得感和立即满足感。中层人员的家庭在维持生理需要的前提下,收入略有节余,因此,他们有可能谨慎地开展消费项目,但是由于经济并不宽裕而具有强烈的忧患意识,所以又不敢贸然扩大消费范围。在旅游方面,这些人往往认为,他们理想的旅游方式是到本城市内或附近的旅游目的地,以观光为主,很难进行真正意义上的度假旅游。中国社会阶层中的中上层人员的家庭由于经济不再拮据,个性消费开始形成,他们讲究体面,追求情趣和格调,关注能够增进自我形象的旅游项目。这些人大都是事业上的成功者,因此,他们在旅游消费活动中常常表现出自信、开明、体面。随着中国现代化进程的加快,中国社会中的中间阶层在整个社会阶层中的比例会越来越大,因此可以将他们称为旅游队伍中的生力军。上层人员的家庭已经完全具备良好的生活条件,因而追求个性化消费已经成为明确的消费主题,享受型服务在其消费结构中所占的比例很大。他们外出旅游时注重成熟感和成就感,花钱要符合自己的身份,高档消费在他们的生活中已经变得常规化,因此在旅游消费中,他们表现出明显的张扬性、摆阔气性和挥霍性。

● 第五节　文化与旅游行为

文化可视为一个大型的非人格化的参照群体,它是影响人们消费行为的重要因素。本节重点探讨文化对旅游消费行为的影响。

一、文化

(一) 文化的概念

文化是人类社会发展所创造的物质财富和精神财富的总和,它包括物质文化、制度文化和心理文化三个方面。物质文化是指人类创造的种种物质文明,包括交通工具、服饰、日常用品等,是一种可见的显性文化;制度文化和心理文化分别指生活制度、家庭制度、社会制度以及思维方式、宗教信仰、审美情趣,它们属于不可见的隐性文化,包括文学、哲学、政治等方面的内容。由此可见,文化的范畴非常广泛，个人身处社会中，将无时无地不受文化的影响。

作为一个旅游消费者，从消费者行为学的角度，可以把文化定义为：文化是用来调节某一特定社会消费行为的习得的信念、价值和习惯的总和。

（二）文化的特征

1. 无形性

作为精神财富，文化是无形的，但对人类行为的影响却是根深蒂固的。对于人类来说，在其日常生活中很难清楚地感知到文化的存在。只有当个体与其他文化接触时，在不同的社会价值和习俗影响下，他才意识到文化差异的存在，才会意识到某种文化对自己的影响。

2. 习得性

人类并非天生就具有文化意识，文化是后天习得的。人们从出生开始就生活在社会环境中，不断通过直接和间接的方式获得构成社会的一系列观念、价值和习惯，并在心中留下了深深的烙印。

3. 稳定性

文化一经形成，便以风俗习惯、思想观念、行为方式、节庆活动等形式表现出来，并以特有的稳定性保持相当长的时间。例如中国传统的就餐方式，待人接物的礼节，房屋的建筑风格等。

4. 动态性

文化的稳定性并非一成不变的，随着社会经济的发展、科技的进步、人口的变化、与外界的交流，文化表现出动态性的特征。曾被少数人所享有的旅游现已成为人们普遍接受的社会时尚和基本生活方式。

5. 共有性

文化通常被认为是群体的习惯，它和群体成员有着密切的关系。如全世界共有的体育、音乐、舞蹈、教育等文化因素。

6. 独特性

在不同的社会中，文化因素又存在相当大的差异。如不同国家和地区的饮食、建筑、服饰、语言等。

7. 借鉴性

文化为社会成员所共享，是学而知之的。一个国家或民族的文化不断积累扩展，在很大程度上是融进和借鉴了其他国家或民族的优秀文化。例如，日本人喜欢喝酱汤的习俗是从中国文化中汲取的。

8. 民族性

随着民族的繁衍和发展，形成了民族特有的性格、民族传统和生活方式。就中华民族而言，由于几千年传统的儒家文化的熏陶，中国人形成了强烈的中庸、平和、忍让、谦恭的民族风格，表现在消费行为中，就是随大流、重规范、讲传统。

二、文化与旅游消费行为

（一）社会文化对旅游行为的影响

每个人都是生活在一个特定的文化环境中，从小就受到周围文化的熏陶，并建立起与该文化相一致的价值观念和行为准则。不同国家、地域，不同民族、种族，不同生态环境，不同经济发展水平，其文化传统与价值观念会有很大差异，因此在消费行为上不尽相同。比如，西方人忌"13"，认为这是一个不祥的数字，如若碰巧又是星期五，他们更是忌讳之至，认为一切活动都得加倍小心。我们常见到西方人在出游时回避这个数字的日子，进饭店时回避这个数字的楼层和房间。为此，从旅游业的角度来考虑，要想吸引更多旅游者，在文化方面就要投其所好，也就是说要了解旅游者所遵循的风俗和习惯，在接待服务过程中注意避免使旅游者处于尴尬的局面，影响其旅游消费。

（二）旅游对文化的冲击

一个地区，随着旅游资源和设施的开发逐步成为旅游目的地，旅游一定会对当地的文化产生一定程度的影响，当地居民也一定会感知到旅游者带来的异邦或异地文化的影响。对旅游目的地而言，外来文化的影响会随着来访旅游者数量的不断增加而逐渐加大，外来文化的影响达到一定程度后，甚至会在某种程度上潜移默化地改变着当地固有的传统社会文化。但是当地居民对这些外来文化的感知程度却和外来文化对当地文化的影响程度成反比，即随着旅游目的地的发展，外来文化对旅游目的地的影响会越来越大，但是当地居民对外来文化影响的感知程度却越来越弱。在旅游目的地开发的初期，虽然来访的旅游者的数量不多，但是当地居民却能强烈地感知到这些旅游者带来的异样文化，对这些新奇的异样文化充满了好奇心。随着旅游目的地的进一步开发，越来越多的旅游者进入该地区，当地居民逐渐熟悉了外来旅游者带来的异样文化的特征，对外来文化的浸润表现得越来越麻木不仁，表现出一种见怪不怪、习以为常的态度，随着时间的推移甚至会适应这些文化的影响并接受这些文化。这种关系可以用重叠在一起的一个正三角形和一个倒三角形来表示（见图8-3）。

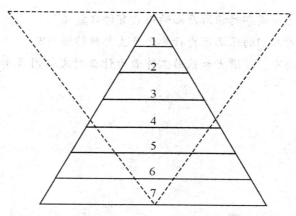

图 8-3　旅游者带来的外部文化与当地居民对外来文化的影响的知觉

案例分析

2000 年，布朗先生与太太结为夫妇，他们都非常热衷于帆船运动，因此他们在法国的里维埃拉度过了蜜月。除了帆船和其他一些冒险活动以外，布朗夫人也比较喜欢参观艺术博物馆，但是由于布朗先生不喜欢，布朗夫人选择了放弃。

2002 年，情况发生了变化，他们有了两个女儿，布朗先生依旧沉迷于帆船运动，但布朗夫人放弃了。2008 年，他们选择到希腊一个小岛上的农庄度假。这是为了他们的孩子，也为了夫妻间更好地沟通。2012 年，他们选择到美国度假，重点游览了一些美国名校。这是为孩子未来的求学提前考察与选择。2014 年，布朗夫人想到古老的中国旅游，体味东方文化的神韵。但布朗先生想去巴西旅游，以便现场观看四年一次的世界杯足球赛。最后，由于孩子学习困难且家庭预算紧张，他们哪里都没去。

请回答以下问题：

（1）什么是家庭生命周期？可以分为哪几个阶段？

（2）家庭生命周期的各个不同阶段，对旅游行为会产生什么样的影响？为什么？

复习与思考

1. 举例说明一个配有导游的旅游群体为其成员提供的利益。

2. 个体在旅游消费群体中的行为有哪些表现？

3. 研究家庭生命周期对旅游产品的销售有什么意义？

4. 社会阶层对人们的旅游消费行为会产生怎样的影响？

5. 在旅游活动中，旅游者和旅游工作者为什么对文化因素十分重视？请举例说明。

第九章 旅游企业管理心理

学习目标

理解沟通的不同方式，认识到旅游企业内部良好沟通的重要性。掌握群体心理的概念，理解群体压力、群体动力和群体凝聚力等群体意识。认识心理健康的重要性，了解主要的心理问题的预防和自我调适的方法。

重点难点

沟通
旅游企业员工的职业心理保护和调适

本章内容

沟通
群体心理
旅游企业员工心理健康与调适

沟通、群体心理是影响群体行为的重要因素，也是旅游企业管理中极其重要的内容。本章旨在探讨其中的心理因素与一般心理规律。旅游企业员工心理健康与调适更是旅游企业管理心理中日益受到学界关注的一个新的热点问题，因此本章结合旅游企业员工实际，针对旅游企业特点，对旅游企业员工心理健康与调适进行了有益的积极探讨。

第一节　沟通

一、沟通概述

（一）沟通的含义

在人类社会生活中，每一个人离开了他人，离开了社会、群体，是不可能独立存在于世的。人们为了生存，就必然要与别人建立联系，与别人交流信息，形成各种各样的群体，产生不同的行为，从而也就建立了各种各样的人际关系。工作中，沟通的重要性是不言而喻的，积极有效的沟通能为个人营造一个良好的人际关系，还能为个人工作和生活带来很多好处。那么，工作中如何进行沟通？

沟通常被认为是一个应用非常普遍的词语，因为人们每天的生活和工作都离不开沟通。旅游企业从业人员，每天都要面对不同的人，针对不同的事进行千差万别的沟通。沟通的发生不以人的意志为转移，在人的感觉能力可及的范围内，人与人之间会自然地产生相互作用，发生沟通。无论你情愿与否你都无法阻止沟通的发生。

本书从管理的角度把沟通定义为：沟通是指信息从发送者到接收者的传递和理解的过程。根据这一概念，沟通有以下三个方面的含义：

1. 沟通是双方的行为

沟通活动必须有信息的发送者和接收者参与，其中双方既可以是个人也可以是组织。

2. 沟通是信息的传播过程

沟通是一个传递和理解的过程，如果信息没有被传递到对方，则意味着沟通没有发生。而信息在被传递之后还应该被理解，一般来说，信息经过传递之后，接收者感知到的信息与发送者发出的信息完全一致时，才是一个有效的沟通过程。

3. 沟通通过信息载体符号实现

沟通要有信息内容，并且这种信息内容不像有形物品一样由发送者直接传递给接收者。在沟通过程中，信息的传递是通过一些符号来实现的，例如语言、身体动作和表情等，这些符号经过传递，往往都附加了发送者和接收者一定的态度、思想和情感。

（二）沟通的基本要素

沟通的基本要素有信息源、信息、通道、目标靶、反馈、障碍和沟通背景。

1. 信息源

信息源主要指拥有信息并试图进行沟通的人。沟通的过程通常由他们发动，沟通的对象和沟通的目的通常也由他们决定。一般说来，信息源的权威性和经验、可值得信赖的特征、信息源的吸引力等都会影响整个沟通过程。比如，我们通常更愿意相信有关领域的专家传递的信息，也更愿意相信具有公正品质的信息传递者所传递的信息，而且，当信息源具有外表吸引力的时候，我们也倾向于喜爱他们，从而听从于他们，这就不难理解为什么那么多企业都偏好聘请名人来做广告了。

2. 信息

信息主要指信息源试图传递给目标靶的观念和情感，它们必须被转化为各种可以被别人觉察的信号，这些信号包括语词的和非语词的。语词信号既可以是声音的，也可以是文字的，运用语词进行沟通时，沟通的双方必须具有共同的理解经验。非语词信号包括身段姿态、表情动作、语调等。

3. 通道

通道主要指沟通信息的传送方式。面对面的沟通与大众传播各有自己的特点。面对面的沟通除了具有语词或非语词本身的信号以外，沟通者的心理状态信息、背景信息以及及时的反馈信息等，都容易使沟通双方的情绪被感染，从而发生更好的沟通效果。大众传播主要是借助大众媒体传递信息，从而达到沟通交流的目的。相对于面对面的沟通来说，大众传播有传播范围广、传播速度快等优点。

4. 目标靶

目标靶主要指沟通过程中的信息接受者。目标靶总是带有自己的经验、情感、观念。所以，信息源发出的信息是否能够产生影响，还取决于目标靶是否注意、知觉这些信息，是否将这些信息进行编码和转译，并储存在自己的知识系统中。

5. 反馈

反馈是指在沟通这个交互作用的过程中，沟通双方不断地将自己对接收到的信息的反应提供给对方，使对方了解自己所发送的信息引起的作用，了解对方是否接收了信息，是否理解了信息，他们接收信息后的心理状态是怎样的，从而根据对方的反应调整自己的信息发送过程，以便达到预期的沟通目的。

6. 障碍

在沟通过程中，障碍可能会发生在任何一个环节。比如，信息源可能是不明确的、不可靠的，发送的信息没有被有效和准确地编码，发送信息时选错了通道，目标靶没有能够对信息做出信息源所期望的反应等。另外，沟通双方之间缺乏共同的经验，比如语言不通，也可能很难建立有效的沟通。在旅游企业为客人提供服务的过程中，就很容易因为服务人员的外语水平不过关而导致服务困难甚至是服务失败。

7. 沟通背景

沟通背景主要指沟通发生的情境。它是影响沟通过程的重要因素。在沟通过程中，背景可以提供许多信息，也可以改变或强化语词、非语词本身的意义。所以，在不同的沟通背景下，即使是完全相同的沟通信息，也有可能获得截然不同的沟通效果。

拓展阅读

"嗒、嗒、嗒。"服务员敲门。门刚打开，一位服务员的手就伸了过来，手上有两张纸片："这是您明天的免费自助早餐券，晚安！"服务员有礼貌地说。如果这是在傍晚时分，服务员的工作是无可挑剔的。可是住在这个房间的李先生是从外地来此地搞推销的业务员，白天跑了一天，累得半死，早已呼呼大睡；这时，突然响起了敲门声，把他惊醒。李先生看了看床头的手机液晶显示，已是午夜23点，李先生极不情愿地下床开门。此时我们可想而知，李先生当时对服务员的工作是何种心情了。

二、沟通的类型

（一）言语沟通和非言语沟通

信息沟通可以通过多种方式进行，其中最常见的有口头交谈、书面文字、非言语沟通、电子媒体等。

1. 口头交谈

人们最经常采用的信息传递方式就是口头交谈。口头交谈包括开会、面谈、电话、讨论等形式，比如导游与游客的交流、上司与一般员工的交谈等。它的优点是用途广泛、交流迅速，有什么问题可直接得到反馈。缺点是事后无据，也容易忘记，当一个信息要经过多人传递时，由于每一个人以自己的方式传递信息，传到最后信息会发生扭曲。

2. 书面文字

以书面文字形式沟通信息往往显得比较正规和严肃。它的优点是有文字依据，信息可长久地被保存，若有关此信息的问题发生，可以进行检查核实，这对于重要信息的沟通是十分必要的。另外，通过文字准备，可字斟句酌，以便准确地表达信息内容，它可使许多人同时了解到信息。但书面传递难以确知信息是否送达，接收者是否能正确理解。

3. 非言语沟通

非言语沟通主要指说和写（语言）之外的信息传递，包括手势、身体姿态、音调（副语言）、身体空间和表情等。非言语沟通与言语沟通往往在效果上是互相补充的。非言语沟通的类型主要有以下几种：

（1）表情

人类祖先为了适应自然环境，达到有效沟通的目的，逐渐形成了丰富的表情，这些表情随着人类的进化不断发展、演变，成为非言语沟通的重要手段。人们通过表情来表达自己的情感、态度，也通过表情理解和判断他人的情感和态度。旅游企业要求一线的服务人员都要在客人面前面带微笑，因为微笑是没有国界的表示友好的语言。

（2）目光

俗话说，眼睛是心灵的窗户。可见，目光被认为是表达情感信息的重要方式。在沟通中，目光的作用是巨大而强烈的。目光接触往往能够帮助说话的人进行更好的沟通，目光的功能主要有注意、劝说、调节和表达情感。彼此相爱的人和仇人的目光是完全不同的，前者含情脉脉，后者则怒目而视。

（3）身体语言

在日常生活中，我们也经常采用身体姿势或身体动作来与别人交流信息，传达情感。比如，摆手表示制止或否定，搓手或拽衣领表示紧张，拍脑袋表示自责，耸肩表示不以为然或无可奈何。

身体语言大致可分为以下四类：

①表示象征意义。不同民族、不同文化背景的人通常对身体语言有不同的理解，他们约定俗成的身体语言也具有不同的象征意义。例如，同样是竖起大拇指这个动作，不同的国家，人们就会有不同的理解。中国人认为是表扬、称赞，澳大利亚等国家的人会认为是在祈祷幸运，日本人可能会理解指代男人，美国等国家的人又用这个手势来拦路搭车。

②用作补充说明。身体语言或身体动作常常作为言语沟通的补充说明。导游经常会在工作中使用动作来配合自己的口语表达，以使游客对自己的表达更加清楚明白。例如在讲解中，尤其是对远处的景物的讲解中，导游通常会配以手势的指引，这样才能让游客更好地欣赏景物。

③对沟通进行调节。身体语言或身体动作在沟通过程中能够调节沟通过程，强化或弱化沟通者传达的意义、节奏和情感。例如，客房服务员在进房打扫时有

时会遇上特殊情况，即没有发现客人仍在房间，造成尴尬，这时不管客人是蒙头大睡或是在卫生间，服务员切不可惊慌失措，连对不起都不说就狼狈地仓皇逃离，因为仓皇逃离只能强化这一尴尬事件，甚至让客人因而投诉。此时，服务员应用平静真诚的语调向客人道歉，轻轻退出房间。

④进行情感表露。在沟通中，沟通者的坐姿、站姿、走姿等也传达着很多的信息，特别是情感信息。例如，服务人员通常不应采用两手叉腰或是两手交叉于胸前的姿势，这样会给客人一种将客人拒之于千里之外的傲慢的感觉，而应将两手交叠置于腹部或是背后，以显示其专业、礼貌、谦恭的精神。

（4）服饰

美国传播学家韦伯说过："衣服也能说话，不管我们穿的是工作服、便服、礼服、军服，可以说都是穿着某种制服，可以无形中透露我们的性格和意向。"我们从服装的质地、颜色、款式、新旧上往往可以看出一个人的身份、地位、经济条件、职业线索、生活习惯、文化修养和审美品位等，这说明服饰也在为沟通者传达着信息，也可以起到交流的作用。

（5）讲话风格

有声语言包括许多社会符号，它在沟通过程中起着重要作用，它告诉我们在什么背景下什么人在对什么人说什么。曾经有这样一个故事，意大利的著名影星罗西在法国参加一个宴会，客人请他即席表演一段悲剧，罗西当场用意大利语念了一段话，客人们虽然听不懂，但听到他悲伤的语调，看到他痛苦的表情，都禁不住流下眼泪，席间有位意大利人却借故跑出餐厅，偷偷地笑起来，原来罗西朗诵的是宴会的菜谱。

（6）人际空间

人与人之间需要保持一定的空间距离。任何一个人，都需要在自己周围有一个自己把握的自我空间，它就像一个无形的气泡一样为自己占据了一定的领域。而当这个自我空间被人触犯，人就会感到不舒服，不安全，甚至恼怒起来。就一般而言，交往双方的人际关系以及所处情境决定着相互间自我空间的范围。通常亲密则表示相互之间具有较近的人际距离，疏远则表示相互之间具有较远的人际距离。人际距离传达的意义也具有文化特色，受环境的限制，有的民族喜欢双方保持近距离，而另一些民族则与之相反。人际交往的空间距离不是固定不变的，它具有一定的伸缩性，这依赖于具体情境、交谈双方的关系、社会地位、文化背景、性格特征、心境等。社会地位不同，交往的自我空间距离也有差异。一般说来，有权力、有地位的人对于个人空间的需求相应会大一些。此外，人们对自我空间需要也会随具体情境的变化而变化。例如，在拥挤的公共汽车上，人们就无法考虑自我空间；若在较为空旷的公共场合，人们的空间距离就会扩大。

4. 电子媒体

随着电子技术的发展，电子媒体在当今世界信息传递过程中充当着越来越重要的角色。除了电信和邮政系统外，我们还可以通过闭路电视、计算机网络、录像等传递或保存、处理信息。电子媒体可迅速提供准确信息。计算机和录像还可以用很小的空间保存大量的信息。电子媒体的缺点是它的高成本，另外，某些电子媒介如录像等不能提供信息反馈。

以上各种方式，哪一种最好，取决于当时的情境。尽管研究表明，采用口头和文字结合的沟通方式比单独采取口头或文字方式好，但通常人们还是认为面对面的交流方式更好。

（二）正式沟通和非正式沟通

1. 正式沟通

正式沟通是指通过正规的组织程序，按权力等级链进行的沟通，或完成某项任务所必需的信息交流。正式沟通渠道是组织内部明确的规章制度所规定的沟通方式，它与组织结构息息相关，主要包括按正式组织系统发布命令、规章、指示、文件，召开正式会议，组织正式颁布的规章、手册、简报、通知、公告，组织内部上下级之间、同事之间因工作需要而进行的正式接触。正式沟通按照信息的流向可以分为纵向沟通（上行沟通、下行沟通）、横向沟通（平行沟通）和交叉沟通，如图9-1所示：

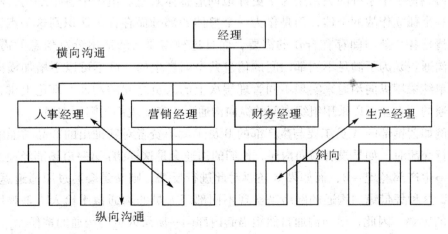

图9-1　正式沟通的分类

（1）上行沟通

上行沟通是指在组织中信息从较低的层次流向较高的层次的一种沟通。主要是下属依照规定向上级所提出的正式书面报告或口头报告。除此之外，还有鼓励向上沟通的一些形式，如征求意见座谈会、意见箱等。如果没有上行沟通，管理者就不可能了解职工的需要，也不可能知道自己下达的指示或命令是否正确，因此，上行沟通十分重要。

上行沟通主要是启发式的，它通常存在于参与式管理和民主的组织环境之中。沟通方式除了正式报告外，还有提建议制度、申诉、请求程序、控告制度、调解会议、共同学习、小组会议等。有效地进行自下而上的信息沟通需要有一个让下属感到可以自由沟通的环境，而这个环境实际上主要是由上层管理者来创建的。

（2）下行沟通

下行沟通是指组织中信息从较高的层次流向较低层次的一种沟通。下行沟通是传统组织中最主要的沟通流向。下行沟通一般以命令方式传达上级或其上级所决定的政策、计划、规划之类的信息。

（3）横向沟通

横向沟通的存在是为了增强部门之间的合作，减少部门的摩擦，并最终实现企业的总体目标，这对企业整体利益有着重要作用。从理论上讲，一个组织是一个有机的整体，每个部门都是整个企业大系统中相互影响、相互依存的子系统因素，协调每个子系统的关系是为了更好地创造整体效益。组织中各个部门，不是作为一个孤立作战的个体，而是作为一个整体的部分而存在。认识到这一点，也就能清楚各个部门间存在合作的需要，而且这种需要又缔造出分享信息的需要。横向沟通正是为了满足不同部门间的信息共享而产生的。可不可以不增加横向沟通，单纯采用纵向沟通来实现不同管理层次上的人员之间的沟通？理论上讲，是行得通的。企业可以采用组织内部的纵向沟通形式来实现部门间的沟通。

例如营销部的 A 员工要与生产部的 B 员工就消费者对新推出的产品功能的反馈进行交流时，如果没有横向沟通，他们的沟通会是这样的：A→市场部经理→总经理→生产部经理→B，而如果 B 还要对此进行反馈，则又是会通过原通道返回。可见，这种凭借纵向沟通的网络来实现不同部门人员的沟通似乎给人"杀鸡用牛刀"的感觉。因此，横向沟通自然担当起内部同一阶层人员的沟通的重任。

根据沟通涉及的主体是否来自同一部门，可以得到两种类型的横向沟通：一是同一部门内的横向沟通；二是不同部门间的横向沟通。

简单地说，横向沟通包括部门经理间的沟通、部门内部员工间的沟通、部门经理与其他部门员工间的沟通、某部门员工与另一部门员工间的沟通。

不同的横向沟通采用的沟通形式不同。跨部门的横向沟通通常采用的形式有会议、备忘录、报告等，部门内员工的横向沟通更多采用面谈的形式。

（4）交叉沟通

交叉沟通包括两个方面：平行沟通与斜向沟通。平行沟通是指与其他部门同等地位的人之间的沟通；斜向沟通是指与其他部门中不同地位，即职权等级不同成员之间的沟通。这些沟通方式主要用来加速信息的流通，促进理解，并为实现组织的目标而协调各方面的努力和行为。

一些人际关系学者认为，对于一位经理来说，运用交叉沟通是错误的，因为这样会破坏统一指挥。尽管这样的看法有一定道理，但交叉沟通现在仍广泛应用于各种组织之中，因为它有助于提高效率，跨组织层次交流可以比正式途径更快地提供和获得信息。如当负有职能权限的或有咨询权限的参谋人员同不同部门的业务主管交往时，此时信息的沟通超越了组织规定的沟通渠道路线。

正式沟通的优点是沟通效果好，比较严肃而且约束力强，易于保密，可以使信息沟通保持权威性。重要的信息和发布文件来传达组织的决策等一般都采取这种形式。但它又存在沟通速度慢，很刻板，易于让信息失真或扭曲的可能。

2. 非正式沟通

非正式沟通是指没有被列入管理范围，不按照正规的组织程序、隶属关系、等级系列来进行的沟通。它是在正式组织途径以外构筑成的信息流通程序，一般是由组织成员在感情和动机上的需要而形成的。在一个组织中，除了正式设立的部门外，不同部门的人之间还存在着朋友关系、兴趣小组等，因此非正式沟通的存在也就有它的必然性。但非正式沟通由于不负责正式沟通所具有的责任感和不必遵循一定的程序，因此其随意性较强，信息失真的可能性也较大，有时也会给组织带来一定的危害。

非正式沟通的特点有以下几点：

（1）非正式沟通的信息往往不是完整的，有些是牵强附会的，因此无规律可循。

（2）非正式沟通主要是有关感情或情绪问题的，虽然有时也与工作有关，但常常也会带上感情的色彩。

（3）非正式沟通的表现形式具有多变性和动态性，因此它传递信息不但随着个体的差异而变化，而且也会随着环境的变化而变化。

（4）非正式沟通并不需要遵循组织结构原则，因此传递有时较快，而且一旦这种信息与其本人或亲朋好友有关，则传递得更快。

（5）非正式沟通大多数在无意中进行，其传递信息的内容也无限定，在任何时间、任何地点都可能发生。非正式沟通与正式沟通不同，其沟通对象、时间及内容等各方面都是未经计划和难以辨别的，而且沟通途径也非常多。非正式沟通的途径是通过组织内的各种社会关系来实现的，它们超越部门、单位以及层次，较正式途径具有更大的弹性，它可以是横向流向，或是斜向流向。非正式沟通一般以口头方式为主，不留证据，不负责，也比较迅速。例如同事之间的任意交谈，通过家人之间的传闻等，都算是非正式沟通。

非正式沟通一方面可满足组织成员社会交往的需要；另一方面可弥补和改进正式沟通的不足。因为非正式沟通比正式沟通传播速度快、传播范围广。通过正式沟通渠道需要经过几个层次、花几天时间才能得到回复的信息，通过非正式沟通渠道，可能只需要在电话上与朋友谈上几分钟就可得到回复。

非正式沟通的优点是沟通不拘泥于形式，直接明了，速度快，容易及时了解到正式沟通难以提供的"内幕新闻"。其缺点是沟通信息难以控制，传递的信息不确切，容易失真，而且可能导致小集团、小圈子，影响组织的凝聚力和人心的稳定。由于非正式沟通不必受到规定手续或形式的种种限制，因此，往往比正式沟通还要重要。但是，过分依赖这种非正式途径，也有很大的危险，因为这种信息遭受扭曲或发生错误的可能性相当大，而且无从查证。尤其与个人关系比较密切的问题，例如晋升、待遇等之类。这种不实信息的散布，对于组织往往造成较大的困扰。因此，既不能完全依赖非正式沟通获取信息，也不能完全加以忽略，而应当密切注意。

三、沟通的障碍

根据对信息沟通模式和个体行为对沟通的影响的分析，沟通中的障碍主要来自以下几个方面：

（一）语言问题

语言不通是人们相互之间难以沟通的原因之一。当双方都听不懂对方的语言时，尽管也可以通过手势或其他动作来表达信息，但其效果将大为削弱。即使双方使用的是同一语言，有时也会因一词多义或双方理解力的不同而产生误解。

（二）理解问题

语义曲解是另一个问题，由于一个人的知觉过程受多种因素的影响，常使得人们对同一事物会有不同的理解。例如，当上司信任你，分配你去从事一项富有挑战性的新工作时，你可能会误解为上司对你原有的工作业绩不满意而重新给你分配工作。

我们常常认为别人也会像我们一样来理解这个世界，一旦对方的理解与自己不一样时，我们就奇怪怎么会这样。事实上，当人们面对某一信息时，是按照自己的价值观、兴趣、爱好来选择、组织和理解这一信息的含义的。一旦理解不一致，信息沟通就会受阻。特别是在国际环境中，由于各国的文化不同，沟通更容易受阻。

（三）信息含糊或混乱

信息含糊，主要是指信息发送者没有准确地表达清楚所要传递的信息，以至于接收者难以正确理解。这可能与发送者的表达能力有关，也可能是由于受时间等的限制，而未能很好地表达清楚。在这种情况下，接收者不知所措，于是按自己的理解行事，以至于发生与信息发送者原来可能大相径庭的后果。

信息混乱，则是指对同一事物有多种不同的信息。例如，令出多门，多个信息颁发时的相互矛盾；朝令夕改，一会儿说这样，一会儿又说那样；言行不一，再三强调必须严格执行的制度，实际上却没有执行，或信息发送者自己首先就没有执行。所有这些，都会使信息接收者不知所措、无所适从。

（四）环境干扰

环境干扰是导致沟通受阻的重要原因之一。复杂的环境会使信息接收者难以全面、准确地接收（听清或记住）信息发送者所发出的信息。诸如交谈时相互之间的距离、所处的场合、当时的情绪、电话等传送媒介的质量等都会对信息的传递产生影响。环境的干扰往往造成信息在传递中的损失和遗漏，甚至扭曲变形，从而造成错误或不完整的信息传递。

四、培养良好的沟通能力

旅游工作者，其工作性质决定了其沟通更为重要。这样的沟通包括内部管理者与员工之间的上下级的沟通，也包括导游或其他服务人员与服务对象的沟通。沟通效果的提高有赖于那些影响沟通的障碍的消除。为此，信息发送者和信息接收者都要努力提高自己的沟通水平。信息发送者要注意以下几点：

1. 要有勇气开口

信息发送者，首先是要有勇气开口。只有当你把心里想的表达出来时，才有可能与他人沟通。人与人之间存在很多矛盾的一个主要原因，就是当事人都只在自己心里想，没有勇气把自己的想法说出来，从而导致了很多的误解。

2. 态度诚恳

人是有情感的，在沟通中，当事者相互之间所采取的态度对于沟通的效果有很大的影响。只有当双方坦诚相待时，才能消除彼此间的隔阂，从而求得对方的合作。

3. 提高自己的表达能力

对于信息发送者来说，无论是口头交谈还是采用书面交流形式，都要力求准确地表达自己的意思。为此，信息发送者要了解信息接收者的文化水平、经验和接收能力，根据对方的具体情况来确定自己表达的方式和用意等；选择准确的词汇、语气、标点符号；注意逻辑性和条理性，对重要的地方要加上强调性的说明；借助于手势、动作、表情等来帮助思想和感情上的沟通，以加深对方的理解。

4. 注意选择合适的时机

由于所处的环境、气氛会影响沟通的效果，信息交流要选择合适的时机。对于重要的信息，在办公室等正规的地方进行交谈，有助于双方集中注意力，从而提高沟通效果；而对于思想上或感情方面的沟通，则适宜于在比较随便、独处的场合下进行，这样便于双方消除隔阂。要选择双方情绪都比较冷静时进行沟通；当大家都理解，但感情上不愿意接受时，信息发送者身体力行可能是最好的沟通方式。

5. 注重双向沟通

由于信息接收者容易从自己的角度来理解信息而导致误解，因此信息发送者要注重反馈，提倡双向沟通，请信息接收者重述所获得的信息，或表达他们对信息的理解，从而检查信息传递的准确程度和偏差所在。为此，信息发送者要善于体察别人，鼓励他人不清楚就问，注意倾听反馈意见。

6. 积极地进行劝说

由于每个人都有自己的情感，为了使对方接收信息，并按发送者的意图行动，信息发送者常有必要进行积极地劝说，从对方的立场上加以开导，有时还需要通过反复的交谈来协调，甚至采取一些必要的让步或迂回。为此，交谈时间应尽可能充分，以免过于匆忙而无法完整地表达意思；要控制自己的情绪，不要采取高压的办法，而导致对方的对抗；尽可能开诚布公地进行交谈，耐心地说明事实和背景，以求得对方的理解；耐心地聆听对方的诉说，不拒绝对方任何合宜的建议、意见和提问。

7. 在激动情绪中不要沟通

处于激动情绪中的沟通常常无好话也没逻辑，既理不清，也讲不明，很容易因冲动而失去理性。例如，吵得不可开交的夫妻、反目成仇的父母子女、对峙已久的上司下属……任何一方尤其是不能够在激动的情绪中做出冲动性的"决定"，否则，很容易让事情不可挽回，令人后悔。

8. 理性的沟通

不理性只有争执的份，不会有结果，更不可能有好结果，所以，这种沟通无济于事。要尽量从对方的角度来看问题，理解对方，明白"旁观者清"的道理，这样的沟通才能事半功倍。

● 第二节　旅游从业人员的群体心理

人是社会动物，我们要依靠他人来满足我们所有的物质需要和大部分精神需要。我们与别人一起工作、学习、吃饭、运动，实际上，有如此之多的人类生活是以群体形式进行的。企业的一切活动也是在发挥某种功能的群体内进行的。因此，要管理好一个企业，首先要管理好企业内相互关联的诸群体，要想达到这一目的，必须对群体的行为进行研究。

一、群体

群体就是建立在其成员之间相互依存和相互作用的基础之上的具有特定目标和特定心理特征的有机体，它是社会活动和社会协作的产物。由定义可知，它介于组织和个体之间，如果把一个旅游企业组织视为一个完整的人体，那么群体便是构成这个人体的各个系统，而个体则是构成系统的最基本的细胞。

在实际生活中存在着各种各样的群体，其中旅游企业就是一个群体。个体可以同时参加几个不同的群体，比如一个人既可以是旅游企业这个工作群体中的成员，同时又是某民主党派政治群体的成员，还是某娱乐群体的成员。这些群体不仅会对群体成员产生很大的影响，同时群体本身也要受到群体成员个人的影响。群体一般具有下列特征：群体都是由多个个体构成的；任何群体都有自己的特定的目标；群体以特定的结构形式构成；群体形成后都具有一定的凝聚力；群体都具有共同的价值观和群体规范。

群体规范又称为群体行为规范，它是由群体所形成或确定的，群体成员应当共同遵守的一些行为准则。群体规范规定了群体成员在一定环境条件下的行为范围和行动规则，它使其成员知道什么可以做、什么不可以做、应该怎么做、不应该怎么做等行为准则和是非标准。群体规范一旦被群体成员认可并接受之后，就会成为一种可以用最少的外部控制来影响群体成员行为的手段和力量。任何群体都会有自己的群体规范，不同群体会具有不同的规范，会以不同形式、不同程度、不同内涵去影响和塑造群体的成员。群体规范的形成受模仿、暗示、顺从等心理因素的制约。在实际组织中，群体现范有正式规范和非正式规范之分。正式规范是写入组织手册，用正式文件明文规定的员工应当遵循的规章制度、行为规则和程序等。非正式规范则是群体自发形成的、不成文的，以习惯和言传身教的方式传承的人们共同接受的行为标准。

二、群体动力

群体动力是群体意识的一种表现。群体动力对于群体的成员有很大的影响，在研究群体成员的行为和群体建设时，对其不可忽视。

（一）群体动力理论

德国心理学家勒温（K. Levin，1890—1947 年）首先提出了群体动力的概念。其基本观点主要有以下几点：

（1）人的心理活动和行为表现决定于内在需要和周围环境的相互作用。勒温认为每个人的心理因素都会形成类似物理磁场的"心理场"。当人的需要没有得到满足，就会产生内部力场的张力，加之周围环境因素的影响作用，人便会产生一定的行为取向。同样，群体活动的动因同样取决于内部力场与情境力场的相互作用。正是这种"力场"中各种力的平衡，使得群体处于一种均衡状态。

（2）群体中各种力处于均衡状态是相对的。勒温指出，由人们所结成的群体，不是处于静止不变的状态，而是处在一种不断相互作用、相互适应的过程，这就像河流一样，表面上似乎平静，实际上在不断流动。他把这种现象称为"准停滞平衡"。

（3）群体行为是各种相互影响的力的一种错综复杂的结合，这些力不仅影响群体结构，也修正群体中个体的行为。

（4）群体不是个体的简单组合，而是超越了这种组合的有机体。同样，一个群体的行为并不等于各个成员个人行为的简单总和，它包含有集体智慧和相互作用的力量，因而产生了一种新的行为形态，使整体力量大于个体力量的总和，即"1+1>2"。

（二）群体动力的作用机制

群体动力之所以对群体成员的心理和行为发生作用，有其特有的动力机制。

1. 群体感受

群体感受，顾名思义，是指一群人的感受。但这一群人的感受有时却可以是某一个人的感受所引起。例如，当旅游企业某个办公室的工作群体中一个成员为工作的事情而烦恼时，这种情绪会在其他成员中引起反响，蔓延开来，成为群体感受。

群体感受有积极和消极之分。积极的群体感受是指成员在群体中所获得的愉快、友爱、信任、自豪等情绪体验。消极的群体感受则是指成员在群体中所得到的沉闷、压抑、冷漠、猜疑、对立等的情绪体验。群体感受直接反映了一个群体中的人际关系。在积极的情绪体验占上风的群体中，通常不会发生冲突，其成员感情融洽，生活和工作得愉快，群体充满生气。而消极的情绪体验占上风的群体，一般人际关系紧张，其成员彼此猜疑，关系冷淡，群体松散，无战斗力。

群体感受的作用，主要有几点。首先，群体感受能改变群体成员的心境，而心境对人的生活、工作和学习影响很大，进而影响群体的工作效率。其次，积极的群体感受对群体成员的行动具有明显的推动力。成员所获得的积极情绪体验，构成一种心理的内在奖励，而这种奖励又强化了成员的工作动机，提高了成员的工作效率。最后，群体荣誉感作为一种群体态度，是成员对群体尊严的认知和情感体验。它能促使人们珍惜群体的荣誉和存在价值。

2. 群体舆论

群体舆论又称公众意见，它是群体中大多数人对共同关心的事情，用富于情感色彩的言语所表达的态度、意见的集合。舆论所反映的，往往是人们的共同需要和愿望。

群体舆论有不同的分类标准。在形式上有自上而下和自下而上两种。其中自上而下的舆论是指由领导机关首先发出的在群众中传播的大众意见。自下而上的舆论是由个体或部分群体首先发出的，而后经由传播的舆论。

群体舆论在性质上有赞助性的、谴责性的和流言性的三种。赞助性的舆论是指人们对正义的、美好的、善良的人和事的支持和鼓励性大众意见。谴责性的舆论是指人们对非正义的、不道德的、丑恶的人和事的批评、控诉、揭露、抵制的大众意见。流言性的舆论是指经过少数人有意或无意传播谣言或小道消息，致使不辨真伪的群众跟着传播而形成的舆论。

群体舆论通过鼓舞或抑制，在很大程度上影响人的行为，其对个人行为的影响主要表现在以下几点：首先是为人们指出行为方向；其次能强化正当的个人行为；最后能改变个人对自己行为的认识。总之，舆论是促使个人改变行为的强大社会力量。好的社会舆论会激发人、鼓舞人、催人向上，使正气发扬光大；而不好的社会舆论会使谬误流传，给社会和个人造成损失。因此，要重视各种社会舆论对人们心理和行为的影响。

3. 群体风气

群体风气是集体形成的一种较稳定的精神状态，也可以说是一个群体的"个性"。它是在共同的目标下，在认识一致的基础上，经过全体成员长期共同努力，逐渐形成并表现出来的。群体风气由认识、情感、意志和行为意向等心理因素构成，包括了全体成员的态度和作风等一系列行为习惯。

培养良好的群体风气对于一个群体来说，具有重要意义。这是因为：其一，良好的群体风气既是长期全面工作和教育的结果，也是推动各项工作、进行思想教育的手段和力量。其二，良好的群体风气是一种无形的力量和无声的命令，对群体成员的行为具有一种强大约束力，并对群体的每个成员产生着经常性的教育影响。其三，良好的群体风气可以为人们创造良好的工作环境、热烈的工作气氛、严谨的工作态度、勤奋好学的风气、高尚的道德风貌、鲜明的是非标准。

群体风气发生作用的途径是成员之间的相互感染，即它是以潜移默化、耳濡目染的形式发生其作用和产生影响的，往往使人不知不觉地受到感染和同化。

群体感受、群体舆论、群体风气三者不是孤立的，而是相互制约、互为因果的，共同构成了一个群体的心理风貌，反映了一个群体的心理氛围，是群体建设的主要内容。

三、群体压力与从众行为

个人总是工作或生活在一定的群体之中，任何一个群体都是一个合作系统。一方面，作为群体的成员，个体总是渴望被所有群体接受和尊重，因此，会倾向于按照群体规范行事；另一方面，群体能够给其成员施加巨大压力，使其按照群体标准来改变自己的态度和言行。大量的事实表明，群体成员的行为常常具有服从群体的倾向。在群体中，当一个人与多数人的意见发生分歧时，一般会在心理上产生一种紧张感、压迫感，感觉到群体压力。群体中的个体在遭受到群体压力作用时，在自己的知觉、意见和行为上与群体的多数人趋于一致的倾向称之为从众行为。

（一）群体压力的概念

所谓群体压力就是群体的规范对群体成员态度和行为活动的约束力，这种约束力迫使其个体的态度与行为与其他成员保持一致。现实中，特别是当群体中的某成员的心理活动和行为表现与群体规范有所不一致或违背时，该成员就会产生这种群体压力。

群体压力有以下四类：

（1）理智压力，即所谓晓之以理、以理服人，是指以事实道理的方法使人服从。

（2）感情压力，即动之以情，指通过各种感情的驱动，使个人趋向群体。

（3）舆论压力，指通过正面或反面的舆论使个体感到不安。

（4）暴力压力，指采取强制的办法使个体顺从群体规范。

（二）从众行为

当一个人在群体中与多数人的意见有分歧的时候，会感到群体的压力，从而在知觉判断、信仰及行为上违背自己的意愿，表现出与群体多数成员一致的倾向及行为，这种现象就是群体压力下的"从众行为"，或称"顺从行为"。从众是一种普遍存在的社会心理现象。需要指出的是，它是一种直接的、感情的心理与行为反应，不同于丧失立场、没有原则等。

（三）从众行为的表现形式

在实际工作生活中，群体成员在群体压力下的从众行为是各不相同的，其中最本质的表现在于内心从众还是表面从众，以及内心与表面的一致性程度。从众行为可以分为以下四种形式：

1. 表面从众，内心接受

这是指心服口服。对于那些有主见的群体成员，当他们认识到群体目标与个人目标的一致性关系时，才采取了与群体要求完全一致的行为，那么，这时群体与个人间达到最理想的关系。对于另外一些没有主见的群体成员，他们也会采取这种选择，事实上，对这类人来说，在群体压力面前采取这种随大流的态度是最好的选择。

2. 表面从众，内心拒绝

这是指口服心不服。这种现象是在众人的压力面前，尽管自己的态度没有改变，但为了保持行为一致性，暂不坚持自己的意见，先按大家的意思办。这种现象要分不同的情况来看，假如在群体成员的意见正确的情况下采取这种从众行为，那么是应该的，符合群体规范的。若在群体成员的意见比较偏激的情况下，必要时也可以采取这种策略，但还应通过有效的方式坚持和表明自己的正确观点，尤其是在重大原则问题上，更不能没有立场和主见。

3. 表面不从众，内心却接受

这是指心服口不服。这种现象比较复杂，比如有个别成员会因为个人关系矛盾等原因，尽管认识到群体意见的正确性和可接受性，但表面上坚持与群体意见的对峙。再比如在评先进、论功绩时，有时某些成员会做出一些"谦让"的行为，而实际上内心则认为自己是最合适的。

4. 表面不从众，内心也拒绝

这也是心口一致，但性质与第一种完全相反，是不从众或反众。这种现象是不利于群体的行为的。这种成员一般都会是群体成员中的孤立者，而其长期反众的结果有可能是脱离群体。

从众行为既有积极意义，也有消极意义，因此有必要创设一种适度的、良好的群体压力氛围。同时值得注意的是，无论哪种形式的从众行为，都与人的素质有很大关系，特别是在一些政治原则、道德问题上必然要受到个人世界观、价值观的支配。

（四）旅游企业从众行为的管理

旅游企业要针对内部各类群体的从众行为进行关注和管理，而且根据从众行为的复杂性，需要从多方面予以综合考虑：

1. 注意对从众行为的分析研究

当出现从众现象后，企业首先要考虑这种现象的产生有无背景，不要认为凡是一致的就是好现象，事实上，有时候这种表面上的一致正是群体出现危机的先兆。其次企业要从环境和个体自身两方面，认真分析可能制约从众行为的因素。最后企业还要注意分析从众行为的表现形式，特别要认识到是表面从众还是内心从众。

2. 加强群体的民主管理

提高民主管理水平有助于避免被迫从众现象的发生。一般来说，越是民主管理水平高的群体，群体成员参与管理的观念和热忱就越高，从而能使成员充分地发表自己的意见和看法。否则搞形式主义，只谋求表面上的"一团和气"，这样必然会孕育新的危机，不仅群体没有战斗力，而且也影响到工作效率。

3. 增强群体意识

企业加强对群体成员群体意识的培养，有利于从根本上减少不必要的意见分歧，又可以使群体成员在有关群体发展问题上充分发表意见，谋求新的统一。这是有效发挥从众行为积极作用的重要手段，也是提高群体有效性的重要管理措施。但在这方面需要特别注意群体意识的方向性，要使群体意识符合国家利益、企业大局和大多数群体成员的利益，有利于企业的大目标，整个企业要符合现代化建设的社会目标。

4. 提高领导水平

高水平的企业领导对确立正确的群体准则、科学有效地引导从众行为具有积极的作用。企业应该建立和选择一个好的领导集体，并且树立良好的领导作风。领导集体应由众望所归的人组成，他们一定要坚持原则，思维敏锐，明辨是非，作风正派，善于协调，更要有甘当公仆的精神。从另一方面讲，这也对领导的自我提高提出了要求。

四、群体凝聚力

群体凝聚力，是指群体内成员之间、成员和群体之间相互吸引的程度，以及成员分担群体目标的程度。这也就是群体吸引其成员，把成员聚集于群体中并整合为一体的力量。

群体凝聚力对于群体来讲是起积极作用的，但对于一个企业组织来说，群体的凝聚力可能起积极作用，也可能起消极作用，这主要取决于群体的目标是否和企业的目标相一致。如果群体和组织的目标一致性高，那么凝聚力大时，工作效能就提高得快；凝聚力小时，工作效能就提高得慢。如果群体和组织的目标一致性低，那么凝聚力大时，工作效能就下降；凝聚力小时，则和工作效能无关。

在群体中，凝聚力大小受到许多因素的影响。

（1）领导者的要求与压力。如果群体的领导者对群体的凝聚力有较高的要求，就会给群体带来较大的压力，这样，群体的凝聚力就会较大。

（2）信息沟通的程度。群体的凝聚力在一定程度上依赖群体内部的信息沟通状况。信息沟通越顺畅，凝聚力就越大。

（3）群体达成目标的程度。每个群体都有自己的目标，但一般不会每一次都百分之百地达到目标。如果群体达成目标的比例和次数较多，那么该群体的凝聚力就较大。

（4）成员依赖性。成员在群体中总能满足自己部分的需求，如果成员在群体中能满足自己的需求越多，凝聚力也就越大。

（5）群体与外界的联系。如果群体与外界的联系越是密切，凝聚力越小。如果群体成员与外界的联系密切程度超过成员间的联系，往往意味着群体的解体。

（6）群体的大小。一般来说，群体越大，凝聚力越小；群体越小，凝聚力越大。

（7）成员的相似性。成员的文化背景、价值观、受教育程度、性格、智力、兴趣爱好甚至服装打扮等方面越是相似，凝聚力越是大。

（8）群体受外界威胁的程度。在躲避的机会几乎没有，只有通过合作才能抵抗威胁时，群体受外界的威胁越大，凝聚力也越大。

（9）加入群体的难易程度。一般来说，加入群体越难，该群体的凝聚力越大；反之，加入群体十分容易，该群体往往不会产生很大的凝聚力。

（10）群体的地位。群体的社会地位越高，凝聚力也越大。这主要是因为高地位群体成员都有一种自豪感。因此，著名的公司、工厂、学校、社团均有较大的凝聚力。

第三节　旅游从业人员的心理保护和调适

　　企业员工的心理不是单纯的个人问题，还关系到一个企业员工的精神状况和工作效率。旅游企业从业人员的心理健康保健越来越成为企业管理的重要方面，由于旅游工作的性质，不同的员工心理素质和承受能力不同，在应对工作中的疲劳、职场中的竞争压力、挫折和失败等各种问题时表现出不同的心理状态。

　　目前旅游企业员工中存在的心理疾病已成为一个普遍的问题，旅游企业必须重视员工心理保护和适当调适的必要性，积极采取一些措施，维护员工的心理健康，解决员工的心理问题。从员工的角度来说，心理健康关系到自己的切身利益，为提高自身的心理健康水平，员工需要增强自身的职业适应能力和心理调节能力，学会对自己进行压力管理和心理健康调节，构建自己的社会支持圈，寻找适合自己的心理调节和放松方式，关注和珍爱自己的身心健康。

一、员工心理健康

　　健康是人类的基本需求之一，是每个人所渴望的。特别是旅游业的从业人员，不论是在宾馆、旅行社工作还是在其他旅游涉外部门工作，保持良好的身心状态尤为重要。可以想象一个身心不健康的员工会为客人提供什么样的服务。那么什么是健康呢？

　　1. 健康的概念

　　时至今日，"健康"的范畴已不仅仅是指身体上没有疾病或缺陷，"健康"已从生理方面推延至心理方面。一个人如果心理上不正常，即使身体再强壮，也不能算是一个健康的人。也就是说，人光有身体结构和生理功能上的正常还不能算健康。健康的含义还应当包括思维等心理活动的正常、个性的正常与行为的正常。

　　世界卫生组织将健康界定为"既没有身体上的疾病与缺陷，又有完整的心理、生理状态和社会适应能力"。心理学的相关研究也再次证明，人的健康状况是一个整体，身体状况与心理状况是相互影响的；身体的缺陷和长期疾病会影响到心理的健康和个体的发展，而心理的状况也会影响到身体的健康；不当的情绪反应会导致特定的身体症状，进而诱发疾病，某些特定的性格特点与某些身体疾病具有不可分割的联系。

　　2. 旅游企业员工心理健康的标准

　　人的心理健康与否的标准总是相对的。要判断一个人心理是否健康，判断一种行为是不是健康心理的表现，是需要结合这个人所处的时代、文化背景以及年龄、情境等各方面的因素综合考虑的。

（1）心理健康标准随时代变化

以往同性恋被一致确认为心理病态，但现在在某些国家，同性婚姻是被法律所允许的。随着时间的推移，心理健康的标准在不断发生着变化。

（2）心理健康标准随文化背景变化

在美国，人们对裸泳者不在意；但是在中国，若是有人裸体在众目睽睽的海滩上招摇，别人仍然会以为此人是精神病患者。同样，同性相恋也很难被大多数中国人所接受。

（3）心理健康标准随个体变化

比如，某些行为发生在孩子身上是正常的，而发生在成人身上则是变态的；某些行为发生在女性身上是正常的，如果某些男性也表现出类似的行为就会让人们很难容忍；某些行为在特定的背景和条件下是正常的，而在一些社会背景或一般情况下出现则是变态的。诸如年龄、性别、社会身份、情境等因素也是判断心理健康与否必须予以考虑的因素。

（4）根据社会常模判断心理健康状况

心理学家和精神病学家们判定一个人心理健康或正常与否的基本标准，就是同等条件下大多数人的心理和行为的一般模式，也就是社会常模，即他们根据是否符合社会常模判断心理健康状况。一种心理活动、情绪或行为，如果是同等条件下大多数人所具有的，那就是正常的，有这种心理活动、情绪或行为的人心理就是健康的。若一种心理活动、情绪或行为只是少数人具有，这少数人就会被认为偏离了常模，他们的个性也与众不同。

偏离常模仅确定他们与众不同，而不说他们就是心理不健康或者心理有疾病，是因为要确定一个人是否有心理疾病，光知道他的心理活动、情绪或行为是否偏离一般模式还远远不够。虽然偏离可能是心理不正常的标志，但这不是必然的。

偏离有两种情况，一种是高于一般水平；另一种是低于一般水平。如果说低于一般水平是社会所不期望的，因而可以被接受为是心理疾病的标志，那么高于一般水平应当是社会所更期望的超常，就不能简单地被看成心理不健康的标志。

心理学家与精神病学家提出了判定人们具有心理疾病的直接标志：是否具有对自身或社会产生直接伤害的行为表现和是否具有会造成个人内在心理伤害的消极情绪。按照这样的直接标准，如果一个人具有自残、伤人或杀人等攻击性行为表现，则可以认为他在心理上是不健康的或者说是具有心理问题、心理疾病的。另外，即使一个人没有明显的伤害性行为表现，但他的内心深处有着不可摆脱的消极情绪，那同样是被判断为有心理问题的，因为这些消极情绪会给他自身带来严重的心理创伤。

美国心理学家马斯洛和米特尔曼在 1957 年出版的《变态心理学》里列举了十条正常人的心理健康标准。这十条心理健康标准，受到人们的普遍重视和引用。

（1）有足够的自我安全感。

（2）能充分地了解自己，并能对自己的能力做出适度的评价。

（3）生活理想切合实际。

（4）不脱离周围现实环境。

（5）能保持人格的和谐与完整。

（6）善于从经验中学习。

（7）能保持良好的人际关系。

（8）能适度地发泄情绪和控制情绪。

（9）在符合集体要求的前提下，能有限度地发挥自己的个性。

（10）在不违背社会规范的前提下，能恰当地满足个人的基本需求。

3. 旅游企业员工心理健康的一般标准

心理健康对于任何企业的员工都至关重要，特别是旅游业的从业人员，不论是在宾馆、旅行社、旅游交通部门、旅游中介组织等机构工作，还是在其他旅游涉外部门工作，保持良好的心理健康尤为重要。可以想象一个心理不健康的员工很难为客人提供优质服务。那么对于旅游服务人员而言，什么是心理健康标准呢？

参照上述心理健康的一般标准，结合旅游企业员工的心理特征以及特定的社会角色，旅游企业员工心理健康的标准可概括为以下几点：

（1）能够正确认识自己接纳自己

作为一名心理健康的员工，应能体验自己的存在价值，既能了解自己又能接受自己，对自己能力、性格和特点能做出恰当、客观的评价，并努力发展和挖掘自身的潜能，以便在旅游服务过程中，树立正确的自我观念，从而更好地为旅客服务。例如，酒店前台从业人员，由于工作多有与旅客接触的需要，其自身首先需要拥有良好的沟通的心理素质，要做到"百问不厌、百问不倒"；其次，要拥有热情、大方、专业的服务意识，为旅客提供住宿、餐饮、休闲、娱乐等方面的全方位信息；最后，要能灵活而又从容地应对各种突发的事情，拥有一定的应变心理机智。

（2）能够较好地适应现实环境

心理健康的员工能够客观地面对现实、接纳现实，并能主动地适应现实周围事物和环境，能做出客观的认识评价，并能对与现实环境保持良好的接触中的各种困难和挑战妥善处理。旅游服务者在与游客接触的过程中，会遇上种种不同的顺利或者不顺利的环境，这就要求旅游服务者能够自始至终的保持乐观、开朗的心境，遇事能处变不惊。在当今的旅游行业中，存在着诸如旅行社不给导游发工资和带团补贴；违规收取质量保证金和人头费；强迫导游购物；乱收费乱罚款；不提供培训进修机会；不尊重导游人格等行业歧视等行业潜规则等问题。相对而论，导游是处于弱势群体的地位，导游从业人员在处理以上问题时，除了通过外在的合法途径保护自己的利益之外，还应当拥有能自我平衡的心理，来减少或者化解行业心理问题。

（3）能够建立和维持和谐的人际关系

心理健康的员工乐于与人交往，不论与同事交往还是进行客我交往，都能认可别人存在的重要性和作用。他们在与人相处时，积极的态度（如友善、同情、信任）总是多于消极的态度（猜疑、嫉妒、敌视），因而在工作和生活中有较强的适应能力和较充分的安全感。旅游服务者，自身处于旅游服务这样的一个大团体中，组织、集体的准则、思想、文化等时刻影响着服务者，积极融入旅游服务集体，才能获得更好的发展，才能壮大服务组织的力量，才能促进组织的继续发展。对于从业服务人员内部而言，服务者不能够因为为争夺旅游客源等开展恶性竞争，或者为了蝇头小利，大打出手；对于从业服务者外部而言，即在处理客我关系时，要秉持行业的服务道德与服务意识，与游客建立友好、和谐的客我关系。

（4）具有合理的行为

心理健康的员工，其行为应该是合情合理的，这具体包括行为方式与年龄特征一致，行为方式符合社会角色，行为方式具有一贯性，行为受意识控制等。旅游服务者，尤其是导游、餐饮服务者等个体，其自身的职业特色均较为突出，因此，旅游服务者个人应该遵从自身的职业角色的内在要求，采取与自身职业、年龄、性格相符的行为，提高旅游服务的质量。例如，海南三亚海鲜宰客事件，既折射出了在旅游服务企业中存在着对旅客乱收费的现象与行为，也折射出了有的旅游从业服务人员内在的服务道德素质有待提升的现实。旅游行业中的宰客行为既是对游客或者潜在游客的无情的伤害，也是对旅游服务企业自身信誉与品牌的抛弃与诋毁。

二、员工心理挫折

心理挫折，简称挫折，是指个体在满足需要的活动中，遇到阻碍或者干扰，使个体动机不能实现、个人需要不能满足，而产生紧张、焦虑、不安等情绪的状态。挫折同其他事物一样，具有二重性，我们要一分为二地看待。从消极方面看，挫折使人痛苦、自卑、失望、消极、颓废，甚至还会引起某些人的粗暴对抗行为，引致身体上的疾病，有害身心健康。从积极方面看，挫折会以个人教训，让人认识错误，从而锻炼人的意志，使之更加成熟、坚强，激励人由逆境中奋起，更加努力向上。

（一）挫折产生的原因

导致挫折产生的原因可能是多方面的，一般可分为客观环境方面的因素、个体主观方面的因素和组织方面的因素三类。

（1）客观环境方面的因素

客观环境方面的因素根据性质又可以分为自然环境与社会环境两种因素。自然环境因素，包括高噪声、低照明的工作环境，个人能力无法克服的自然因素的限制，严重的无法预料和抗拒的自然灾害以及人的疾病等。社会环境，包括所有个人在社会生活中所处的政治、经济、文化、法律、宗教等因素。

旅游企业从业人员，例如，旅游交通行业的从业人员，常驾驶着汽车、轮船、飞机等旅游交通工具来回穿梭于各旅游景点，这些交通从业服务人员自身要兼顾各种人为的突发性交通因素，同时必须考虑旅游交通路径、沿途的自然环境、社会环境等因素，尤其是注意交通事故多发地段，为此，对于旅游交通从业人员，拥有能综合考量各种客观环境因素的能力与素质是相关从业者所必备的职业要求之一。

（2）个体主观方面的因素

个体主观方面的因素分为个体的生理机能条件与心理动机冲突两种因素。个体生理机能条件，指一个人具有的智力、能力、外貌以及生理上的缺陷、疾病所带来的限制。心理动机冲突，指来自个人理想与现实的冲突、工作和生活中竞争与合作的冲突、自我满足欲望与抵制欲望的冲突。

一线的旅游企业服务人员，一般会面临以下几大生活与工作、理想与现实的困境：梦想有高工资职业理想同现实中深受旅行社、主管部门、新闻媒体、旅游交通司机等几大方面的无形和有形、内在和外在的压力；想要多陪伴家人和常年在外、不能常和家人团聚的矛盾；希望有明朗的职业前景同旅游服务行业人才流失严重等多方面的现实不平衡。

（3）组织方面的因素

组织方面的因素，包括组织的管理方式、人际关系、工作性质等各类因素。不同的组织管理理念、不同的管理方式给予员工的压力和挫折感会不一样。比如，传统的组织理论多强调权力控制和惩罚的效果，而过多的集权、严格的奖罚，导致组织目标与个人动机之间的严重冲突，员工受挫现象会相对普遍。相反，较为民主和授权充分的、合理奖罚的管理方式，会使管理氛围相对融洽，员工的个人主动性提高，能主动将个人动机与组织目标相结合，员工受控现象相对会少。

于旅游企业的组织管理方面，在旅游企业中，对于旅游的主管部门而言，有的旅游管理部门采取的管理方式往往是在对旅游市场研究不够深入的前提下，制定一些不契合实际的管理规定，例如在导游行业中，只知道严打导游收取回扣的行为，却漠不关心导游生存困境，不知道导游其实是被"逼良为娼"，因而这样的管理规定既是难以执行，更是极大地挫伤导游从业人员的工作积极性和主动性。

（二）挫折后的反应

一个人遭受挫折后会有一定的消极反应，这些反应可以分为两类。一类是立即就会产生的反应，即直接反应；另一类是要经过一段时间或较长时间才会产生的反应，即间接反应。

1. 直接反应

（1）攻击

攻击行为反应是因挫折而将愤怒情绪外泄的反应。攻击行为根据攻击的对象，可分为直接攻击和转向攻击两类。直接攻击是指直接攻击造成挫折的人或事物；而转向攻击是一种变相攻击，一般表现为迁怒、无名的烦恼和自我责备。

（2）退化

退化是指当遭受挫折后，某些个体会采取幼稚化的行为的反应形式。比如一位成年员工在受挫折时当众大哭、破口大骂、大打出手，以及蒙头大睡、装病不起等，这都是成熟心理的退化现象。

（3）冷漠

有些人对待挫折的反应不是采取过激的攻击行为进行发泄，而是将其情绪压抑下去，表现出一种冷漠和无动于衷的态度。这种反应最易在如下的几种情况下发生：长期遭受挫折，个人感到无望、无助，心理恐惧和生理痛苦或者个人心理上有攻击和抵制的情绪。

（4）幻想

幻想是指当个体遭到挫折后，会通过在一种想象的境界中，以非现实的方式对待挫折或解决问题的反应。比如，一个弱小的人，受到一个比他身体强壮者的欺负后，他会在幻想中将那位身体强壮者狠狠地教训一顿，从而也能得到心理上的平衡。

（5）固执

部分个体在受到挫折后，似乎没有任何反应，而是以一种一成不变的方式继续其行为，其实这本身就是固执的反应。而有这种反应的人往往缺乏机敏品质与随机应变的能力。

2. 间接反应

间接反应不仅会使个体紧张、压抑、焦虑、痛苦、长期抑郁，甚至还可能导致人的心理疾病。整个群体在这方面的反应，可能会导致人心涣散、士气低落及其他长期持续的后果，使群体内部纪律松弛、事故增多、效率下降，影响群体的健康发展。

3. 受挫后的自我调适

现代生活中，每个人都可能遭遇各类的挫折。旅游企业员工，在职场中受挫后，如果不善于调适，长此会使心理失衡，影响到工作、生活以及健康。现为旅游企业员工和管理者提供几种心理对策，以备自我调适或者用于员工心理引导。

（1）倾诉

受到挫折的人可以主动地、有意识地将自己的心理痛苦与他人倾诉。适度倾诉，可以将失控力随着语言的倾诉逐步转化出去。倾诉作为一种健康防卫，既无副作用，效果又较好。反之，倾诉对象如果能够具有较高的学识、修养和实践经验、丰富的引导技巧，能给予失衡者的心理适当抚慰，那么受挫人会在一番倾谈之后收到意想不到的效果，所以管理者应该适当地设定这样的交流、倾吐途径。旅游企业应该积极关注员工的心理变动情况，对于存在有倾诉欲望的服务者个人，旅游企业可以设立旅游服务员工心理咨询室，或者多开展心理互动活动等，以此来排解服务者内心积聚的倾诉欲望。

（2）优势比较

员工受挫后，要注意自我安慰，"比上不足，比下有余"。比如，去想那些在职场上比自己受挫更大、困难更多、处境更差的人。通过挫折程度比较，可以将自己的失控情绪逐步转化为平心静气。或者，寻找自己的优秀面，强化优势感，从而扩张挫折承受力。特别当服务者个人在受到不公正的待遇时，可以以自己服务的强项，如自己在服务的耐心、热情、礼仪礼节等方面比其他员工做得更为优秀，这样就能够平衡自身于服务过程中所感知到的不平衡心理。

（3）痛定思痛

挫折对应得当，会为自我的成功积累经验、教训，提供自我能力。当自己从挫折中重新站起来之后，应回头认真审视自己的受挫过程，找出自身存在的问题，切实接受受挫的事实，克服自身的不足，从而获得自身提高。出现服务过错时，旅游服务者应该认真总结自己服务出错的原因，深入反思，以此来避免下一次服务中再次犯下同样的错误。例如，前不久发生的震惊旅游界的丽江导游辱骂游客事件中，当事的导游出于一时的冲动而犯下了追悔莫及的错误，到后来积极地反思自己的错误行为。虽说于整体事件已于事无补，但反向思考，一定程度上说，其积极反思的态度值得同行业的旅游服务者借鉴。

（4）重新立志

挫折往往击碎了自我原有的目标，因此，重新寻找一个方向，确立一个新的目标，就显得非常重要。追求目标的调整或者新目标的确立，是一个将消极心理转向理智思索的过程，需要分析、思考。员工目标一旦确立，就会相应地生出调节和支配自己新行动的信念和意志力，从而排除挫折和干扰，向着目标努力。服务目标的确定，促使旅游服务者能够紧紧围绕服务目标来采取行动，同时也能够提高旅游服务者的服务效率与效益。为此，在服务者承受挫折之时，可以尝试重新确定和调整自己的目标，激发服务者不断进取，实现个人与旅游企业的服务目标。

案例分析

受了委屈的表演者

某天下午，有两位女士来到饭店的咖啡厅，钢琴手营造的音乐氛围和服务员的热情接待令她们十分愉快。两位女宾都曾学习过钢琴演奏，因此都对此比较感兴趣，听得也十分专注。忽然，其中一位女宾说："你听，这个人弹错了一个音。"另一位女宾附和道："是，好像还不止弹错一个地方。怎么这么高级的饭店，找的演奏者这么不专业？"于是她们便招手叫来领班，为表演者指出了错误，要她改正。但当表演者听到客人的意见时，面露为难之色。她解释说，她所弹奏的这首曲子与两位女宾以前所弹的练习曲有所不同，是融合了一些现代音乐元素改编的新曲，并非演奏错误。客人不相信，一再强调自己是专业人士。考虑到不影响客人就餐的心情，表演者没有再说什么，回到表演台上找了一首经典曲目重新弹奏起来。

这两位客人就餐结束后满意地离开了。

【评析】

舞台上的表演者面对着这么多听众，本身会有一定的压力，而案例中的钢琴手能在受到客人误解、对自己专业水平产生怀疑后，及时缓解自己的压力和情绪，把委屈抛到一边，把客人的感受放在首位，处理好宾客关系，让客人满意地离开，这在旅游服务中是难能可贵的。

（资料来源：舒伯阳. 旅游心理学［M］. 北京：清华大学出版社，2008.）

三、员工问题行为

心理健康是我们所追求的目标，但日益增大的工作、学习压力，生活中不断增加的风险以及无法躲避的激烈竞争，使得员工浮躁、失衡、不满的心理加重，常常与威胁感、不安全感、失落感、无归属感相伴。这些心理因素的存在也成为导致员工问题行为的引线。管理者应该从心理学的层面上，把握员工的心理变化，用科学的方法帮助员工解决心理问题，引导员工从生活体验中多角度地反思，焕发起员工对生活的热情、对工作的创造力。

（一）心理问题行为

根据心理健康的标准，很显然，一个见到人多就害怕，并惊悸、恐慌甚至全身抽搐的公众恐惧症患者不能称为健康的人，一个见到书籍就高度恐怖的书籍恐惧症患者也不能算健康的人；一个洗手时会情不自禁，一洗就是三四个小时的强迫症患者，也不会被认为是健康的人。事实上，这些人都存在一定的心理障碍或者说是心理问题。

以上例子中列出的具有心理问题的人，其行为表现从心理学角度可以划分为两大类：攻击性问题行为和退缩性问题行为。攻击性问题行为是外向的，具有明显的破坏性，而退缩性问题行为是内向的，主要表现为消极、冷漠和疏远。

这些行为的存在不仅不利于员工工作积极性的正常发挥，而且对社会、企业和员工本人也会造成危害。

（二）心理问题行为产生原因

在旅游企业管理过程中，对员工的问题性行为进行预防，矫正员工的问题行为，首先要了解问题行为是怎样产生的。

心理学研究发现，问题行为的产生主要有以下几个方面原因：

1. 个人需要

心理学研究认为，人的一切行为（包括问题行为）都是以人的需要为基础的，都是为了满足人的某种需要。但是人的需要既可以用合理的、正当的方式来满足，也可以用不合理、不正当的行为来满足。例如，旅游企业员工为了满足社会荣誉的需要而努力工作，积极地为旅行社或者是旅游企业和社会做贡献，这是合理的、正当的需要；相反，如果弄虚作假，骗取荣誉，那就是不合理、不正当的。那么换言之，旅游企业员工问题行为之所以成为问题，并不是因为旅游企业员工们不应该满足自己的需要，而是因为其采用不合理、不正当的方式来满足自己的需要。

员工有各种各样的需要，而且员工用他们的所作所为来满足这些需要的时候，必然有一个如何处理个人利益、集体利益和国家利益关系的问题，如何处理个人眼前利益和长远利益关系的问题。问题行为的实质就在于某些员工不能正确处理个人利益、集体利益和国家利益的关系，以及个人眼前利益和长远利益的关系。这是造成问题行为的本质原因。

2. 旅游企业员工的需要特性

由于行业性质不一，职工的需求也有差异，旅游企业职工的主要需要有以下几方面：

（1）追求优厚待遇和优雅的工作环境

旅游企业职工选择旅游行业工作，除满足自食其力、社交活动、团体归属等需要外，还因为旅游企业待遇优厚、工作环境优雅。旅游活动是一项高消费活动，旅游行业经济效益好，职工收入高，这是令社会许多其他职业者羡慕的。旅游活动是为了满足旅游者观光、猎奇、度假、求知、调节生活节奏等方面的需要。所以，旅游景点风景如画，娱乐活动丰富多样；宾馆饭店设施齐备，环境优雅舒适。而这样的工作环境是众多职业无法比拟的。

当然，很多人选择旅游工作时，往往只看到有利方面而忽略了不利因素。他们看到导游陪同国内外旅游者游山玩水、品尝美味佳肴，却没有看到导游在旅途中解说景物、照顾旅客的辛苦，更没有想到导游多次陪同游览者游玩同一景点的乏味与无奈。

（2）希望职业保障、工作稳定

由于旅游工作的服务性特点，对职工年龄有一定限制。特别是导游和第一线服务人员到一定年龄阶段就得退下来改行。因此，旅游企业职工希望职业保障的心理需要比别的行业更为迫切，旅游企业的管理人员应想方设法地为职工解决后顾之忧。

（3）满足娱乐消遣

由于餐厅、客房、酒吧、舞厅、服务台工作的特殊性，工作人员不仅工作连续性强，三班倒连轴转，而且越是节假日越繁忙。上班时间的无规律性自然影响他们正常的社交活动、娱乐活动。企业管理人员应注意调节，并针对旅游行业青年人多的特点，组织有益身心的文娱体育活动。

（4）被尊重的愿望

旅游企业的服务性，要求服务人员服从客人、尊重客人，坚持"宾客至上"的原则。但从心理需要，从人格来说，旅游企业的工作人员更需要别人的理解和尊重。所以，当宾客和服务人员产生矛盾时，旅游企业的管理人员应认真调解，注意方式方法。

（5）提高自身素质和文化修养

旅游服务部门是旅游者了解当地各方面状况的窗口。这不仅要求服务人员礼貌待客，还要求他们了解当地乃至中国社会政治、经济、文化、民俗民风的大致情况。旅游工作接待对象的复杂性，也要求服务人员具备广泛的生活常识和相当的应变能力。旅游工作的涉外性，还要求服务人员能应用一至两门外国语言。据调查表明，文化程度越高，旅游动机越强。这说明旅游者中多数是具备一定的文化水平、知识修养的。这也要求旅游企业的工作人员具备相当的学识和水平。旅游企业的广大职工迫切希望提高自身的知识文化水平和工作能力以适应工作、干好工作。

四、员工压力管理

加拿大著名生理心理学家汉斯·薛利于 1936 年最早提出了压力的概念。他认为压力是表现出某种特殊症状的一种状态，该状态是由生理系统中因对刺激的反应所引发的非特定性变化所组成的。这是从生理状态给出的解释。生活中随时充斥着各种压力，虽然它既看不到又摸不着，但我们每个人又都能切实地感受到它。压力从其发生角度和心理感受方面来看，可以界定为，个体由于外界环境的某些因素的刺激，而产生的生理压迫和心理紧张反应。

任何压力总会有一个"度"的概念在里面，就像一根小提琴的弦，没有压力，就不会产生优美的音乐，但是如果弦绷得太紧，就会断掉。人需要将压力控制在适当的水平，即压力的大小程度能够与自己的生活相协调。

个体躯体能感到的压力相对还是有形的，能够感知或测知其压力的来源、大小和采取逃避的方式。比如，在拥挤的空间里，个体通过身体的受压程度和呼吸难度，直觉周围人给的挤压力有多大，要解除这种压力，离开狭窄的空间就可以了。而面对心理压力，就没有这么简单。心理压力经常给人铺天盖地的感觉，让人无处遁形。

压力已成为现代企业员工中最突出的心理问题，压力可能来源于工作、生活的各个方面，有可能是工作本身，也可能是工作中的人际关系，还可能是家庭和日常生活。员工的心理压力必然会影响组织效率。相关调查研究表明，处在长期工作压力下的员工事故发生率高，而且身体健康相对差，患多种身心疾病的比率较高，这都使员工个人和企业遭受巨大的损失。

企业从业人员应学会在重重压力下自我调整，保持良好的自我感觉和稳定的情绪；企业管理者应关注员工的工作压力，尽量减少压力，舒缓员工的紧张情绪。

（一）压力源

1. 各类一般生活压力源

各类一般生活压力源是指由已经发生或即将发生的各类生活事件引起的。比如，未完成的工作、即将来临的考试、必须面对的冲突等。这些压力的来源很清楚，所以处理起来就容易得多。但是压力对人的影响，却有着非常明显的个体差异。同样一件事，在某些人眼里，简直不足挂齿，而在另一些人看来，却是天大的事情。是举重若轻，还是举轻若重，与一个人的人格大有关系。那些对自己要求过多、过严的人，就容易把小事放大，小压力也就成了大压力。例如，在导游服务行业中，对于导游服务者的工资与奖励、提成等收入而言，其从业资格证是挂靠在各种旅行社之中，因此一定程度上会受制于旅行社的经营与管理。旅游旺季来临时，旅行社的业务量会增加，那么导游接到的带团的任务就会增加，从而其收入也会有一定程度上的增加；当旅游淡季到来时，旅行社业务量也就会随之减少，同比而言，其收入也就会随之降低。因此，对于导游个人而言，也会存在收入的淡季与旺季，由于收入在整体上呈现出不稳定的状态，那么导游也就会面临一定的生计压力、工作压力。

2. 工作压力源

工作压力源是指围绕工作的性质、工作角色、组织等方面带给员工的工作压力和紧张情绪。比如，工作性质（工作任务过重、工作条件恶劣、时间紧张等），员工在组织中的角色（员工角色定位模糊、无法参与决策等），工作中的人际关系（与上级、同事、顾客等的关系紧张），组织变动（组织的重组事件、裁员事件等）。

一般来说，不同职位的人所承受的心理压力是不一样的，越是高层的管理人员，来自工作方面的压力越大，越是普通的员工，其压力相对越小。

据调查，在导游从业人员带团的过程中，会遇见游客对导游的工作能力、业务能力、服务能力等方面持怀疑态度的事件。在这一过程中，如果游客对导游的防范心理过重。导游在面对游客这样的过度防范时，有14%的导游表示理解，10%表示"无所谓"，58%的导游出现"焦虑"或"烦躁"或者"易怒"情绪，18%有强烈发泄心态。这表明，一旦导游内心是处于紧张状态的，导游服务的质量也就会真正地受到影响，出现服务质量事故也就会在所难免。

3. 内心冲突类压力源

价值观和世界观影响着一个人对待任何人事物的态度取向，而一个人在成长的过程中，会接触到不同的价值观，这种价值观和另一种价值观往往是相互对立的，于是我们就往往面临着取舍的决定。比如，任何人都可能受过利己和利他主义的教育，虽然前者多半是通过非主流渠道，但一样会对人产生重大影响。在某种情形下必须做出决定的时候，压力就产生了。所以一个没有稳定价值观的人，他面对的心理压力比一个有稳定价值观的人要大很多。在旅游服务过程中，有的导游人员在面对"导购"或者"引导购物"的情况时，其内心存在着以下三方面的冲突和矛盾，即：导游从业道德与职业操守规定与旅行社规定的各种"指标""任务"，国家的相关旅游法律、法规规定与现实的收入利益诱惑，两组内心矛盾同时作用于导游服务人员的内心，其内心势必会处于挣扎与彷徨、犹豫不决的状态，使得导游在服务的过程中心神不宁，进而降低导游服务的水平。

4. 生理需要和社会准则之间的冲突

生理需要有"为所欲为"的倾向，社会准则的作用就是要限定这种倾向。冲突由此产生。这是每一个人都有的心理压力，区别仅仅是大与小。一些人将生理需要巧妙地转换为高级的需要，以适应社会准则的要求，从而达到相对和谐的状态；另一些人则钻社会规则的空子，维持一种不与现实冲突的平衡；还有一些人，则直接对抗社会规则，等待他们的就只能是强制性的惩罚了。在面对一些新闻媒体对旅游行业从业人员大加指责和不当舆论宣传时，导游进行了罢工、游行示威活动。如 2005 年上半年四川、海南两地出现导游就"客人上趟厕所都说导游吃回扣"的事件，大量的导游表示自己所从事的旅游行业，是遵从了导游从业准则的，而不是盲目地为满足自我的需要与私欲而加入到"宰客行业"中，对于有的新闻媒体报道的真实性，是持怀疑态度的。

在此，需要补充的是，分类只是便于识别给出的简单归类标准，而实际上，各类造成压力的压力源是相互影响的，无法完全分开来考虑，比如人际关系造成的压力感。实际上，与你相处的部分人员，可能既是你生活中的朋友、亲戚，又是你的同事、上级，这种关系是很难划分的。

（二）压力的反应

人们面临压力时会产生一系列身体和生理上的反应。这些反应在一定程度上是个体主动适应环境变化的需要，它能唤起和发挥个体的潜能，增强抵御和抗病能力。但是如果反应过于强烈或持久，就可能导致心理、生理功能的紊乱。

1. 生理反应

心理压力带来一系列的身体的生理反应，如心率加快、呼吸急促、血压升高、激素分泌增加、消化道蠕动和出汗等。正常压力下的生理反应可以调动个体的潜在能量，提高对外界刺激的感受和适应能力，使个体更有效地应付变化，但过久或过大的压力会导致身体的适应力下降，甚至疾病。科学研究发现，压力过大将直接导致冠心病、高血压、肠胃溃疡等疾病，以及手脚麻木、肌肉酸疼、消化不良等各种亚健康症状，人体免疫力也随之下降。

2. 行为反应

心理压力会伴随着一系列的行为表现。正常或适度范围内的紧张感由于生理上的潜能量的集中调动以及心理上的调动的心理兴奋度，使得人的行为表现出积极的一面。比如动作加快、工作效率提高等，这种适度压力竞争容易出成绩。但过度的压力会伴随一系列不良的行为。比如习惯性紧张、不能放松，对烟、酒、茶、咖啡的依赖性增加，性欲衰退，出现强迫症行为，做事拖沓不主动，难以做决定等。

3. 心理反应

压力引起的心理反应有警觉、注意力集中、思维敏捷、精神振奋，这是适度的心理反应，有助于个体应付环境的变化。但是压力过度会产生一些情绪和认知方面的消极症状。比如注意力不集中、记忆力下降、阅读困难、学习理解力下降、创造力下降、焦躁不安、对任何事情都没有兴趣等。

在现实生活中，每个人都具有自动的心理防御机制，在遇到压力时会自动地、无意识地发生。所谓防御机制实质是一些心理反应。人们为了摆脱由于各种内外因素所引起的焦虑情绪的折磨，而对外部世界和内心世界所发生的有自我介入的一切事件，用自己独有的方式做出自己能够接受的解释，以减少内心的不安，逃避对自我的否定，以保持情绪的平衡。防御机制是减少压力引起的忧虑的一种心理倾向。需要注意的是，防御机制往往是无意识地发生，作用是减少忧虑而并不能真正对抗或处理心理压力因素，下面介绍一下常见的心理防御机制的表现形式。

（1）文饰作用

文饰作用也叫合理化作用。当人们的行为或动机的结果不被社会认可，或是自己的意愿、目标不能实现时，为了减轻焦虑情绪，人们会寻找一个"合理的"解释。《伊索寓言》中的"酸葡萄心理"和"甜柠檬心理"就是这种防御形式。前者说的是吃不到葡萄却说"葡萄味酸，非我所欲也"的狐狸；后者指的是那个觅食无着只好以柠檬充饥，却说"柠檬味甜，正中下怀"的狐狸。诸葛亮的"谋事在人，成事在天"也算是一种高明的"精神胜利法"。

（2）压抑作用

压抑作用也称为动机性遗忘。人们会把不能忍受的欲望、不愉快的经历和体验抑制到无意识中，不去回忆，主动遗忘。如一位员工一时糊涂偷同事的钱，事后追悔莫及，自责不已，而且一旦遇到同事丢东西就害怕被怀疑，于是他便拼命想忘记这段经历。

（3）补偿作用

补偿作用是指一个人在某一方面的不足或者失败，会在其他方面更加努力，以求得心理上的平衡。比如，一名表达能力较差的导游可能会成为一名杰出的客房服务员。

（4）升华作用

人们常常将许多社会不允许的欲望或动机，通过社会允许的方式发泄出来。这样做可以受到社会的欢迎，又可以使自己的内心得到慰藉。这种既释放了心理能量又不用担心受到责罚的心理防御机制，就是升华作用。升华是许多伟大的文学作品产生的直接原因。

（5）投射作用

投射作用是指人们往往会不由自主地将一些自己所不期望的动机、态度和个性特点，投射到别人身上，使自己觉得是别人具有这些特点，而非自己，由此来减轻自己价值被否定的恐惧，维持自己的心理平衡。例如人际关系不好的员工会认为自己本来可以跟同事搞好关系，但是因为周围的人都不好相处，所以他才以牙还牙不喜欢周围的人，以此来掩饰自己的孤立。

（6）反向作用

反向作用，亦称倒转反应，是指人们会为了避免自身某种与社会期望不相符合的动机所带来的焦虑情绪，而以与这种动机截然相反的行为表现出来。这样，一方面，可以掩盖自己原有的动机，削减由此产生的焦虑；另一方面，以此压抑原有的动机。比如常见的"随大流，不挨揍"的从众心理，在征求意见的讨论会上，往往会有员工虽有自我的意见，但不敢表露出来，害怕自己的意见遭到攻击。

除此之外，还有一些防御机制，比如将不满足或愤怒的情绪发泄到一个"安全"对象上的转移作用；把个人的失败或错误推到其他因素上以推卸责任的推诿作用，以及退化、冷漠、幻想等。

（三）正确应对压力

不能简单地用有或没有压力来衡量好坏，要正确认识压力的影响力。压力的确能带给人心灵的和躯体的双重伤害，但同时它也有很多好处。作为企业的管理者，应该引导员工正确对待心理压力，从而消除或降低压力，使自我更好地面对工作和生活。

1. 保持较好的觉醒状态

在心理压力之下，我们能够保持较好的觉醒状态，智力活动处于较高的水平，可以更好地处理生活中的各种事件。我们都会有类似的体会，当领导严肃、郑重地说明某项工作必须及时完成和领导只是简单告诉你有项工作时，你的工作效率往往是不一样的。生活中的很多事情，只要是做成了的，基本都与外界压力有关；没有做成的，多半是因为没有什么压力的缘故。因此，在旅游服务的过程中，各种相关的从业人员，包括导游、酒店服务人员、旅游交通服务人员、旅游服务中介人员，可以适当地存在一定的压力感和紧迫感，以提醒自己要遵从相关旅游主管部门、旅行社等组织的管理规定，认真努力地完成旅游服务，提高旅游服务的质量和效益。

2. 享受压力

在心理压力不是大到我们不能承受的程度时，它可以是一种享受，而且有可能是最好的精神享受。所有的竞技活动，就是人们在心理压力太小时"无中生有"地制造出来的一些心理压力，目的在于丰富我们的精神生活。我们要正确面对压力存在的客观性和必然性。完全没有心理压力的情况是不存在的。

事实上完全没有心理压力的情形是相当可怕的，这种状况本身就是一种压力，被称为空虚。空虚感，正如文学作品里描述过的，是一种比死亡更没有生气的状态，一种活着却感觉不到自己还活着的巨大悲哀。为了消除这种空虚感，很多人选择了极端的行为来寻找压力或者刺激，有的找到了，比如在工作、生活、友谊或者爱情之中；而有的在寻找的过程中付出了更大的代价。旅游行业从业人员大多数时间穿梭于同事和游客之间，很多工作的竞争压力也来源于工作的同事，为此，日常的工作服务中，首先要做到与旅游服务同事间友好竞争，从而形成良好、和谐的竞争氛围，避免恶性竞争，从而减轻无谓的工作竞争压力。在为游客服务时，要身怀尽责、尽心的心理为游客提供优质服务，以此来感化游客，赢得游客的尊重，同时也赢得自我的精神升华。

五、员工心理疲劳

(一) 心理疲劳的原因

工作疲劳表现在心理方面称为心理疲劳，其实质是一种紧张。心理疲劳的一般表现为精神紧张、注意力不集中、行动吃力、思维迟缓，情绪上显得低落、烦躁、厌倦、忧虑等。

1. 消极情绪

在旅游企业的各部门里，有时难免碰到这样一些员工，他们总感到全身疲乏，精神萎靡不振，休息后也难以恢复，或稍一活动就出虚汗，感到疲惫不堪。这种现象称为病态疲劳。它是一种既有生理疲劳因素，也有心理疲劳因素的表现。如果不是病后虚弱的话，它说明体内潜伏着某种失调，或即将暴发某种疾病。例如，实际工作中，导游由于工作的特殊性，很多时候都是长时间一个人带团在外，压力大，挑战大，当自己期望的"现想自我"与现实生活中的"现实自我"发生矛盾时，或在受到某些挫折，又未能在心理上做出相应的调整时，有些导游容易产生消极情绪，轻者可能出现消极带团的现象，影响导游服务的质量，重则会出现带团事故，与游客发生工作纠纷甚至冲突。

2. 单调感或者厌烦感

在现代旅游部门中，工作分工过细，会使员工感到单调、厌烦、乏味。随着工作时间的增加，这种感觉会越来越明显。从事持续单调操作的员工，大多数在上午上班后一小时和下午上班后半小时就开始进入心理疲劳状态，工作效率就逐渐下降。而这两个时间正是员工一天工作中体力最佳的时间。这说明，持续单调工作会给员工心理上造成疲劳，对工作效率产生影响，这远远大于生理疲劳所带来的影响。一般来说，员工做单调的工作，比做变化多、兴趣大的工作能量消耗多。

（二）心理疲劳的预防和消除

心理疲劳的危害是显而易见的，因此合理、有效的预防，消除心理疲劳是很重要的。采取以下的方法，可以预防、缓解、消除心理疲劳。

1. 保证良好的睡眠

保证良好的睡眠，获得身体的休息，同时也有助于心理平静。研究表明，良好的睡眠、正常的梦境对维持人的心理平衡是必需的。所谓好的睡眠并不是指没有梦的睡眠，一般做梦是不会使人疲劳的，而是睡眠质量好的保证。在为游客服务的过程中，如果旅游服务员工拥有好的睡眠，那么员工的身心得到了休息和放松，为游客服务的工作也会起到事半功倍的效果。例如，深究 2007 年吉林导游徐某某情绪失控在云南丽江砍伤 20 人的恶性事件的背后，据徐某某所带团的游客称，案发前的徐某某非常尽职尽责，每天都睡得最晚起得最早，该导游在情绪失控前已多日睡眠不足，疲劳过度。由此可见，对于旅游从业人员而言，尤其是对于导游服务人员，拥有良好的休息与睡眠，是保证旅游从业人员服务质量与水平的必备条件之一。

2. 保持适量的运动

生命在于运动。适量的运动不仅可以增强体质，而且也是促进人身体健康的一种好方法。适宜自己的恰当的运动形式有助于减轻或消除心理疲劳。旅游服务员工选择适宜自我的运动，需要着重注重以下几点问题：一是要考虑本人的身体状况的适宜度；二是要选择感兴趣，能带给你快乐的体验。旅游服务人员在为游客服务的过程中，特别是游览或者讲解自己所感兴趣的旅游景点时，对游客进行服务的同时，其实自己的身心也得到了愉悦，从而实现一举两得的功效。

3. 保证合理的营养

在现在如此快节奏的工作生活中，健康的膳食和合理的、平衡的营养非常重要。营养不良会导致疲劳，而热量摄取过多不仅无助于疲劳的消除，相反会增加身体的负担，反而加重疲劳。同时，合理的营养要在保证量的基础上，还要实现各营养成分之间的平衡。旅游服务这样的一种特殊行业，尤其是提供酒店服务、导游服务等行业的员工，他们的日常作息时间和常人可能是完全相反的，这样对于旅游服务的员工的身心会造成极大的伤害。因此，这就需要对从事旅游服务的这些群体提供更好的营养调节计划，从而使得这些服务人员的身心能够尽早恢复，以饱满的热情，认真的态度，投入到旅游服务过程中来。

4. 工作中做好调节

心理体验会随着个体不同而不同。比如，一个大学毕业生和一个职高毕业生，同样作为前台接待员，前者认为自己知识多、能力强，很快便觉得这项工作简单和乏味，产生厌倦感，进而可能由不喜欢发展到不想干，他的工作效率也会随之降低；后者尽管也认为这项工作并无多少趣味，由于考虑到得到这样的一个工作职位不易，仍然会努力工作。在相同的环境下，造成行为差异的原因只能存在于个体差异之中，即工作者对工作的心理准备不同。面对同样单调的工作，不同人产生的心理体验会有明显的差异。旅游企业可以通过工作扩大化或者其他方式增加工作的吸引力，使工作的内容和形式丰富化。

例如有些旅游企业吸收员工参加管理和制订规划，使员工的本职工作与企业联系在一起，让员工有更多机会发挥自己的聪明才智，这样做的一个重要作用就是可以增强员工主人翁的责任感和进取心，发挥员工的自觉性、积极性。企业领导坦率地与员工研讨改进工作的办法，允许员工参与决策，有益于激励员工不断提高自己，不断取得新的成就。

5. 适当的自我放松

缓解疲劳的简易有效的方式便是放松。现代的员工面对紧张的工作环境往往通过烟、药物、咖啡等这些刺激方式来提高工作精力，但这并非真正的放松方法，不但不会减轻压力，反而会进一步增加紧张成分，如果长期进行下去对身体会产生新的不同程度的损害，而且还可能带来新的心理问题，如成瘾等。一般来说，身体的感觉和体验正常才是真正的松弛。当我们真正获得成功的松弛效果，才能感觉恢复体力，恢复精神和注意力，精力充沛。旅游从业服务人员，由于其行业的特殊性，例如酒店服务行业的服务人员，其生活作息的不规律，平日工作时均待在酒店中，自我可支配的时间较少，与家人团聚的时间较少。因此，在节假日中，旅游酒店的服务人员可以选择多回家看看，与家人团聚，感受阔别重逢的家的温暖，感受父母无私的爱，同时也可以选择外出旅游，享受梦寐以求的旅游所带来的惬意与舒适感，以此来消除身心积累的压抑与困惑，愉悦身心，增强体质。

六、旅游企业员工心理保健创新

心理健康的维护，是保护人力的重要手段。旅游企业的管理者可以通过举行讲座、讨论交流和成立心理健康咨询会，开展经常性的心理咨询和辅导，使得本企业的职工都具有健康的心理，热爱企业，努力为旅游企业工作，激发工作热情，提高工作效率。事实证明，这比不断调换员工要强得多。一方面，旅游主管部门应该切实履行责任，打击各种违法竞争，积极制定相应的旅游管理法规、法则，维护旅游从业人员的合法利益与合法权益；旅游企业应给予旅游工作者一定的外界援助，帮已产生心理问题的旅游工作者及早摆脱困境，重现自我。另一方面，企业内部还应营造一种有益于旅游工作者心理健康的氛围，即提供给旅游工作者一种良好的"心理环境"，从根本上降低旅游工作者因工作而导致的心理问题的发生率。

1. 旅游主管部门方面

我国至今没有建立起完善的诚信机制和诚信档案，无论旅游企业行为还是个人行为都缺乏透明的市场监管，这使不良旅行社肆无忌惮，为所欲为，违纪导游换一家旅行社照样接团，暴利商店此消彼长，最终扰乱了正常的市场秩序，助长了投机取巧行为。诚信经营靠承诺是不够的，需要得到工商、金融、保险、质监等相关部门的联动，需要出台相关配套的制度和措施。

加强旅游价格监管对规范旅游市场有明显的作用。市场经济下的企业自主定价权是一种有限权力，"暴利"行为和"倾销"行为都属于不正当竞争，行业协会和相关管理部门责无旁贷应该进行有效监管。例如，目前一些省市推行的主要旅游线路最低成本价公示制度、旅游商品 15 天内无理由退换货制度、组团社先行赔偿制度等，对于遏制旅行社恶性削价竞争，限制旅游商品暴利，打击商业贿赂和不正当竞争，规范团队运作和导游行为，均具有一定的可操作性。

2. 旅游企业保护方面

企业让旅游服务员工积极、轻松地投入工作，是保证其身心健康和企业发展的最基本的条件之一，所以了解并运用正确的控制方法是进行管理所必要的。企业要站在组织层面来理解员工的心理和个人问题，要充分认识到这些问题对企业的影响，把员工的心理和个人问题当成企业本身的问题，看成企业管理必要的组成部分。

（1）规范旅行社经营行为，建立正常的盈利机制

规范旅行社经营行为的关键是转变旅行社经营理念，加快旅行社产业结构调整，走集团化、专业化和网络化的道路，通过制度创新、品牌创新、产品创新创造效益，最终跳出恶性价格竞争的怪圈，恢复正常的组团利润，使旅游市场走向良性发展的道路。只有旅行社具有盈利能力才谈得上重建导游薪酬制度，彻底解除导游生存危机。

（2）建立合理的薪酬制度，兼顾从业人员服务数量和质量的差异

旅游从业人员中拥有多种不同的职业以及不同的薪酬制度，以导游从业人员为例，当前最可行的方式是出团补贴加小费制。出团补贴由聘请导游的旅行社按接待人乘以天数并结合导游等级支付，明码实价，费用来源于游客所缴纳团费中的导游服务费，这是导游收入的主体。同时，旅游企业应鼓励游客对满意的导游服务自愿给予小费，以激励导游把工作重心转移到提高服务水平上来。两费之外，导游不得再私自收取任何费用（所有收入归旅行社）。这种薪酬制度要求导游调整心态，以平常心态对待导游职业，即导游职业只是众多社会职业中的一种，它并不能满足谁一夜暴富的愿望，以此使得导游收入回归理性状态。

（3）适当运用相应的管理策略

在实践的过程中，除了以上一般的心理健康的管理策略，企业还可以聘请职业心理学家为有心理障碍的旅游工作者进行心理疏导与心理治疗。这可以采用多种方式，如演讲、开设专栏、通信、电话、面谈等。一对一的方式效果最好，如面谈、电话咨询、通信咨询，但费用较高且普及面较小。一般企业可以用普及心理学知识（请专家做专题演讲，请专家利用各类渠道，如内部小报、黑板报等解答旅游工作者普遍性的心理问题等方式）和采用一对一咨询（对高级管理人员、心理障碍严重的旅游工作者）相结合的方式。

（4）提高工作生活质量

工作生活质量概念的提出，反映了对工作价值的一种全新认识。工作不再是一种繁琐的、冗长的、沉重的劳作，而是一种具有丰富意义和乐趣，讲究质量的生活方式。在管理学中，对于工作的设计的创新，一般是通过以下两个途径来实现的：丰富工作内容，使工作多样化和工作关系多样化，对于旅游企业。一方面，旅游企业可以通过工作内容的设计，对不同的从业人员的需要与能力，设立不同的旅游服务工作岗位，并使之承担该岗位的责任与利益，以此来激发广大的旅游从业人员以全身心的状态投入到旅游服务工作中；另一方面，旅游企业使旅游从业人员的关系多样化，通过定期与不定期地组织导游从业人员、旅游交通从业人员、旅游中介服务人员、旅游酒店服务人员等各部门员工开展员工大会与员工联谊活动等，以此来增进各部门从业人员的联系与交流，减少隔阂，增进部门从业人员的友谊，增加旅游工作者的工作满足感，使工作不再单调乏味而变得更有乐趣、更有意义，从而减少旅游工作者因工作而导致的精神不愉快，降低因工作而引起的心理问题的发生率。

（5）创新员工心理健康管理

旅游企业在管理员工心理健康问题时，必须要坚持人本化的管理思想，让旅

游企业成为员工的"幸福加油站",塑造其健康阳光的心态,增强员工的幸福感,在企业内部建立起和谐的文化氛围,这是当前全社会都在关注和思考的问题。优秀文化已经成为促进经济发展进程中的重要精神力量。为此,企业在建立起自己的旅游企业文化时,应以更加直观、更加科学的方式,时刻关注员工的心理健康,创造平等、和谐、宽松的旅游企业文化。

3. 员工自我调节

员工应主动地、有意识地在工作、生活中调整自我的认识等,转变对心理问题的观点,正视自我面临的现实状况、正确估计自我的优缺点。员工通过这一系列自我认识上的调整,能使自己站在客观的角度上,而不是一切从自己的喜、怒、哀、乐出发,去客观地看待社会,从而减少期望落差,减少挫折,树立意念,坚强面对压力,尽量保持积极的心态。在实际工作过程中,旅游服务者可以就以下几个途径进行心理的自我调节:

(1)职业生涯管理

员工可以把个人的生涯计划和组织的生涯管理两者结合起来,通过组织内生涯发展系统以达到组织人力资源需求与个人生涯需求之间的平衡,创造一个高效率的工作环境。职业生涯管理是企业为实现每位旅游工作者自主开发精神资源的有效管理方式,它能有效抑制企业与旅游工作者个体在目标整合上的偏差,并充分调动旅游工作者工作的主动性、积极性。

(2)提升导游的自我心理素质与内涵

鉴于导游是旅游行业的核心竞争力,如何改善数十万导游的工作生活条件,使得导游成为受到尊重与羡慕的职业,这个问题值得全社会给予关注与重视,同时也更值得导游个人自我进行深思。为此,可以从以下几个方面提升导游从业人员的内涵与心理素养:一是导游应具备广博的文化修养。导游员只有凭口才、学识、服务的真功夫,才能在旅游舞台上立足。每个导游人员要苦练本领,做到身怀绝技、解说精采、组织得法、沟通有方、动之以情、处之以礼,方能彰显出导游的独特风采,受游客爱戴。二是在旅游者面前要表现充分的自信心和抗干扰能力。能在艰苦的环境下独当一面地开展工作,以良好的意志品质打动和感染旅游者,使得旅游活动能圆满完成。

案例分析

小陈是刚刚进旅行社的新导游,工作非常努力认真。同一批进入旅行社的新导游一年只能带 15 批团,而他由于抓紧每一天做好工作,只用了 10 个月就带满了 15 批团，之后去做一些管理者临时分配的工作任务。一年下来，当小陈和其他几个同一批入职的新导游对比工资时，发现自己和其他的新导游拿了相差无几的工资。从此，小陈开始和其他员工一样慢慢来，能很快做好的事情也慢慢做，算好一年的时间把工作任务完成即可，过得去就可以，不用太认真。

请回答以下问题：

（1）造成小陈开始不太认真工作的原因是什么？

（2）旅行社从这件事情中应及时调整哪些制度？

 复习与思考

1. 简述沟通的主要分类及各类沟通形式的主要特点

2. 群体动力的作用机制主要有哪些？其如何发挥作用？

3. 什么是群体从众行为？其主要表现有哪些？

4. 如何理解健康的含义及心理健康的标准？

5. 说明心理挫折产生的主要原因。

6. 简述产生压力的来源及压力的主要反应。

7. 预防和消除心理疲劳的方法有哪些？

第十章　旅游服务心理

学习目标

掌握旅游者的基本心理规律，树立正确的旅游服务职业意识。提高分析和解决旅游实际问题的工作综合素质和能力，使之适应相应服务岗位工作的要求。

重点难点

旅游过程中的心理需求
旅游过程中的行为表现

本章内容

酒店服务心理
导游服务心理
交通服务心理

旅游服务指在旅游者的旅游过程中，旅游业及其相关产业提供给旅游者消费的各种有偿服务。旅游服务只有和旅游硬件设施有机结合，才能构成完整的旅游产品。在旅游硬件设施已定的基础上，旅游服务质量的优劣将直接决定旅游产品的最终质量，并且优质的旅游服务还能在一定程度上弥补硬件设施的不足。旅游服务人员要提供优质的服务，首先必须要了解旅游者的心理特征，只有知其所需、明其所想，才能"投其所好"，提供令旅游者满意的各种服务，从而做好旅游服务工作。本章将要从旅游酒店服务心理、导游服务心理和旅游服务中的交通心理三个方面来阐述服务中应注意的一些心理学问题。

第一节　酒店服务心理与服务策略

酒店是为游客提供住、食、娱、购、会晤交谈、会议等综合服务的场所。酒店服务一般包括前厅服务、客房服务、餐饮服务、娱乐服务等。酒店从业人员只有了解客人的多种需求，理解客人的角色特征，掌握他们的心理特点，才能提供符合客人需求的满意服务，感动客人，赢得客人的认可，酒店才能获得良好的效益，持续发展。以下分别介绍前厅服务、客房服务、餐饮服务等服务心理的要求。

一、前厅客人的心理需求

前厅是酒店为客人提供预订房间、接待入住、办理离店手续的综合服务区域，前厅包括酒店的大门、大堂和总服务台，它位于酒店的大堂处。在整个旅游服务的进程中，前厅的重要之处不言而喻，因而人们常常把前厅比喻为酒店的"门面"，把前厅的工作人员称为酒店的"形象大使"。客人对前厅接待服务的心理需求主要有以下几个方面：

（一）获取尊重

被尊重是人类高级层次的需要。客人一进入饭店，内心有着一种被尊重的心理，这种被尊重首先通过前台服务员的接待来表现。这就要求前厅服务人必须微笑迎客、主动问候、热情真诚、耐心细致，这是尊重客人的具体表现。

（二）便捷、迅速

客人经过旅途奔波的辛劳，刚进入饭店后就渴望尽快能安顿下来，以便准备下一步的活动安排，因而焦虑心理表现得很明显。前厅服务人员要做好接待服务的提前准备，在服务过程中尽量不使客人烦恼，操作要快、准、稳、好。客人在离店时的心理要求和入店时基本类似，如果结账的程序过于繁琐和拖沓的话，旅客会因此而不高兴，甚至投诉结账员，所以结账员在结账时要快捷、准确，做到"忙而不乱，快而不错，娴熟优质"。

（三）求亲切

出门在外的人来到一个陌生的城市，离开一个常住地到一个新的环境停留数日，难免有一种陌生感和不适感，他们希望获得亲切、热情的接待，从而快速消除初到异地的紧张和不适。作为前厅服务人员，或许你的一个微笑，一个细致入微的举动就会给你的服务增添光彩，同时也给酒店赢得利益和声誉。

拓展阅读

一天，某假日饭店前台预订员小王正在接待一位法国小姐的远程预订。由于这位法国小姐所要的酒店已经客满，小王只好帮她寻找其他酒店。此时，法国小姐点燃了一支香烟，边吸边等待。小王正在微机操作中，突然感到这位小姐在左右摇摆，抬头一看，原来小姐烟头上的烟灰已经长了，她正在寻找烟灰缸。柜台上只有一个烟灰缸，而且放在另一头，客人看不见。小王立刻明白了，马上停下手中的操作，说了声："对不起！"立即起身紧走几步，到柜台那头，把烟灰缸拿过来，放在小姐手边。就在此时，烟灰不弹也不行了，只见小姐的手一动，不偏不倚正好弹在刚刚放下的烟灰缸里。预订手续办完，法国小姐离去。她刚刚走出几步，又转身回来了，冲小王微微一笑，认真地说："小姐，我下次来北京还住你们饭店！"

（四）求知

当客人到达一个与他原来的生活环境完全不同的地方时，对当地的情况不了解，迫切想知道这个地方的风土人情、交通状况、旅游景点等各种情况，以满足自己的好奇心理。因此，前台要设有信息服务中心，前厅服务员在接待客人时，要介绍本饭店的房间分类、等级、价格以及饭店能提供的其他服务项目，让客人做到心中有数；同时也要做好在回答旅客求知的咨询时，同自己服务的强项结合起来，让游客满意、开心。

二、前厅服务策略

前厅是给客人留下第一印象和最后印象的地方，依据首因效应和近因效应原理，要给旅客留下完美的第一印象和最后印象，做好前厅服务工作，是整个饭店服务成败的关键。

（一）做好情感服务、微小服务、微笑服务

前厅员工不但需要做好系列服务，还应适时地提供超常服务、微小服务、情感服务。这样才会赢得客人的感激之情。饭店前厅的迎接服务体现出一个饭店的管理水平和服务规格，必须使客人感到方便、舒适和周到。周到性的服务体现在很多方面，比如为客人开关车门、运送行李、回答询问、设置免费擦鞋机服务、查询机服务等。

（二）优雅的环境布置

环境一方面会影响客人的需求和心理，另一方面又会影响酒店的形象和声誉。一般来说，游客在刚进入某家饭店时，对该饭店的感性认识在很大程度上决定了其对饭店的第一印象，而第一印象形成之后，会在很大程度上影响其对饭店的整体印象。饭店在进行前厅环境的设计时应注意为游客营造一种温暖、松弛、舒适和欢迎的氛围，应尽力使每一位来到饭店的客人都能够倍感温馨，留下深刻的印象。

拓展阅读

美国旅馆协会会员汤姆·赫林认为，旅馆对于其环境和一切服务设施都应该考虑周到：当这座旅馆出现在客人面前，他们脑子里对它总的感觉是什么？要求是什么？以及向往和渴望的又是什么？他认为客人需要的是现代化的生活方式，但同时却又受到世界上具有民族特色的迷人魅力的吸引。饭店前厅的环境设计既要有时代感，又要有地方民族感，要以满足客人的心理需要为设计的出发点。一般情况下，前厅光线要柔和，空间宽敞，色彩和谐高雅，景物点缀、服务设施的设立和整个环境要浑然一体，烘托出一种安定、亲切、整洁、舒适、高雅的氛围，使客人一进饭店就能产生一种宾至如归、轻松舒适、高贵典雅的感受。前厅布局要简洁合理，各种设施要有醒目、易懂、标准化的标志，使客人能一目了然。前厅内的环境和设施要高度整洁，温度适宜，这也是对前厅的最基本要求。

（三）注重仪表美和员工言行

前厅服务员的言行仪表要和环境美协调起来，因为服务员的言行仪表也是客人知觉对象的一个重要组成部分，员工的言行仪表美包括语言美、举止美、形体美、服饰美、化妆美。它既是人的精神面貌的外在表现，又是游客形成对服务人员良好视觉印象的首要条件。

（四）注重形体容貌

体形和容貌具有一定的审美价值，而且能够在一定程度上反映个体的心理特点，对他人来说会产生一定的影响。由于第一印象的重要性，饭店对于前厅服务人员的容貌要求相对较高，一般都会选择面容姣好、端庄、体形健美、挺拔的员工担任前厅接待工作。

（五）优雅的着装修饰

前厅服务人员的服饰既是对个体容貌、体形的加工和衬托，也是企业文化的体现。良好的服装服饰能给人留下美观、舒适、优雅、大方的感觉，形成良好的视觉形象。前厅服务人员的服饰衣着要求整洁挺括，具有识别性，使客人容易区分。前厅服务人员穿着要求既富有特色，又美观实用；既要与整体的大堂环境相适应，也应与其特定的职业岗位相符合。服务员的化妆要清淡，不能穿金戴银，这是由角色身份决定的，也是对客人的一种尊重；相反，穿着打扮过于华丽，饰品贵重，这与服务身份不符。饭店通过对员工仪表、仪态美的打造，使游客产生美感，使其能够联想到饭店有形以及无形产品的优质等，增强其对饭店的信任度，从而促其消费。

（六）亲切和蔼的言行举止

语言是人际交流的重要条件之一，服务员的语言直接影响、调节着客人的情绪，而且服务的成效在很大程度上取决于服务员语言的正确表达。语言美表现在语气诚恳、谦和，语意确切、清楚，语音悦耳动听。服务员要熟练地使用各种礼貌用语，避免使用客人避讳的词语。前厅服务人员的行为举止也应大方得体、热情庄重。服务人员的行为风度能够在一定程度上反映出服务人员的性格和心灵，这也是游客在评价饭店服务人员的服务水平、服务态度时的一个重要的参考因素。

（七）保证前厅服务的高效

基于客人对前厅服务快捷的需求，前厅服务需要高素养的员工，需要便捷的服务流程，需要熟练的服务技术。前厅服务员只有熟练地掌握各种服务技能，做到百问不倒、百问不厌，而且动作敏捷，不出差错，才能使经过舟车劳顿的客人很快办完各种手续，得到休息。没有熟练的服务技能和能力，即使环境布置再好，态度热情有加，也做不好服务工作。所以前厅服务人员要在提供高效、快捷的服务上下苦功夫，比如迎送人员要使自己为客人服务的动作更完善，给客人亲切舒适之感；行李人员运送行李要做到轻巧、平稳和快速；总台的预定客房、入住登记、电话总机、行李寄存、贵重物品及现金保管、收账、结账等服务要做到准确、高效、万无一失。

三、客房服务心理

客房是旅游饭店的基本设施和重要组成部分，是旅游者休息的重要场所，旅游饭店的规模也是以客房数作为标志的。客房的营业收入一般都要占饭店总收入的60%以上。在现代旅游者心中，旅游饭店的客房已不再仅仅是满足其生存需要的栖身之地。他们除利用客房进行休息外，还要从事社交、商务等活动，他们期望在从事这些活动时能有一个符合自己生活习惯的、舒适的住宿环境，并能得到各种满意的物质享受和精神享受。客房服务的质量如何，直接关系到饭店的声誉、客房利用率和饭店的经济效益。因此，搞好客房服务对旅游业来说是非常重要的。

旅游者来到饭店，就把客房作为临时的"家"，他们在客房停留的时间最多。

我们做好客房服务工作的关键是要了解旅游者在客房生活期间的心理需求特点，并在此基础上采取相应的服务措施，使旅游者感到亲切、舒适和愉快。通过调查发现，旅游者对客房服务的心理需求主要有以下几个方面：

（一）求尊重的心理

尊重在心理上的位置是极为重要的，有了尊重，才有共同的语言，才有感情上的相通。不管旅游者的社会地位、经济地位如何，他们一旦住进客房，都希望自己能够受到客房服务人员的热情欢迎，希望看到的是服务人员美好的微笑，听到的是服务人员亲切的语言，得到的是服务人员热情的服务，希望服务人员尊重自己对客房的使用权，尊重自己的朋友和客人，尊重自己的人格、意愿、生活习惯和隐私等。

（二）求舒适的心理

一般而言，如果不考虑价格因素，舒适度和整洁度是评定客房服务质量最重要的尺度。舒适程度是旅游者评价和选择客房的主要标准之一。旅游者外出旅游，或者出于追求享受，或者为了解除一段时间的旅行和游览活动带来的疲劳，都希望有一个安逸舒适的客房。

（三）求安全的心理

安全感是愉快感、舒适感或满足感的基石。旅游者出外旅游或出公差，随身带有钱财和行李，最担心的是旅游中的安全问题。旅游者在客房住宿，希望自己的人身与财物安全得到保障，能够放心地休息和工作，他们不希望由于自己财物损失、被盗而给生活、旅游与返家带来经济上的困难；他们不愿意遇到任何麻烦，不希望发生火灾、地震、房屋倒塌、触电等意外事故；同时他们也希望旅游饭店能为他们保守个人隐私。

（四）求卫生的心理

对清洁卫生的需求是旅游者对客房的第一心理需求。清洁卫生不仅是旅游者生理上的需要，也是旅游者心理上的需要，它能使旅游者产生安全感与舒适感。由于饭店的各种设备和用具一般是多人使用过的，因此，旅游者对客房内直接与身体接触的各种用具特别敏感和小心，如口杯、被褥、浴缸、坐便器、脸盆、毛巾等，他们希望所有这些客房用具能严格消毒，保证洁净卫生。

四、客房服务的策略

客房是旅游者在饭店停留时间最长的地方，也是其真正拥有的空间。因而，他们对客房服务有着极高的要求。作为客房服务人员应根据旅游者的心理需要，从以下几个方面做好旅游服务工作：

（一）保证客房的整洁

保证客房的整齐与清洁卫生是旅游者重要而普遍的心理需求，也是客房服务的首要任务。客房整洁的标准应该是使旅游者产生信赖感、舒服感、安全感，使旅游者能够放心使用。清洁卫生是反映饭店服务质量的一项重要内容，也是饭店档次、等级的一个重要标志。一般情况下，在进行清洁卫生工作时，服务人员要重视如何使旅游者放心，对服务人员产生信任感。旅游者在客房内放了很多物品和钱财，服务人员在清扫时应尽量不随意移动，一般如衣服、书籍可以加以适当的整理，但对贵重物品和钱款切忌挪动，有时会好心办坏事，当受到旅游者责怪时很难说清楚，有的旅游者甚至故意制造假象来检验服务人员的诚实可信度。因此服务人员在整理旅客的房间时，也存在度的把握和考量。

（二）保持客房的宁静

客房环境的宁静是解除旅游者疲劳和保证旅游者休息不受干扰的重要因素，即使旅游者没有休息，客房内外宁静的环境也会使人有一种舒适的感觉。保持宁静的客房环境是客房服务的一项重要工作，它也是衡量服务质量的一个标准。

保持客房的宁静主要是要防止内外部噪音干扰旅游者的休息和活动。这样，首先要做到硬件本身不产生噪音，严格控制各种设备发出的机械噪声，如空调声、浴室排气声、马桶漏水声等，并依靠必要的设施保证隔音性，如用隔音性能良好的门窗、墙壁等来阻止外界噪声的传入和传导以及内部声响的互相干扰。其次，要减少人为因素的影响，如客房服务人员在工作中要做到走路轻、说话轻、动作轻这"三轻"。服务人员的"三轻"不仅能减少噪音，而且还能使旅游者产生文雅感和亲切感。最后，恰到好处的背景音乐也能给旅游者带来另一种宁静的心理感受。客房服务的任务是满足旅游者在一定范围内的需求，而不是去和旅游者建立私交，为此，客房服务人员要始终意识到从各个方面创造宁静的条件是客房服务的基本要求。

（三）提供亲切、周到的服务

亲切的服务态度是客房服务的中心，也是服务人员必须具备的品质。客房服务人员亲切的服务态度能够最大限度地消除旅游者的陌生感、疏远感和不安的情绪。亲切的服务态度能缩短旅游者与服务人员之间情感上的距离，增进彼此的信赖感，可以取得旅游者对服务工作的配合、支持和谅解。可以说亲切的服务态度所带来的心理影响不仅是旅游者的需要，也是服务人员本身的需要。亲切的服务态度往往通过面部表情和神态来表达。微笑的面容最能传神地表达"亲切"的态度。饭店服务离不开微笑，微笑要贯穿饭店服务过程的始终。微笑是一种特殊的语言，它可以起到有声语言所起不到的作用，同时，微笑也是一种世界语言，它能直接沟通人们的心灵，架起友谊的桥梁，给人们以美好的享受。微笑可以传递愉悦、友好、善意的信息，也可表达歉意和谅解，微笑赋予饭店服务以生命力。现在不少饭店都准备了雨伞，并专设"借伞处"，以满足旅游者雨天的需要，这算是周到服务的一例。但有的饭店不仅如此，如果遇到雨天，服务人员在大门口迎候归来的旅游者，每人发一个塑料伞套，把收拢的雨伞装进套里，锁在一个类似圆形衣架的旋转架上，然后抽下钥匙交给持伞人。除伞套之外还有鞋套（也用塑料薄膜制成）。旅游者进大门躬身一套，出大门随手一脱，极为便捷。使用"两套"，避免了旅游者把水淋淋的雨伞放进客房途中时一路滴水，旅游者鞋底污物也不至于弄脏走廊、房间的地毯等。

（四）保障客人的安全

客房的安全服务直接关系到旅游者的人身与财物安全，客房服务人员应严格遵守既定的工作程序及有关的具体措施和制度，不能有一丝一毫的马虎。服务人员在进行客房整理和清洁时，尽量不要随意挪动客人放在客房中的各种物品。如服务人员在清理桌面，需要合上客人打开的书时，最好在打开的书页处夹上个小纸条，这就会使客人感到放心。除了客人自己丢在废纸篓里边的东西外，客房服务人员不能随便扔掉客人的东西，以免引起误会。

客房钥匙的领取和使用应有严格的制度，客房钥匙的交接应登记具体的时间，客房钥匙遗失后应及时更换门锁。客房管理人员、服务人员及保安人员应坚持对客房走道的巡视，注意外来可疑人员，提高警惕，防止不法分子进入客房偷窃客人的物品或者是威胁客人人身安全。客房服务人员要注意客房门是否关上，及时提醒旅游者离开客房时锁门。

客房服务人员应密切注意伤病、醉酒的旅游者，当发现有病人时，一定不要随便用药，要和饭店医务室的医生联系，对病情严重的客人应及时请示上级并安排救护车送往附近医院进行诊治；在发现客人喝醉酒时，一定要注意采取合理的措施，不能将他关进房间里了事，否则如果客人在不太清醒的状态下躺到盛满了水的浴缸里或在床上吸烟，就有可能出现生命危险或发生火灾。饭店应严密注意防火，尤其在客房区域内的消防设施的数量、种类一定要齐全，性能一定要稳定、可靠，在出现火灾等突发事件时，客房管理人员和服务人员一定要先为客人着想，想办法将客人转移到安全的地方，保证客人的生命安全。

（五）充分尊重客人

首先，服务人员要尊重客人对客房的使用权。服务人员无论要进房间做什么事，都应该用手指在门上轻轻敲三下，两次敲门之间至少要隔五秒钟；如客人在房内，服务人员进入房间应征得客人的许可；如果客房门半掩着，服务人员千万不要好奇地从门缝往里瞧，这是极不尊重客人的举动。

其次，服务人员要记住客人的姓名，并随时对客人使用尊称，使用礼貌用语。我们都有这样的体会，一般而言，熟悉的亲人、朋友之间，彼此的名字才会易被记住，如果在陌生的饭店环境里，能听到别人称呼自己的名字会感到格外亲切。所以，服务人员要努力记住每个客人的名字，经常使用客人的名字并冠以尊称去称呼他，客人是倍感高兴的，同样，这也是尊重客人的一种表现。

最后，服务人员还要尊重客人的喜好、生活习惯和习俗。服务人员如在客房内摆放花时，应尊重客人的习俗。如法国人忌讳黄菊花、纸花，认为黄色的花是不忠诚的表现；日本人忌讳荷花；拉丁美洲的一些国家认为菊花是"妖花"，只有人死了才用菊花，房间里是不放菊花的，送礼更忌菊花等。服务人员对生理有缺陷的客人更要尊重，一般有生理缺陷的人会有很强的自卑感，特别需要别人的尊重和帮助，如果服务人员能恰如其分地做好这方面的工作，满足了他们的需要，他们一定会非常感激的。总之，服务人员只有在服务工作的各个环节中尊重客人的人格，才会和客人有更多的共同语言，客我双方才会有感情上的相通，才能产生良好的社会效应。

五、餐厅服务心理

餐厅服务是旅游饭店服务中不可缺少的一个环节，它的收入约占整个饭店旅游收入的三分之一。因此，无论从完善旅游服务角度，还是从经济角度，做好餐厅服务、管理都是必要的。一般而言，餐厅服务中，旅客表现出以下的心理需求：

（一）求尊重与公平心理

在餐厅服务中，服务人员要注意满足客人希望得到尊重的需要。尊重需要作为人的一种高层次的需要，贯穿于整个旅游活动中，在餐厅服务心理中表现得尤为突出，公平合理也是客人对餐厅服务的基本要求。只有当客人认为在接待上、价格上是公平合理的，才会产生心理上的平衡，感到没有受到歧视和欺骗。因此，餐厅在指定价格、接待规格上都要注意客观，做到质价相称、公平合理。

（二）求卫生心理

就餐客人对就餐中的卫生要求非常强烈，这也是客人对安全需要的一种反映，同时，这也对客人情绪的好坏产生直接影响。只有当客人处在清洁卫生的就餐环境中，才能产生安全感和舒适感。如客人在餐厅就餐时，希望就餐环境是干净整洁、优雅宁静的，只有在这样的环境中静谧地享受自己的美食，才能够更好地实现旅行者最初的旅行目标——愉悦身心。

（三）求美心理

在物质生活相当丰富的今天，对旅游者而言，在饭店的餐厅充饥果腹已很常见，这种生理需求伴随着其他需求同时出现。宾客在餐厅进餐，对美的需求是显而易见的。比如，游客对餐厅的环境形象、服务员的外貌、菜肴的色香味、员工的服饰、盛装菜肴的器具等都有自己的追求和看法，美观、艺术、有品位的要求，对于旅客需求而言是再正常不过了。

（四）求快心理

心理学的研究表明，期待目标出现前的一段时间，人将体验到一种无聊甚至痛苦的感觉。从时间知觉上看，对期待目标物出现之前的那段时间，人们会在心理上产生放大现象，觉得时间过得慢，时间变得更长。正当客人饥肠辘辘时，可想而知，如果餐厅上菜时间过长，更会使客人难以忍受。当人处于饥饿状态时，由于血糖下降，人容易发怒，在这样的条件下，服务人员应该灵活机动地应对，迅速而便捷地满足旅客的需求，让旅客满意。

（五）求知心理

求知是旅游者在餐厅进餐的心理需求之一。如对地方特色佳肴、菜名、饮食方法和菜肴相关的典故等，旅游者都有求知的欲望。这时候当客人表现出想要了解菜品的相关来源或者故事时，服务人员应该耐心、仔细、热情地介绍，满足旅客求知欲的同时，也要让游客感到不失面子，同时更使游客感到轻松和愉悦。

六、餐厅服务人员的服务策略

（一）尊重客人

对于到餐厅就餐的客人，服务人员首先要给予热情的接待如微笑迎送客人，这是餐厅服务的良好开端。心理学研究告诉我们，饥饿的人容易激动，血液中的血糖含量降低时，人更容易发怒。所以，客人一进餐厅，服务员就应把客人的情绪导向愉快的一面。服务人员的迎接服务应该让每一个客人都感到受尊重，不能顾此失彼，有所遗漏。俗话说："宁落一群，不落一人。"只要有一个人感到不快，就容易出现客人发火的情况。

（二）餐厅环境洁净

餐厅员工一定要把清洁卫生放在十分重要的位置，搞好餐厅环境卫生、菜肴卫生、餐具卫生以及服务员个人卫生，同时也应做好对样品食物的储藏待检工作，保证游客玩得开心，同时吃得也放心。

（三）提高餐厅各方面的形象美

首先，餐厅应注重餐厅的形象。这种形象应该是视、听、嗅觉多方面的，视觉形象通常最早影响宾客的感觉，餐厅的外观要美，内部装饰要协调，甚至一张菜单也要别具风格等。其次，员工应该非常注意自己的外表，衣着整洁，搞好头部和手部的卫生，讲究礼节礼貌；要研究接待的技巧、语言的艺术；要善于分配自己的注意力，在顾客众多的情况下，不致顾此失彼等。最后，餐厅所提供的食品在色、香、味等方面的特色要鲜明，以鲜明的特色博得旅客的好感，才能够更好地实现宣传餐厅形象与服务的目的。我国传统的食品以它的色、香、味驰名中外，中国食品的形象早已在人们的心中占据了一定的地位。很多外国旅游者都为能一饱口福而慕名前来，他们有一种期望的心理，品尝之后若名不虚传，满足了他们的愿望，他们不仅会希望下次再来，而且要广为传播。产品的形象还应注意与之关联的各个细小方面，如若食物器皿有污损，那会严重降低产品的形象，或服务员上菜时，手指碰到食品，都可能引起宾客的不满。

● 第二节　旅行社服务心理及服务策略

　　导游是旅游服务中的重要环节，是旅行社或旅游接待单位为旅游者所提供的专项服务，是连接旅游者和旅游对象之间的桥梁。导游员作为一国或一地区的"友谊代表"和"民间大使"，其工作职能发挥的好坏，不仅直接决定旅游者旅游活动的效果和质量，还将影响一个国家或地区的旅游形象和声誉。因此导游员必须掌握旅游者在游览活动过程中的心理特征并针对这些特征提供良好的导游服务。

一、旅游者旅游过程中心理特点

　　旅游者初到异国他乡旅游，虽然他们的旅游需求是多种多样、因人而异的，但是导游人员只要认真观察分析，就会发现他们在旅游游览的各阶段中基本上都有一种最基本的心理特征。

（一）旅游初期阶段的新奇心理和安全心理

　　旅游者初来乍到，会面对陌生的环境，不同的景致，不同的人群，不同的语言，不同的习俗，他们往往对许多事物如人们的生活习惯、发型、服饰、爱好等都会感到新奇或不解，希望什么都能够了解。为了满足旅游者求新求奇的心理需求，导游人员应尽可能多地组织游客参观当地最具有代表性的旅游景点，进行精彩的导游讲解，认真耐心地回答旅游者的提问。同时，旅游者出门旅游，最关心的就是安全问题。他们希望旅途平安，不出现意外人身伤亡事故，不丢失钱物，不生疾病。因此，消除旅游者的不安全感，自始至终保证旅游者的安全，应当成为导游员的重要任务。

（二）旅游中期阶段的放松心理和求全心理

　　随着旅游活动的进展，旅游者对环境逐渐熟悉，旅游团成员之间、旅游者与导游之间的接触增多并逐渐熟悉起来，旅游初期阶段的那种紧张心态开始松弛，情绪渐渐放松，产生一种平缓、轻松的心态。从某种意义上说，这是导游工作较为成功和顺利的标志。但是，这种变化也会给导游工作带来不利影响。比如由于这种放松心理占据了主导地位，旅游者的控制能力和思考能力在不知不觉中减退了，一些旅游者的弱点就暴露出来，如旅游者在听讲解时，注意力不如旅游初期集中，平时健忘的人更容易丢三落四，平时散漫的人时间观念更差，平时活泼的人也会变得更加活泼随性，行动散漫，各行其是，缺乏群体观念等。

（三）旅游后期阶段的忙乱心理和回顾心理

在旅游活动的后期，旅游者由于要与家庭及亲友联系，希望有较多的时间处理个人事务。他们还要在旅游地购买一些有纪念意义和具有异国特色的旅游纪念品、土特产或工艺美术品带回去，用作纪念或馈赠亲友，以此来提高自己的声望和地位。一般旅游者喜欢手工制作的艺术品，而不喜欢机器制品。如果买不到合适的旅游纪念品，旅游者的需求就不能够得到有效的满足，这样难免就会产生忙乱甚至失望的心理。

在旅游活动即将结束时，旅游者很自然要对此次旅游活动的全过程做一个较全面的回顾，评价自己是否游有所值。如果旅游者在整个旅途中碰到的都是一些不愉快的事情，如交通不顺、所遭遇的服务质量差、购物时又被欺诈等，在回顾时会使旅游者再次体验到当时不愉快的情感。导游员此时应尽力做一些补救工作，设法让不满的旅游者有机会发泄怨气，使旅游者在前一段时间内未得到满足的个别要求尽可能地获得满足，尽力挽回消极影响。

二、导游心理素质的要求

案例分析

2007 年 4 月 1 日，在世界遗产地丽江，吉林导游徐某因与地接社某导游发生争执，在四方街、新华街等繁华地段沿途持刀砍伤游客及路人 20 余人，造成 1 人重伤。据介绍，徐某本来情绪就不太好，加之地接导游改变行程、进店购物、客人走散等问题，双方多次发生争吵，进而促使徐某产生了过激行为。

此惨剧的发生归结于该旅游服务人员没有健康的心理。旅游服务是高亲和力的职业，心理素质好、心理健康是基本的要求。企业通过分析从业者心理素质要求，在选聘员工方面加以运用，并以此作为员工心理素质培训的指南。

日本导游专家大道寺正子认为："优秀的导游最重要的是他的人品和人格。"其人品和人格是其心理素质的体现。导游员在导游工作中要运用专门知识和技能，为旅游者组织、安排旅行和游览事项，提供向导、讲解和旅途服务。导游工作是一项综合性很强的工作，工作范围广，责任重大，作为"民间大使"，往往代表了旅游地的形象。

心理素质是指个体在心理过程、个性心理等方面所具有的基本特征和品质。它是人类在长期社会生活中形成的心理活动在个体身上的积淀，是一个人在思想和行为上表现出来的比较稳定的心理倾向、特征和能动性，是一个包括能力、气质、性格、意志、情感等智力和非智力因素有机结合的复杂整体。其中气质就是一个人生来就具有的心理活动的动力特征；情感是人对客观事物是否符合需要、愿望和观点而产生的体验。

而表现在人的态度和行为方面的比较稳定的心理特征叫作性格；意志是自觉地确定目的，并根据目的支配调节自己的行动，克服各种困难以实现预定目的的心理过程；能力是指那些直接影响活动效率，使人的活动任务得以顺利完成的心理特征的总和。在旅游服务过程中，导游作为与游客接触时间最长，影响最广的个体，想要满足旅客的各种需求，需要的是自身秉承"游客至上"的服务原则，更需要的是在实际的服务中，拥有良好的心理服务的素质。而一个优秀的导游，需要具备的是以下几方面的基本素质：

1. 气质

气质是人的一种心理特征，它包括人与外界事物接触中反映出来的感受性耐受性、反应的敏捷性、情绪的兴奋性以及心理活动的内向性与外向性等特点。在旅游服务中，导游为客人提供的是面对面的服务，要做好旅游服务工作，导游必须具备一定的气质特征。

（1）感受性、灵敏性不宜过高

感受性是指人对外界刺激产生感觉的能力和对外界信息产生心理反应需要达到的强度；灵敏性主要是指服务人员心理反应的速度。旅游服务人员在工作中，由于接待的客人来自四面八方、形形色色，各个阶层、各个年龄段、各种文化背景、文化积淀的游客都有，如果服务者感受性太高，则注意力会受外界刺激的不断变化而分散，从而影响服务工作的有效开展；反之，则会对客人的服务要求熟视无睹，怠慢客人，降低服务质量。

（2）耐受性要强

耐受性是指人在受到外界刺激作用时表现在时间和强度上的忍受程度和在长时间从事某种活动时注意力的集中程度。导游在陪团和带团的过程中，时间的长短是衡量其耐受性的一个重要指标，导游耐受性强，则陪团的时间较长，反之，就会表现得力不从心。

（3）可塑性要强

可塑性是指人适应环境的能力和根据外界事物的变化而能够灵活地调整自己的行为和动作的灵活程度。在旅游的过程中，导游自身不仅需要遵从必要的行为规范和各种规章制度，同时还应该依据游客的多样性需要，灵活地调整自己的行为，做到有针对性的服务，以此来满足游客的需要，切实地践行"游客至上"的宗旨。

2. 性格

性格是个人对现实的稳定的态度和与之相应的习惯化的行为方式，是个体稳定的、本质的心理特点的总和。良好的性格特征可以使服务人员始终保持最佳服务状态，使客人感受到被尊重，使主客关系变得融洽。对服务员个人而言，良好的性格特征也可使其从客人满意中，获得个人心理的满足。服务工作所需要的热情的服务应内化为服务者的自觉要求，同时，鉴于导游是旅游服务中的重要环节，是旅行社或旅游接待单位为旅游者所提供的专项服务，是连接旅游者和旅游对象之间的桥梁，导游人员必须掌握旅游者在游览活动过程中的心理特征并针对不同游客的心理特征提供良好的导游服务。

3. 情绪情感要求

情绪情感是人的思想意识的自然流露，如在言语彼此不通的情况下，情绪通过表情来予以传递信息，凭着表情，彼此也可以相互了解，达到交往的目的。人的情绪情感具有感染性，人们之间感情的沟通正是由于情感、情绪的易感性功能。导游人员作为旅游活动的组织领导者，在整个旅游行程中无时无刻不影响、感染着游人，使游客在享受导游提供的全方位服务中获得美好的游览印象。但如果导游表现冷淡、反应迟钝、心不在焉，游客的游览印象将会大打折扣。为进一步地提升导游服务质量，导游人员要具备以下五方面的情感素质：

（1）饱满的热情

热情是一种素质，是一种性格，热情是工作的最大动力。导游要满怀热情，积极主动地投入到工作中，才能成功地开展服务工作，才能战胜工作中的任何困难。倘若导游缺乏服务热情，既不可能主动接纳游客，也不可能被游客所接受。

（2）良好的心境

心境是一种比较微弱却持久地影响人的整个精神活动的情绪状态。良好的心境使人精神振奋、朝气蓬勃，有助于激发工作热情，便于服务人员工作积极主动，乐于与人交往，愿意为他人排忧解难。不良的心境可使人颓丧、悲观、厌烦、消沉，不利于导游服务工作和交流的顺利进行。

（3）积极的应激

应激是在出乎意料的紧迫情况下产生的高度紧张的情绪反应。一个人的应激能力如何，是评价其心理品质的重要依据。导游应具有优良的应激水平，在遇到突如其来的紧急事故时要保持镇静、从容、精力充沛、思维敏捷、行动果断，从而做到化险为夷。

（4）健康的美感

美感是人们在欣赏艺术作品、社会上的某些和谐现象和自然景物时产生的主观反映、感受、欣赏和评价。美感能陶冶人的性情，升华人的精神品格，促进人的心理健康，从而引起人们对美的事物的向往、倾慕和追求。导游服务人员在为旅游者服务时，应了解其在游览过程中的审美心理及其规律性，既要注意照顾其共同的审美情趣，又要有意识地利用旅游者的审美意识，提供相应的导游服务。

4．意志要求

旅游服务人员要想在接待服务环境中把自己锻炼成一名优秀的工作者，要不断克服由各种主客观原因造成的困难，不断发挥主观能动性，增强自己的意志素质。

（1）自觉性较强

一个自觉性较强的服务者，往往具有较强的主动服务意识，在工作中能不断提高业务水平，并积极克服工作中所遇到的困难；始终如一地坚持将游客需求的满足作为自己服务的内在动力。

（2）意志果断性

具有意志果断性的服务者，在面对各种复杂问题时能全面而且深刻地考虑行动的目的及其达到目的的方法，懂得所做决定的重要性，清醒地了解可能的结果，能及时正确处理各种问题。旅游过程中，难免会遇到各种意想不到的情况，让人措手不及，此时，作为旅游团队的服务者与组织者，导游人员理应当机立断，承担起应承担的责任。

（3）自制力强

服务者的自控能力体现了他的意志、品质、修养、信仰等诸方面的修养水平，一般具有自制力的服务者，组织性、纪律性特别强，情绪较稳定。有自制力的服务者能克制住自己的消极情绪和冲动行为，不论在何种情况下，无论发生什么问题，无论遇到多么刁钻的客人，都能克制并调节自己的行为，做到不失礼于人，力争使自己的服务能让每一位客人满意，同时也使自己满意。

5．能力

服务者的能力是直接影响服务效率、服务效果的重要心理特征，服务水平高低依赖于与之相适应的能力结构。一般认为，一名优秀的导游的基本能力应包括：

（1）敏锐的观察能力

导游必须具备敏锐的观察能力，通过观察旅游者的言谈举止、面部表情、神态的变化来掌握旅游者的心理活动，准确地判断旅游者的需求与意图，了解旅游者的兴趣指向和性格特点，从小处寻觅旅游者心理变化的线索与脉络，从而采取相应的导游服务措施。在参观游览的过程中，导游需时刻观察捕捉旅游者心迹的流露，主动接受来自旅游者所发出的语言信息，在无声的交流中掌握旅游者的需要，并及时地给予满足。

（2）稳定的注意能力

一方面，导游人员在工作时必须集中注意力，把自己的心理活动稳定地、自觉地指向并集中在旅游环境、服务对象以及自身的导游讲解行为上；另一方面，导游必须合理分配注意力，即在同一时间内，把注意力分配到两种或几种不同的对象或活动上。例如在游览过程中，导游就应该同时注意观赏对象、旅游者及自己的讲解和周围环境等几个方面，既要注意自己的讲解，设法使内容生动，语言流畅，又要注意观察旅游者的反应，以及时调整导游服务的内容和方法。

（3）流畅的语言表达能力

语言是导游与旅游者交流沟通、表达思想与情感的活动。良好的语言表达能力是做好导游工作的关键因素。导游是"说"的职业，导游通过言语的表达使游客享受到良好的服务，在游览观光过程中领略到景色之美与其中所蕴含的文化韵味。导游的语言一方面要求具有规范性，要求发音清晰、语气柔和、用词准确、描述生动，不得对景点随意虚饰夸张；另一方面，导游又要善于利用语言的优势来招徕游客，使游客始终团结在导游的身边，为游客日后再次光临旅行社打下一定的基础。

三、导游服务策略

在旅游游览活动中，导游服务对旅游者心理和行为的影响最为明显，两者关系十分密切。导游员是组织旅游游览活动的核心人物，导游员的精神面貌、文化修养、导游的艺术和技巧时刻影响着旅游者的心理活动。导游员在游览活动中做好导游工作，使旅游者身心愉悦，需要依赖多方面的因素，但其中最重要的是导游员必须了解旅游者心理活动特点，因势利导，掌握导游工作的主动权。因此导游员应注意以下几个方面：

（一）树立美好的第一印象与最近印象

第一印象的好坏往往构成人们的心理定势，良好的第一印象会为导游日后工作的顺利开展打下良好的基础。导游人员应表现得落落大方，态度热情友好，充满自信、办事稳重干练；并且要以周密的工作安排、良好的工作效率给旅游者留下美好的第一印象；另外欢迎词作为服务的"序幕"是非常重要的。良好的最近印象能使旅游者对即将离开的旅游地产生一种恋恋不舍的情感,从而激起再旅游的动机。导游此时以诚相待是博取旅游者好感的最佳策略,同时在仪表方面要与迎客时一样,送别时要行注目礼并挥手示意,一定要等飞机起飞、火车启动、轮船驶离后方可离开。

(二) 运用眼神魅力,提供微笑服务

导游服务中应充分运用眼神的魅力,接团时应用和蔼的目光扫向每一位客人,让客人能够感到自己受到了尊重。在眼神的运用中,微笑的眼神在导游服务中应时时体现。微笑能使人感到真诚、坦然,是人际交往中友谊的象征。导游的微笑最能博得旅游者的好感而产生心理动力。

(三) 利用兴趣特点和 AIDA 原则组织导游活动

兴趣是人们力求认识某种事物或者活动的心理倾向,具有能动的特点。一般情况下,旅游者是怀着浓厚的兴趣、激动好奇的心理参加旅游活动的,问题是如何使得旅游者原有的兴趣得到巩固和发展,令其乘兴而来,尽兴而归。AIDA 是指 Attraction(吸引力)、Interest(兴趣)、Desire to Act(行动的愿望)、Action(行动)。例如因某种原因,导游不得不改变已商定的日程计划,其中涉及改换旅游者感兴趣的参观项目,导游在解释改变日程的原因时,提出替换的参观项目,并加以有声有色的详细介绍,使新项目对旅游者产生吸引力(A),引导旅游者兴趣转移(I),产生观看新项目的愿望(D),从而同意导游改变日程接受新安排(A)。

(四) 正确使用导游语言,充分发挥语言的感染力

导游的语言应该是友好的语言——言之友好、言之有礼;美的语言——言之悦人、言之畅达、言之文雅;科学的语言——言之有据、言之有物、言之有理;生动活泼的语言——言之通俗、言之生动、言之幽默。

(五) 针对客人的背景及个性特点灵活地导游

导游员应根据不同国家的民族习惯和风格导游;针对不同背景的旅游者导游;根据个性类型导游;尊重旅游者的审美习惯、按东西方不同的思维方式有针对性地提供服务。

(六) 善于观察旅游者的情绪,主动导游

旅游者中有性格外向的,毫无隐藏地将自己情绪反映出来的;也有性格内向的,往往令人不易察觉其真实的情绪状态。导游应善于通过正面的、侧面的、多方位的观察,并从实践中不断总结经验去了解旅游者的内心世界,努力成为旅游者情绪的组织者、调节者。另外,导游还可以巧妙地引导旅游者的有意注意,使旅游者的情绪一直处于兴奋活跃的状态中。

(七) 运用超常服务赢得人心

超常服务与一般服务不同,它是导游向旅游者提供的特殊服务,亦称细微服

务。超常服务的内容和项目是超出旅游者期望的，要使他们看到自己和导游之间的关系并不是纯粹的金钱买卖关系，而是充满了人情味的。如一旦遇到有客人患疾病，导游就应千方百计地联系医院就诊；残疾人行动不便，导游在游览中多一份照顾，就使他能像正常人一样地游览；客人不慎遗失钱款证件，导游经过努力帮其寻找，使物归原主。

● 第三节　旅游交通服务心理

　　旅游交通是指交通中服务于旅游业的那一部分。旅游交通服务是为旅游者提供"行"的服务，是旅游者实现空间转移的过程，也是旅游活动的首要环节。它包括旅游者离开家到达旅游目的地的交通服务和旅游者在旅游地游览时的交通服务。了解旅游者对旅游交通服务的生理和心理需求以及如何根据这些需求做好服务工作，对发展旅游业具有十分重要的意义。

一、游客对旅游交通服务的心理需求

（一）安全的需要

　　对于旅游者而言，安全需要是他们最基本也是首要的一种心理需要。旅游者对旅游交通服务同样也具有安全的心理需求，而且是作为一种最为关注的首要需求。旅游者的安全需求在旅行途中表现得特别突出。人们期望一路平安，不希望发生任何交通事故，只有在安全的保障下，才能乐在其中。安全是旅游活动的前提条件。只有被认为是安全的旅游交通服务，才能消除人们紧张不安的心理。因此，旅游交通只有在确保旅游者安全的前提下，才能构成有效的服务。

（二）迅速、便捷的需求

　　旅游是人们在闲暇时间内所进行的一项活动，人们之所以在业余时间内放弃休息而选择外出旅游，是因为旅游能给人们带来特殊的利益。因此，在现代旅游中，旅游者总是希望在有限的时间内获得最大的享受，希望旅途的时间过得越快越好。因为，一方面，旅途这段时间被旅游者认为是无意义的，感觉枯燥乏味，容易引起肌体疲劳；另一方面，由于旅游者对于感兴趣的目的地抱有焦急渴望的心情，因此会产生一种时间错觉，觉得时间过得慢，产生心急如焚的感受。所以，旅游者一般都有快速旅行的愿望。

（三）安心、舒适的需求

　　旅游作为一种娱乐活动，投入的是时间和财力，产生的是精神上多层次、多方面的享受。在安全第一的前提下，旅途中要求舒适、快乐，要求得到好的照顾和服务，也是旅游者的一般心理需求。较长时间坐车、船、飞机旅行，会使旅游者产生生理上的不适、疲劳感，心理上的烦躁、郁闷感。如果交通工具噪音大、空气混浊、温度偏高、座位不适等更容易引起旅游者反感，以致提出投诉。因此，一方面，在交通硬件条件上，旅游企业要注意提升基础设施与交通工具的质量，另一方面，在软性的服务过程中，导游员要以体贴入微的服务减轻游客的焦躁感等，适时地愉悦游客。

（四）准时的需求

人们普遍认为时间是宝贵的资源，所以每个人在利用这一宝贵而固定的资源时，总是按照他认为最满意的方式分配时间，如工作时间、生活时间、消费时间、社交时间、空闲时间等。旅游者外出旅游总是希望一切活动的进展都能按计划实施，这样一方面能保证他们旅游结束后的生活、工作的正常进行，另一方面还能使旅游者对旅行社产生信任感和安全感。否则，如果交通工具的运行时间被提前或推后的话，会使旅游者产生烦躁、不安甚至不满的情绪，导致严重破坏旅游地形象和声誉的恶果。因此，许多旅游业大国都高度重视"准时"这一需求。

（五）多样性的需求

旅游者对旅游交通服务的需求带有明显的多样性。根据抽样调查，目前国外旅游者参加我国为期两周的长线旅游团一般均要访问 5~6 个城市，即要搭乘多次飞机和火车。旅游者这一需求特性，对于科学地计算交通运输的需求量和发展旅游交通建设极为重要。另外旅游者构成上的多元性，决定了旅游者要求旅游交通服务的多样性。在旅游活动中，使用车、船、飞机等各类交通工具，就是用于满足不同旅游者对旅游交通服务的心理需求。

二、旅游交通服务的心理策略

（一）增强安全措施

交通安全是旅游者对交通服务的最基本的要求，也是交通服务人员最基本的工作。作为旅游交通服务部门首先要确保旅游者的交通安全，采取各种措施防止或减少在旅途中发生交通事故。

（二）加强软、硬件设施建设

旅游交通的软件设施就是交通部门为旅游者提供的服务。作为交通服务人员要有高尚的情感、坚强的意志力和敏锐的观察能力等良好的心理品质。交通服务人员要善于捕捉游客心理上和情感上的变化，游客有困难时要尽可能地为游客排忧解难，尽量满足游客对旅游交通服务提出的合理要求。旅游交通部门要想为旅游者提供高质量的服务，获得最佳的服务效果，必须提高旅游交通服务的软件设施。

旅游交通服务的硬件设施是为旅游者提供交通服务并使其获得最佳心理效果的硬件条件。加强旅游交通硬件设施建设主要是指逐渐使机场、车站、码头等交通设施及服务实现现代化、网络化。"工欲善其事，必先利其器。"资料显示，截至 2016 年底，我国共有颁证运输机场 218 个，定期航班航线 3 794 条，国内通航城市 214 个（不含香港、澳门、台湾），国际定期航班通航 56 个国家的 145 个城市，与其他国家或地区签订了双边航空运输协定 120 个。作为亚洲、欧洲和美洲的核心节点——北京首都国际机场，已经成为亚太地区首个，也是唯一一家拥有 3 个航站楼、3 条跑道、双塔台同时进行的机场，充分发挥着连接亚、欧、美三大航空市场的航空枢纽地位。与此同时，我国的铁路、公路、水运等各类交通运输方式也在快速发展，现代化的运输网络、现代化的交通运输工具为旅游者提供了准时、快捷的交通服务。交通设施的完善解除了游客对旅游交通的担忧，为旅游业的发展奠定了基础。

（三）提供多方位服务

在旅游活动中，由于人们对时间的要求，现代旅游交通部门不仅仅要为旅游者解决"行"的问题，还应为旅游者提供多方位的交通服务。如我国的首都机场，不仅有现代化的交通设施，还在机场设有银行、电话、电报室、画廊、商店、出租汽车站、餐厅等生活设施，在贵宾室里还有 70 多幅壁画，不但为旅游者提供了多方位的服务，而且还使旅游者置身于美丽的画廊之中，得到美和艺术的享受。

总之，随着旅游事业的发展，旅游者对旅游交通服务的要求也越来越高，旅游交通部门要不断地完善交通设施和提供高质量、多方位的服务，才能满足旅游者对旅游交通服务的心理需求。

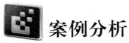 **案例分析**

汽车抛锚，客人受损，是否应该追究旅行社责任？

2016 年 10 月某旅游投诉处理机构收到游客谭某对某旅行社组织的"武夷山五日游"提出的书面投诉。游客在投诉信中称，9 月 30 日晚 5 点 40 分，他们一行 10 人登上了开往江西上饶的火车，次日凌晨 2 点 50 分到达上饶。出了火车站后他们在当地接待社导游的带领下登上了旅游车前往武夷山。由于车辆设备陈旧，爬不上分水岭，又困又乏的旅客只好三番五次下车步行前进，次日上午 9 点多才到达武夷山饭店，安排好住宿。当地导游告知，下午 1 点 30 分在饭店等候，会有一位男导游安排他们去"一线天"游玩。到了下午2点那位男导游才出现在他们面前，身后却跟着一批尚未解决住宿的游客。导游解释说，这批乘客乘坐的那辆长途公交车（也就是去上饶接他们的那辆）在爬分水岭的过程中爆了四只轮胎，所以耽误了时间，只好将游"一线天"安排在10月2日，并要求他们10月2日早晨4点30分出发，游6点开始的"九曲溪竹筏漂流"。10月2日早上4点30分，游客们乘车赶赴九曲溪竹筏漂流渡口，车至渡口时为5点整，接他们的车扔下游客后，又接其他游客去了。他们又饿又冷，等了一个半小时，总算到了可以上竹筏的时间，导游却告诉他们，票在其他人手里，他还没拿到。后来总算设法上了竹筏。游完"九曲溪"和"大王峰"，导游让他们10点10分在停车场集合，乘车去太阳城。到了10点10分，大部分游客已在车内等候，仍不见导游的影子，直到11点10分，导游才出现。回到饭店，他们刚好碰上当地接待社的经理，向他指出由于安排不当致使大家旅游计划未能完成，并要求给予经济赔偿。该经理在述说了一番苦衷之后，同意向游客每人补偿100元。对于接待社如此草草了事，他们无法接受。客人在信中还称，原准备利用节假日出来旅游放松一下，却没想到参加了"拉练团"。旅行社工作的失职造成本次旅游失败，要求旅行社按照有关法律规定进行经济补偿。

请问：此次旅游失败应该追究谁的责任？为什么？

❓ 复习与思考

1. 游客在前厅的一般心理有哪些？如何满足其需求？

2. 游客在客房有哪些心理需求？如何满足其需求？

3. 游客在餐厅有哪些心理需求？如何满足其需求？

4. 游客在旅游过程中对导游的心理需求主要有哪些表现？怎样才能更好地提高导游对游客的服务质量？

5. 游客对旅游交通的服务有什么心理需求？提高旅游过程中交通服务的质量策略有哪些？谈谈目前改进旅游交通服务的对策有哪些？

参考文献

1. 爱德华·简·小小梅奥，兰斯·皮·贾维斯. 旅游心理学 [M]. 张健，克孝，张丽，译. 杭州：浙江教育出版社，1986.

2. 弗洛伊德. 精神分析引论新编 [M]. 高觉敷，译. 北京：商务印书馆，1987.

3. 黄希庭. 心理学导论 [M]. 北京：人民教育出版社，1991.

4. 叶奕乾，孔克勤. 个性心理学 [M]. 上海：华东师范大学出版社，1993.

5. D JCFFFREY, Y XIE. The UK Tourism Market for China [J]. Annuals of Tourism Research，1995，22 (4).

6. 李恕仁，张满堂. 旅游心理学 [M]. 昆明：云南人民出版社，1996.

7. 柯永河. 习惯心理学 [M]. 台湾：张老师文化事业股份有限公司，1998.

8. 甘朝有，齐善鸿. 旅游心理学 [M]. 天津：南开大学出版社，1995.

9. 彭聃玲. 普通心理学 [M]. 北京：北京师范大学出版社，2001.

10. 贾静. 旅游心理学 [M]. 郑州：郑州大学出版社，2002.

11. 邱扶东. 旅游心理学 [M]. 上海：立信会计出版社，2003.

12. 游旭群. 旅游心理学 [M]. 上海：华东师范大学出版社，2003.

13. 孙喜林. 旅游心理学 [M]. 广州：广东旅游出版社，2003.

14. 曾力生. 旅游心理学 [M]. 长沙：中南大学出版社，2005.

15. 吴正平，阎纲. 旅游心理学 [M]. 北京：旅游教育出版社，2005.

16. 李祝舜. 旅游心理学 [M]. 北京：高等教育出版社，2005.

17. 秦明. 旅游心理学 ［M］. 北京：北京大学出版社，2005.

18. 胡林. 旅游心理学 ［M］. 广州：华南理工大学出版社，2005.

19. 张树夫. 旅游心理学 ［M］. 北京：高等教育出版社，2006.

20. 娄世娣. 旅游心理学 ［M］. 郑州：郑州大学出版社，2006.

21. 舒伯阳，廖兆光. 旅游心理学 ［M］. 大连：东北财经大学出版社，2006.

22. 舒伯阳. 旅游心理学 ［M］. 北京：清华大学出版社，2008.

23. 陈筱. 旅游心理学 ［M］. 北京：北京大学出版社，2006.

24. 李长秋. 旅游心理学 ［M］. 郑州：郑州大学出版社，2006.

25. 王婉飞. 旅游心理学 ［M］. 杭州：浙江大学出版社，2006.

26. 戴度臻. 旅游心理学 ［M］. 济南：山东大学出版社，2006.

27. 欧晓霞. 旅游心理学 ［M］. 北京：对外经济贸易大学出版社，2007.

28. 倪宏志. 旅游心理学 ［M］. 北京：北京邮电大学出版社，2007.

29. 刘晓杰. 旅游心理学 ［M］. 南京：东南大学出版社，2007.

30. 孙庆群. 旅游心理学 ［M］. 北京：化工出版社，2007.

31. 马莹. 旅游心理学 ［M］. 北京：中国轻工业出版社，2002.

32. 李昕，李晴，马莹. 旅游心理学基础 ［M］. 北京：清华大学出版社，2006.

33. 孙喜林，荣晓华. 旅游心理学 ［M］. 大连：东北财经大学出版社，2007.

34. 薛群慧. 旅游心理学 ［M］. 昆明：云南大学出版社，2000.

35. 薛群慧. 旅游心理学：理论·案例 ［M］. 天津：南开大学出版社，2008.

36. 张国宪. 旅游心理学 ［M］. 合肥：合肥工业大学出版社，2008.

37. 苏立，侯爽. 旅游心理学 ［M］. 北京：电子工业出版社，2008.

38. 花菊香. 旅游心理学 ［M］. 北京：冶金工业出版社，2008.

39. 徐文燕，赵艳辉. 旅游心理学 ［M］. 北京：中国科学技术出版社，2008.

40. 高金成，舒晶. 旅游心理学 ［M］. 重庆：重庆大学出版社，2009.

41. 沈祖祥. 旅游心理学 ［M］. 福州：福建人民出版社，2009.

42. 马继新. 旅游心理学 ［M］. 北京：清华大学出版社，2010.

43. 周义龙，龚芸. 旅游心理学 ［M］. 武汉：武汉理工大学出版社，2010.

44. 汪红烨，王立新，杜红梅. 旅游心理学 ［M］. 上海：上海交通大学出版社，2010.

45. 吕勤，徐施. 旅游心理学 ［M］. 北京：北京师范大学出版社，2010.

46. 闫红霞. 旅游心理学 ［M］. 武汉：华中科技大学出版社，2011.

47. 徐子琳，严伟. 旅游心理学 ［M］. 上海：复旦大学出版社，2011.

48. 刘纯. 旅游心理学 ［M］. 天津：南开大学出版社，2001.

49. 李广春，张宏慧. 旅游心理学 ［M］. 郑州：郑州大学出版社，2012.

50. 娄世娣. 旅游动机及其激发 ［J］. 经济经纬，2002（1）.

51. 周建军，向招明. 旅游购买知觉风险成因及其规避初探 ［J］. 社会科学家，2005，112（2）.

52. 徐玲，白文飞. 习惯形成机制的理论综述 ［J］. 北京体育大学学报，2005，28（5）.

53. 陈乾康. 导游人员生存状态研究 ［J］. 桂林旅游高等专科学校学报，2006，17（5）.

54. 焦彦. 基于旅游者偏好和知觉风险的旅游者决策模型分析 ［J］. 旅游学刊，2006（5）.

55. 孙华平，刘风芹. 旅游产业发展中的风险管理与控制 ［J］. 经济与管理，2008，22（10）.

56. 叶海玲，孙晓庆. 试析导游的生存状态和心理危机 ［J］. 城市建设与商业网点，2009（14）.

57. 杨婷. 试论市场经济对导游心理健康的正负影响视域 ［J］. 商场现代化，2010（32）.

58. 戴晓丹. 浅析旅游动机的类型与特征 ［J］. 科技信息，2010（29）.

59. 罗治得，李荣道，刘倩. 旅游市场风险成因及规避研究 ［J］. 江苏商论，2012（10）.

60. 吴岚. 我国导游人员职业倦怠研究现状分析及研究展望 ［J］. 南平师专学报，2013（6）.

61. 白双俐，夏冬雪，柳争峰. 购后失调理论研究综述 ［J］. 现代营销：学苑版，2013（6）.

62. 陈鹭洁. 旅游购物感知风险研究 ［D］. 厦门：厦门大学，2008.

63. 余会. 旅游购物感知风险影响因素研究 ［D］. 成都：西南交通大学，2010.

64. 唐玉玲. 危机后旅游风险感知和风险降低研究 ［D］. 大连：东北财经大学，2011.

后记

　　本书是由西华师范大学、四川农业大学、四川旅游学院、四川理工学院和成都师范学院的老师合作完成的，是集体智慧的结晶。全书由赵鹏程、李佳源主编并统稿，经过讨论后分头执笔。赵鹏程、李佳源编写第一章、第二章、第十章；何振编写第三章；谢天慧、余利川编写第四章、第五章；于丽娟编写第六章、第八章；韦油亮、赵鹏程编写第七章；张春阳、余利川编写第九章。感谢研究生余利川、韩笑飞协助我们进行资料收集与校稿，同时感谢李利、王琪、杨淦协助我们完成本书第二版的修订工作。

　　由于时间仓促，加之作者水平有限，书中一定存在诸多疏漏与不足，敬请读者批评指正，并不吝赐教。

　　在教材的编写过程中，我们参阅了大量论著，吸收和引用了相关作者的一些成果，本书编委会特向上述文献的相关作者致敬，并表示衷心感谢。同时，由于时间关系，除去本书所列的参考文献以外，仍有文献未来得及一一列出并知会相关作者，还请海涵。

　　最后衷心感谢西南财经大学出版社对本教材出版工作的支持。